我们的田野

行 走 汶 川

主 编◎周大鸣　　副主编◎张斯虹

知识产权出版社
全国百佳图书出版单位
—北 京—

图书在版编目（CIP）数据

我们的田野. 行走汶川/周大鸣主编. —北京：知识产权出版社，2021.10
ISBN 978-7-5130-7695-1

Ⅰ.①我… Ⅱ.①周… Ⅲ.①大学生—社会实践—调查报告—汶川县 Ⅳ.①G642.45

中国版本图书馆 CIP 数据核字（2021）第 178959 号

责任编辑：石红华　国晓健　　　　责任校对：王　岩
封面设计：杨杨工作室·张　冀　　　责任印制：孙婷婷

我们的田野
——行走汶川

周大鸣　主　编
张斯虹　副主编

出版发行	知识产权出版社 有限责任公司	网　址：	http://www.ipph.cn
社　址：	北京市海淀区气象路 50 号院	邮　编：	100081
责编电话：	010-82000860 转 8385	责编邮箱：	shihonghua@sina.com
发行电话：	010-82000860 转 8101/8102	发行传真：	010-82000893/82005070/82000270
印　刷：	北京九州迅驰传媒文化有限公司	经　销：	各大网上书店、新华书店及相关专业书店
开　本：	787mm×1092mm　1/16	印　张：	12.75
版　次：	2021 年 10 月第 1 版	印　次：	2021 年 10 月第 1 次印刷
字　数：	220 千字	定　价：	78.00 元

ISBN 978-7-5130-7695-1

目　录

导　论

一、项目介绍

2008 年汶川特大地震是自新中国成立以来破坏程度最大的、波及范围最广的、救援行动最艰难的一次地震。灾难发生之时，笔者虽然身处广东，但仍然感受到了那场地震所带来的巨大的心灵震撼——对电视上那一帧帧残垣断壁的画面，报纸上那一篇篇曾激荡人心的报道，我记忆如新。全国上下的目光不再只聚焦于 2008 年的奥运盛事，万千人民的心都系于汶川特大地震的救援工作和灾后的援建工作之上。

中山大学社会学与人类学学院的师生面对突如其来的灾难显示出人文的关怀和学术的敏锐。朱健刚老师提早结束在美国哈佛大学的访问，奔赴灾区一线参加抢险救灾工作，张和清、罗观翠教授率领社会工作系的师生在灾区建立起第一批工作站点；笔者在震后对地震带的几个县市进行考察，最后决定在平武的南坝镇建立工作站。陆陆续续在地震灾区设立了六个研究与救灾重建相结合的站点（周大鸣教授主持的南坝工作站、张和清教授主持的映秀工作站、朱健刚副教授主要参与的宝山工作站"新家园计划"、罗观翠教授主持的水磨小学工作站、陈家坝社工站及三台新鲁小学社工站）。

这些站点建设最初的目的是为专业人员提供专业服务和学术研究的。新成立的社会学与人类学学院的党委书记提出，期望在学生工作和思想教育方面有所创新，于 2008 年筹划并于 2009 年开展了第一次"博雅教育——汶川震后社区重建计划科研考察与志愿服务"（今"博雅教育——蜀粤桂考察实践项目"，以下简称"博雅项目"）活动。在"博雅项目"中，中山大学社会学与人类学学院开展了中大学生与灾区学生互动交流活动，包括一对一的书信交流活动，赴灾区志愿服务与科研考察活动，为灾区献爱心义卖活动等，以此让更多专业的同学积极参与到灾区恢复重建的工作中，帮助灾区人民在建设物质家园的同时，更好地重建精神家园。

"博雅项目"曾三次改名。起初，"博雅项目"全称为"博雅教育——汶川震后社区重建计划科研考察与志愿服务"，之后改名为"博雅教育——蜀粤地区服务学习项目"，后又更名为"麦芒行动——蜀粤桂地区服务学习项目"，最后于第九届更名为"博雅教育——蜀粤桂考察实践项目"。"博雅项目"始终离不开"博雅"二字。何谓"博雅"？《学记》曰："不学博依，不能安诗。""博雅"即为学识广博，品行优雅。现如今，在象牙塔里，"博雅教育"一词被广泛使用，有许多人知道"博雅教育"是一个舶来词汇（"博雅教育"又称"素质教育"，通常认为是英文"Liberal Arts Education"的中文翻译词汇），但是罕有人能够区分拉丁文的"Liberal"的含义与"博雅"的中文含义。中国传统中的"博雅教育"，即六艺——礼、乐、射、御、书、数，强调的是知行合一与提升自我修养水平。中国传统的博雅教育的目的多在于培养全能型的、学识渊博且气质优雅的人才。中国的文人们相信如果一个人书读得多了，他的优雅的气质自然会有，正如苏子瞻所言："粗缯大布裹生涯，腹有诗书气自华。"在西方，倡导Liberal Arts Education的古希腊教育家同样认为这种教育培养的应该是具有广博知识和优雅气质的人。其认为教育的目是让学生摆脱庸俗、唤醒卓异。其所成就的不是没有灵魂的专门家，而是成为一个有文化的人。Liberal Arts Education发展到现在引申出了更多的含义——身心全面发展的教育、丰富人性的教育等，但"Liberal"一词在拉丁文中的本意为"适合自由的人"。由此看来，与其说"博雅教育"是为了让学生摆脱庸俗、唤醒卓异，倒不如说"博雅教育"是为了让学生充分发挥"独立之精神，自由之思想"。

由中山大学社会学与人类学学院创办的、周大鸣教授主持的"博雅项目"秉承上述理念，坚持"立德树人"的原则，贯彻落实中山大学"德才兼备，家国情怀，领袖气质"的十二字人才培养方针，以培养具有人文关怀、公益精神、实践能力和创新能力的优秀人才为目标，将周大鸣等四位教授在地震灾区设立的三省十地十三个站点作为教育教学实践基地。"博雅项目"系列活动将学生培养与灾区重建的研究与服务相结合，逐步探索出以"学生—学校—社区"互动为模式的服务、学习、实践、育人新模式，使研究、学习、服务和学生的兴趣挂钩，充分发挥学生学习的自主性、积极性，培育学生创新能力。同时，随着项目认同度的增加以及学生需求的增长，基地又开拓了少数民族乡村发展、中国农村社会工作与发展、多民族聚居地民族民俗文化考察等多种方向，力求使服务与研究更具有多学科性、长效性、专业性和可持续性。

时光荏苒，岁月翩跹，到 2018 年，"博雅项目"的开展已有十年了，"博雅项目"活动已经举行了十届。经过十年的成长与积淀，"博雅项目"从最初的几个活动站点到已经建立了跨三省十地十三个站点的教学实践基地。每年暑期前，中山大学各院系学子争相报名参加"博雅项目"，也因如此，具有多学科视角成为"博雅项目"一大特色。具有不同学科背景的中大学子相聚于此，在各站点的服务活动和科研考察之中，运用专业知识，结合多学科视角和人类学与社会学专业特色，使"博雅项目"的研究视野更加广阔——从当地习俗到宗教活动，从当地的生计发展到家庭功能等，不断地学习与思考，提升自我的社会实践能力，收获成长与感悟。

在科研考察中，"博雅项目"的学子运用具有人类学和社会学特色的田野调查工具，这便是"博雅项目"的最大特色。俗话说，"第一场田野调查便是一个人类学者不可忘却的'成人礼'"，虽然不是所有"博雅项目"的学子都具有人类学的学科背景，"博雅项目"的科研考察活动也许不具有真正的田野工作的规模，但是，就笔者对参与过"博雅项目"的学生与老师的采访来看，这些科研考察活动在他们的心中留下了美好的、难以忘却的记忆。

二、研究概述

（一）研究过程

从 2009 年至 2018 年每年的暑期，报名参加由中山大学社会学与人类学学院举办的"博雅项目"的学子们，奔赴分布在蜀、粤、桂三省的教学实践基地进行社会服务活动与田野考察活动。自马林诺夫斯基建立田野调查体系以来，田野调查成为人类学学者收集第一手当地民族资料的看家本领。随着人类学学科派系的发展，田野调查的方法也日渐多样化。中山大学社会学与人类学学院本着将实践与教学相结合的理念，不仅在本科生大三、研究生、博士生阶段开展田野调查的教学，还在学院下的各个社团活动中面向本科生开展各式各样的田野调查教学活动，"博雅项目"便是其中之一。在"博雅项目"的田野调查活动与社会服务活动中，同学们同吃同住，共同体验当地人的生活，收获了数不尽的美好回忆。在活动中，同学们经历了对前人研究资料的阅读、开展预调研、确定研究主题、收集并整理信息、撰写报告等研究过程，收获了学识，锻炼了社会实践的能力。

"博雅项目"活动开展以来，有十三个田野点（教学实践基地）陆续建立——映秀镇金波村站点、南坝镇站点、三台县新鲁镇站点、汶川县水磨镇站点、三江县站点、龙胜县站点、南丹县站点、从化站点、广州市玉树新村站点、四川省彭州市龙门山镇宝山村站点、连南瑶族自治县站点、连州柯木湾村站点、广西壮族自治区贺州市站点。本成果集选取并收录了十届"博雅项目"活动中具有代表性的调查报告与服务报告，其主要是关于南坝、水磨、三台、映秀等受到 2008 年汶川特大地震影响较大地区的调查与研究，四川、广西、广东的民族社会文化研究，以及蜀粤桂乡村调查。这一系列调查研究的主题是汶川特大地震灾后各地区在各方面的恢复与发展。在这些调查的区域中，生活着很多少数民族群体，这也使得调查组对少数民族的状况有着特殊的关注。"博雅项目"系列调查活动涉及当地基础设施的灾后建设、民族习俗、各地区旅游业发展、婚姻家庭、民族特色建筑、灾难记忆、扶贫工作、基础教育等方面。

在周大鸣教授、郑君雷副院长、罗观翠教授、张和清教授、夏循祥讲师、祁红霞老师、李粤丹老师、黎玉河老师等的指导和带领下，各届"博雅项目"的学子前往各个站点进行社会服务和调研活动。虽然每次活动只有短短两周左右的时间，但是活动的内容却是丰富充实的。在调研的活动中，同学们学习并操作着老师们在课堂上教授的田野调查技术，同学们白天或是走街串巷，或是翻山越岭，到各个老乡家里通过访谈等形式收集田野资料；晚上回到住处，整理田野资料，撰写田野日记。通过调研活动，同学们对田野调查有了基本的理解和基本技能的使用技巧。

"博雅项目"活动的开展得到社工组织、学院以及老师们和同学们的支持。在调研过程中，活动得到了当地政府和老乡们的理解与配合。在此，笔者向"博雅项目"的所有参与者、支持者和所有对本活动付出心血的老师、同学表示最诚挚的感谢。恕不能一一列举。

（二）研究意义

"博雅项目"系列活动具有理论意义（学术科研意义和理论现实发展意

义）和实践意义。

理论意义有以下三点。其一，对四川地区的田野调查与科学考察活动一直是社会科学领域的重要课题。四川地区是多民族分布地区，除汉族外，有彝、藏、土家、苗、羌、回、蒙古、傈僳、满、纳西、布依、白、傣、壮 14 个兄弟民族，有丰富的人文与族群研究资源。四川地区被誉为中国文明起源的中心之一。蜀文化是华夏文化的一个重要分支，它接受中原与巴文化、楚文化的影响，同时也影响了西南边疆的少数民族。加快对四川地区的研究，可以反映出其对周边文明特质形成的影响和作用。其二，"博雅项目"除了为当地百姓提供探访与服务外，还会对当地的社会经济情况进行调研与考察，为灾区重建工作提供科学的依据与指导，支援灾区重建工作。其三，"博雅项目"以开放式、自主式、合作式、探索式的教学方式，增强学生的创新意识、实践能力和综合素质，培养一批人文知识基础扎实、学术创新意识强、动手能力突出、团队精神兼备的优秀人才。项目通过开展各种形式的经验交流和成果分享形成了一定的项目辐射效应，为探索国内外人才培养模式提供有益的参考与借鉴。

实践意义有以下三点。其一，教学育人的意义。本项目以中山大学社会学与人类学学院在川、粤、桂三省十地设立的十三个站点为主要工作平台，充分发挥中山大学社会学与人类学学院在人类学、社会工作、社会学上的学科优势，并联合国内外知名学者、专业团队以及学生服务者整合学科资源，通过全校不同专业同学共同组成志愿服务队的方式促进同学们进行跨专业、跨学科的合作与交流，培养多学科视野与思维方式。在假期田野调查与科学考察活动中，通过安排、指导同学完成前期团队磨合、文献阅读、活动设计、活动实践、成果制作等一系列内容，增强同学们的团队合作精神、组织能力以及科研能力，培养批判精神和创新思维，激发公益热情及社会责任感，打造一批实践能力强、创新意识高、综合素质硬的 21 世纪优秀人才。同时，践行中山大学"博学、审问、慎思、明辨、笃行"的校训，落实中山大学"德才兼备，领袖气质，家国情怀"的人才培养方针。其二，在活动之中，参与的同学们理解、操作并掌握了人类学、社会学课堂上所学习的田野调查技术，以更近的距离接触了专业的理论知识。培养学生们解决实际问题的能力，提高社会实践的水平。其三，在服务方面，"博雅项目"开展探访和服务当地百姓、组织社区活动、开办兴趣班、服务老人等一系列活动；在调研方面，志愿者对当地的社会经济情况进行调研与考察，收集丰富的资料，为灾区重建工作提供科学的依据与指导，支援灾区重建工作。在学以致用中锻炼学生的综合素质，增强运用跨学科知识分析、解决问题的实践能力，激发其公益热情和社会责任感。历届"博雅项目"在活动结束后，都会举办一系列的活动分享会、活动成果展示，进一步在中大校园内弘扬博雅精神。

三、田野点概述

（一）映秀镇金波村站点

汶川县位于四川省西北部、阿坝州境东南部的岷江两岸。距离四川省省会成都约150公里。2010年全县辖六镇七乡（六镇：威州镇、漩口镇、水磨镇、映秀镇、绵虒镇、卧龙镇。七乡：克枯乡、龙溪乡、雁门乡、草坡乡、银杏乡、三江乡、耿达乡）。其中草坡乡位于汶川县西南部，距县城37公里。金波村是草坡乡所辖的八个行政村之一，村落整体上沿河流分布。❶

金波村是一个地处偏远山区的非明星灾区，是地震救援中"最后一个孤岛"，且村中90%的居民为少数民族。村中有独特的文化风俗，有传承数百年的古迹。对这样一个自然村进行重建，不仅要恢复民众的生计生活，还要注意保护好当地原有的风俗和文化。

（二）南坝镇站点

南坝镇位于平武县东南部，地处四川盆地东北大巴山南麓，是平武县第二大镇，古称"江油"，也称"龙州"，是川西北的历史名镇，山川壮丽，有许多有名的历史遗迹和传说。地处九环线（省道205线）和成青线（省道105线）交汇处，北依水观乡，南接响岩镇，西靠坝子乡，东临江油市，距平武县城51公里，绵阳117公里，系汉、羌、回、藏等民族杂居地，是唐、宋、五代州郡所在地和蜀汉时代重要军事要地，有"古龙州、古江油关"之美称。南坝四面环山，只有场镇及周边几个村落位于山谷平地，其他村落多坐落在山岭深处，而涪江穿越崇山峻岭，奔腾而下，公路沿江而建，山势陡峻，水势湍急；境内矿产资源丰富，锰矿、石英矿等储量巨大，是平武县重要的工业基

---

❶ 金波村行政区划为草坡乡，因为项目的工作站点设于映秀镇，因此本书中称此工作站为"映秀工作站"或"映秀社工站"。

地；南坝镇海拔 600～1500 米，气温 -5℃～32℃，常年平均气温 14℃以上，年降水量 500 毫米，是人居的好地方，是核桃、山木药材等生长的好地方，享有核桃交易集散地之称。

场镇规划建设面积 2.2 平方公里、中心区建成区面积 1.49 平方公里，场镇常住人口 3500 余人，下辖古龙、何家坝、文家坝、旧州、通江、冒水头、黄草湾、茅湾、互助、垭头坪、檬子树、建筑、两河、青华、建康、建全、新建、新坪、洪溪、兴隆、建设、翻身、金林、党家沟、苏家河、金凤 26 个行政村、1 个工业集中区和 1 个社区居委会、180 个村民小组。镇内有中学 1 所、小学 3 所、幼儿园 4 所、中心卫生院 1 所和私立医院 1 所等。❶

（三）三台县新鲁镇站点

四川省三台县新鲁镇位于三台县城西北部，地处浅丘，幅员 61.11 平方公里，下辖 21 个行政村、176 个村民小组、2 个居委会。据 2011 年统计，四川省绵阳市三台县新鲁镇中小学留守儿童数目为 4.7 万，占学生总数的 67.2%，小学生中的留守儿童比例大于初中。对于新鲁镇的调研主题大都集中于对当地留守儿童问题的研究之上。

（四）汶川县水磨镇站点

四川省阿坝州汶川县水磨镇在震前占地面积 88.44 平方公里，人口有 12000 余人，共有 18 个行政村，一个居委会。震前水磨镇经济以工农业为主，位于镇中心的重工业企业有 40 余家。地震中，重工业厂矿遭受一定损失，佛山市作为水磨镇对口援建的城市，在地震后帮助水磨镇重建，在重建方针的指导下，将之前的重工业厂矿迁出，引入高校（阿坝师专），在经济发展中也确立了以旅游、文化产业为主，将水磨镇打造成了"汶川生态新城，藏羌文化名镇"。

（五）三江县站点

三江县站点为第九届"博雅项目"设立的新站点。广西壮族自治区的三江侗族自治县独峒镇高定村地处黔桂湘三省交界处，地势较高，山环水抱，曾

---

❶　资料来源于南坝镇派出所。

被评为"柳州市十大美丽乡村""广西生态文明村"，还是桂林国际旅游大圈三江景区高定景点，村内设有三江侗族生态博物馆工作站。侗族木匠的木构建筑营造技艺高超，走进侗族村寨，大大小小、高低不平的木制吊脚楼，随处可见的鼓楼、寨门与风雨桥，充分反映了侗族人们能够因地制宜，充分利用山间土地的建筑技巧。

（六）龙胜县站点

龙胜县站点为第九届"博雅项目"设立的新站点。龙脊村古壮寨，隶属于桂林市龙胜各族自治县，位于广西东北部的崇山峻岭之中，是广西龙胜龙脊壮族生态博物馆的所在地。龙脊地区的许多村寨，包括古壮寨、平安寨、大瑶寨、小瑶寨等，以其令人惊叹的梯田耕作方式和颇具特色的各少数民族风情而闻名。

（七）南丹县站点

南丹县，隶属广西壮族自治区河池市，位于广西西北部，总面积3902平方公里，辖7镇4乡，有壮、汉、瑶、苗、毛南、水、仫佬等23个民族，总人口27.6万。南丹是历史上的"兵家喉地"，桂、黔、川交通的重要枢纽，位于西南公路210国道和黔桂铁路交叉点上。南丹历史悠久，宋置南丹州，明复南丹州，清称南丹土州，民国七年（1918年）改州置县至今。南丹冬无严寒、夏无酷暑，年均气温16.9℃。对于南丹县的调研主题为"关于白裤瑶服饰文化含义"，详情见第七届博雅项目成果集。

（八）从化站点

从化区仙娘溪村位于广东省广州市从化区的东北部。"博雅项目"地址在仙娘溪村，要经过"九曲十八弯"方可到达，远离城市的喧嚣，就像一处真正的世外桃源一样，居民保留着最原始的农耕生活，坚守着这里的静谧和安宁。

仙娘溪社工站以城乡合作、公平贸易为平台，采取"前店后村"的策略，在"以人为本、助人自助、公平正义"的社工理念指导下，通过运用整合的社会工作方法培育城乡合作组织，发掘优良农副产品资源、传统文化资源和生态资源，推动城乡合作，构建和谐城乡关系，化解"三农"问题，并由此探索中国农村社会工作的发展模式。

（九）广州市玉树新村站点

玉树社区是广州开发区征地搬迁安置原玉树村建立的新社区，位于广州科学城南部，面积 0.5 平方公里，该村近 3000 亩土地因广州科学城发展规划征用后，2005 年 4 月完成"村改居"，村民分两批整体搬迁至玉树新村居住。联和街玉树社区家庭服务中心位于萝岗区联和街玉树新村，是在联和街道办事处的支持及资助下，由中大社工服务中心承办的公益项目，致力于推动社区融合，为社区居民提供均等化的专业社工服务。

（十）彭州市龙门山镇宝山村站点

在党的十一届三中全会后，我国众多农村地区走上家庭联产承包的个体经营道路，但是也有一部分村庄在这场改革中坚持了集体经营的发展模式，并在改革开放 30 多年的浪潮中表现出强劲的势头，取得令人瞩目的成绩，被誉为"中国西部第一村"的四川省彭州市龙门山镇宝山村就是其中之一。

（十一）连南瑶族自治县站点

连南瑶族自治县位于广东省西北部。"瑶族分布于占全县面积 88% 的山区，汉族分布于三江镇、寨岗镇等地，皆属平原丘陵地带，占全县面积的12%。据 2005 年人口统计，全县共有 156523 人，其中瑶族 80972 人，占总人口的 50.73% 多；壮族 1523 人；汉族 7 万多人，大部分为客家人。还有少量的回、满、黎、彝、土家、布依、朝鲜等民族。"（《连南概况》）

龙塘村位于粤北地区，是广东省内经济较为落后的区域，归清远市连南县大麦山镇管辖。龙塘村附近还有其他三个自然村：白芒、火龙冲、黄甘坪。相比于这三个自然村，龙塘村地处偏僻，经济发展缓慢，距离行政中心（白芒村委）最远。龙塘有 700 多人，处于白芒河的上游。龙塘村里的居民大都为房姓，瑶族，男性青壮年劳动力多外出打工，村里大多是留守妇女和留守儿童。绿更和宣明会两个组织共同进驻龙塘村，成立了连南工作站点。

（十二）连州柯木湾村站点

柯木湾行政村位于广东省清远市连州市丰阳镇，下辖包括柯木湾村在内的

11 个自然村,柯木湾村位于丰阳镇西北部,距离镇政府约 4 公里,省道 S114 线经过该村,全村面积 3.8 平方公里。村东南面与黎屋冲相连,南面与湖江村相连,西面与上石嘴、西风寨相连,北面与沙铺交界。该村自然地貌属山地丘陵。西北方向是长冲嵊、三公冲,东面是三托山。正西面是东陂河,由北向南流去。

该村始建于明代,民国时,属连县湖江乡,因有莫姓人家居住名为莫家湾,后因村中有棵大柯树,更名为柯木湾。1949 年新中国成立后属连县丰阳,1958 年属连阳各族自治县丰阳人民公社,1994 年属连州市丰阳镇柯木湾行政区至今。

(十三)贺州市站点

贺州位于广西东部,是距山水甲天下的桂林最近的城市,同时也是"三省通衢",是大西南连接粤港澳的重要通道,是广西面向粤港澳开放的前沿和窗口。贺州已有 2000 多年的历史,文物古迹繁多,民风古朴浓郁,自然风光秀丽。贺州生态环境优越,2013 年曾被权威机构评为全国 16 个空气质量最佳城市之一,是中国第一批外向型林业改革试验区。

第一章

灾后物质重建与生计转型

南坝镇震后商业转型和旅游城镇发展现状调查报告（第二届）
*

周　俊　许　琪　李培祎

一、研究背景

（一）情况介绍

南坝镇境内矿产资源丰富，锰矿、石英矿等储量巨大，是平武县重要的工业基地。基于特殊的气候、土壤条件，南坝镇成为核桃、山木、药材等生长的好地方，享有"核桃交易集散地"之称。2008 年"5·12"大地震将南坝曾经的繁荣景象瞬间打破，南坝镇成为地震极重灾区。作为平武县人口最密集、工业最为集中、农业生产条件最好、经济基础最雄厚的几个场镇之一，遭受地震重创的南坝镇，直接经济损失达 9 亿多元。震后，平武县政府依据国务院《汶川地震灾后恢复重建条例》等一系列规划文件，制订了《平武县灾后重建规划》。南坝人民在该规划的指导下，在河北人民的援助下，通过三年的艰苦奋斗，将南坝场镇打造成为一个具有蜀汉风貌和历史文化特征的小城镇，成为九环线上的一颗明珠。

2017 年，地震过去 9 年后，南坝场镇的基础设施建设已完工，小镇已经有了古色古香的外观，居民生活稳定，经济水平逐步恢复正常。2016 年南坝镇政府年鉴显示，山区生态农业产业发展规模不断扩大，旅游业发展模式日益成熟，工业经济呈现良好势头，精准扶贫取得较大进展。目前的南坝镇，

---

* 本文写于 2010 年，2018 年重新整理。

三大产业齐头并进：农业方面，新建核桃基地上千亩，同时发展生态猪、生态鸡的养殖，以及香菇、魔芋等经济作物的种植；工业方面，南坝镇锰业集团、宏建木业以及南坝水电站继续运营；服务业方面，镇政府重点打造的旅游业逐渐有起色，"涪江第一漂"等旅游项目给小镇带来了更多经济收入以及知名度。

（二）缘何研究生计

首先，"生计"是与老百姓生活紧密相关的话题。生计资本决定了个人或家庭采取的生计方式，生计方式又影响着个人的生活状态、生活规划以及对生活的满意度。同时，群体性的生计方式选择影响着一个地区的经济结构，反映着该地区的发展情况。从"生计"入手，我们能间接了解到南坝镇的经济状况；震前震后生计模式的转变，能向我们反映出南坝镇灾后重建的过程以及取得的效果。生计的"可持续性"却是我们更加看重的方面，地震后这么多年，南坝镇人民的生计模式转变也基本完成，人们的生计模式是在国家政策、灾害影响以及环境改变之后逐渐转变而来的。当下南坝人民的生计模式是否符合"可持续"，是否能良性循环，是否能让南坝经济健康发展等一系列问题更是我们想弄明白的。

（三）数据来源和调查方法

数据来源包括前几期博雅项目工作人员的调查统计资料以及本期的走访整理。我们按照职业、地域等分类，抽样选取访谈对象，每户调查时间在 30～60 分钟。访谈内容主要包括：①人力资产情况：如人口数量、性别构成、年龄构成、外出务工人员情况；②自然资产情况：耕地面积、粮食产量；③金融资产情况：现金收入、房贷保险等。虽然调查样本不多，但由于南坝镇各区域人民的生计模式有较高的相似性，我们选取的样本便具有代表性与普遍性。调查方法主要采取访谈法，同时结合观察法、文献研究法等。

二、文献综述

可持续生计（Sustainable Livelihoods）的研究思想起源于 20 世纪 80 年代和 20 世纪 90 年代早期 Sen、Chambers 等关于解决贫困问题的方法方面的研究，他们除了考察传统意义上的收入贫困以外，还特别强调发展能力的贫困

（即缺乏选择和完成基本的生计活动的能力）。他们对引起贫困的深层次原因进行了辩证思考，如生计发展的限制因素，发展能力和机会的贫困等。随着研究的深入，Chambers 等对可持续生计进行了明确阐述，即生计是谋生的方式，该谋生方式建立在能力、资产（包括储备物、资源、要求权和享有权）和活动基础之上。只有当一种生计能够应对压力和打击并在压力和打击下得到恢复，能够在当前和未来保持乃至加强其能力和资产，同时又不损坏自然资源基础，这种生计才是可持续性的。可持续性生计以"资产—可获得性—活动"为主线，综合了对贫困、脆弱性、风险处理及农村个体和农户对变化的环境和打击的适应等方面的内容。

随着可持续生计研究的进一步深入，可持续生计分析方法作为一种寻求农户生计脆弱性原因并提供多种解决方案的集成分析框架和建设性工具，在世界各地的扶贫开发和生计建设项目评估中得到不断开发并且趋于成熟。由于对生计所涵盖的内容有不同理解，因而也形成多种可持续生计方法，主要有英国国际发展署（The UK's Department for International Development，DFID）2000 年建立的可持续生计分析框架（Sustainable Livelihoods Approach），美国援外汇款合作组织（Cooperative for American Remittances to Everywhere，CARE）提出的农户生计安全框架，以及联合国开发计划署（The United Nations Development Programme，UNDP）提出的可持续生计途径。另外还有联合国粮农组织（Food and Agriculture Organization of the United Nations，FAO）和世界银行（The World Bank）等组织和机构通过独立或合作的方式发展了各自不同的可持续生计分析框架，侧重的方面各有差异。目前运用最广泛的是 DFID 在《可持续生计指南》中提出的可持续生计分析框架（SLA 框架）。

可持续生计分析框架是一种对贫困农户的可持续生计进行规范化和系统化的研究方法，建立在对农户生计特别是对贫困问题的诸多因素进行梳理、分析的基础上（见图 1）。这个框架把贫困农户看作在一个脆弱性的背景中生存或谋生，他们拥有一定的生计资产（人力资产、自然资产、金融资产、物质资产、社会资产 5 个部分），而他们生计资产的获得要通过社会、机构和组织环境来决定。同时，这种环境也影响着农户的生计策略（配置与使用资产的方式），以满足他们的生计目标。在不同的条件下，5 种生计资产可以相互转化。农户生计资产的组成可以用图 2 的五边形来表示，五边形的中心代表不拥有（或零拥有）价值，而外部边界拥有最大化的价值。该框架通常所包括的具体组成部分和内容如表1所示。

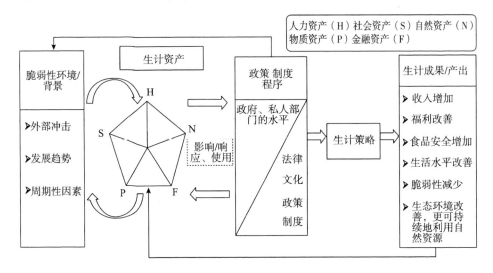

图1 DFID 可持续生计分析框架

表1 DFID 建立的可持续生计框架的组成部分及其主要内容

SLA 框架组成		内容
脆弱性背景		包括旱涝、飓风、经济或社会动荡、家庭成员疾病死亡以及作物、家畜的病害等突发性的天灾人祸；价格、生产、健康状况和就业机会等季节性冲击；人口、资源环境、技术、市场与贸易及全球化等趋势和变化等
生计资产	人力资产	包括健康、营养、教育、知识和技能、劳动力以及适应变化的能力等
	自然资产	包括土地及其产出、水和水资源、林木产品、野生动植物和事物、生物多样性、环境服务等
	社会资产	包括亲戚、朋友、邻居的信任与互助关系，组织和团体对外的集体诉求，参与决策机构以及领导能力等一系列社会关系和联系
	物资资产	包括交通、安全住所、饮水与卫生设施、能源、通信等基础设施及生产工具设备、种子、肥料、农药、传统技术等工具和技术
	金融资产	包括储蓄、借贷、工资/报酬、养老金及其他外部给予资金
政策、机构和过程		不同层级的政府，也可以是非政府或国际机构，通过制定或推广相关政策；各种政治机构、民间组织或团体、非政府机构、金融机构、法律机构、党政以及企业公司通过采取一些措施或手段；各种决策过程、社会风俗、性别、制度、阶级、语言等过程因素
生计策略		收入生产的活动、消费活动、对生计资产的投资、人口迁移、人口繁衍
生计成果/产出		生活水平改善、脆弱性降低、食物安全增加、资源利用优化

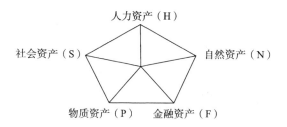

图2　生计资产框架示意图

三、调研情况

（一）基本概况

本次调研主要集中在南坝场镇以及周边的何家坝村和旧洲村，共访谈了十多个对象，其中主要的生计模式有：农民、本地打工人员、个体经营者、外出打工人员、事业单位工作人员等，不同职业的受访人数比例如图3所示。

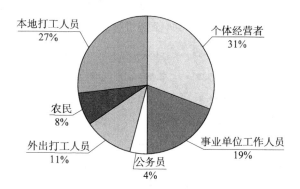

图3　不同职业的受访人数比例图

（二）受访内容

该部分我们选取了十几位具有代表性的受访对象，然后按照其所主要从事的生计活动将其分为本地打工人员、个体经营者、事业单位工作人员、农民。需要说明的是，此划分主要是以他们的主要经济来源为依据，故在从事的生计活动中可能存在交叉和多样性。

1. 本地打工人员

个案1：王先生是南坝镇锰业集团门卫，家里有五口人，一位老人，王先生夫妇和一儿一女，妻子是农民，大女儿已经大学毕业几年，在成都一家房地产工作，小儿子目前在成都理工大学读大四，管理专业。王先生已经在锰业集团工作7个月，工资每月2000元左右，没有五险一金。

从王先生口中了解到锰业集团有20多位管理人员，在南坝镇上的办公大楼工作，有四个工厂散落在南坝镇周边的村中，其中一个是位于何家坝村的电解厂。公司共有300多名工人，这些工人基本上是来自附近的村寨，很少有外地人，公司的老板是山西人。据了解，在2008年地震以前，该集团的办公地点在南坝镇下属的石坎村，地震之后才将办公地点搬到南坝镇上。

关于收入问题，王先生夫妇和女儿是家庭的主要劳动力，是家里的主要经济来源。王先生每月的工资是2000元左右，其他人不太了解。在访谈中，我们了解到这里盛产核桃，基本上每家每户都种有核桃树，每到核桃成熟季节，村民会将核桃拿到平武县去卖，价格一般在每斤10～13元不等。有些人家种上百亩核桃树，产量在几万斤左右，获得的经济收入在18万元左右。

王先生跟镇上的居民一样，都向银行贷过款，金额达到五万元整，目前还没有还清。我们问了王先生是否想尽快还清这笔贷款，他的回答是"有钱就还，没钱我们也没有办法"。还有在地震之前，王先生家有2亩土地，地震之后，被政府征收了1亩，现在只有1亩土地，根据季节种植玉米和油菜。

个案2：刘先生家住南坝镇何家坝村，一家有4口人，除了刘先生夫妇，还有两个女儿，刘先生的爱人是名家庭主妇，大女儿今年参加高考，高考分数是520分，是名文科生，准备报考师范类院校，小女儿在读四年级，很少回家，一般住在南坝镇上的托管家里。刘先生是锰业集团有限公司电锰厂工人，已经在工厂工作20多年，在不加班的月份，工资在2000元左右，在加班的月份，每月能拿到3000元左右，没有五险一金。

刘先生家地震过后也向银行贷过款，目前已经还得差不多了。刘先生家种有很多核桃树，每年核桃成熟的季节将核桃拿到镇上卖也能给家里增加不少收入。

当我们问到村里是否有人到外面打工时，刘先生说村里很少有人到外面打工，大部分人都到电锰厂工作。问到为什么不到外地打工时，刘先生说，在工厂工作离家很近，既能照顾家里，也能在农忙的季节帮助干农活，而且还说，在外面务工，工作非常辛苦，外出务工的人很大一部分去当建筑工人，虽然工资很高，但是风吹日晒，非常辛苦，一小部分有木工手艺的到城里做木工和装修，工资非常高，有活干时一天能赚 500~600 元，但是刘先生没有这方面的手艺。

个案 3：张阿姨一家有三口人，夫妇俩和一个儿子，阿姨父母都健在。阿姨说她在锰业集团下的电锰厂上班，每月工资 2000 元左右，家里面有 7 亩土地，种植了各种果树。阿姨的丈夫在外面务工，做架桥工作，每月工资 5000 元左右，一般要过年才回家；儿子之前在外面打工，从事建筑吊塔工作，工资在 4000 元左右，不久前才回家结婚，办流水席花了 9 万多，整个婚礼花了十多万。媳妇是江油的，两人是同学，媳妇之前在外地卖化妆品，工资不详；7 月 19 日儿子就要去山东继续工作了。

阿姨还告诉我们，她父母和小叔的房子是挨着的，且一家人都是低保户，每月每人有 240 元的政府补贴。地震时，房屋被毁坏，澳门政府给予村上每家 3000 元补助。为修建房子，阿姨家向银行贷款 5 万元，前些年就已经还完。提及医疗支出，阿姨说镇上的药品价格太贵且药效不好，基本上有病都到市里面去看，加上有新农合，需要支付的医疗费不是很多。

从阿姨那里了解到，地震的时候，旧州村进出的道路都断了，整个村成了一座孤岛。地震的沉重打击给村民们带来了巨大的影响，人们的很多观念都在那几年有所改变，大家觉得有了钱就得消费，该吃就吃，该用就用，不去过多考虑后面的事，所以很多人从银行贷的款都是拿到就花了，现在也没钱还上。经过地震之后，阿姨一家的生活观念也发生了很大的改变，认为无论是否有钱，过得开心才是最重要的，在娱乐方面的支出有所增加。

个案 4：葛超是南坝镇上的人，从去年开始就在涪江漂流中心工作。由于漂流项目每年 7~9 月份才会对外开放，所以葛超只有 7~9 月份在这里上班，主要负责将游客输送到漂流点，每月工资 4000 元，其他时间主要在南坝镇下面的村里修路，有时候监督工人，有时候自己开挖掘机，每月平均工资在 5000 元左右。

从葛超的口中我们知道，该漂流中心共有员工 100 人左右，其中有管理员、前台服务员、撑船工人和司机。有船 50 只，撑船的工人有 40 人，都是本地人，工人们的基本工资是 2000 元，加上提成能达到 3000 元；前台服务员的工资在 1800 元左右。

2. 个体经营者

个案 1：刘叔叔是南坝镇中学的一名地理老师，老家是垭头坪村的，家里开了家服饰店。平时在上课的时候，服饰店就由妻子赵女士照顾，家里有一个上高一的儿子。平时店里也卖一些双星的衣服和鞋，还代购安利的产品，但生意都不怎么好。好在店里会去收购当地人的蜂蜜等农特产品，往外面卖，也不收什么差价，就收些快递费。

据刘老师大如说，由于受到网购的冲击，店里的生意冷淡，平均每天只能卖出一件衣服或者鞋，而且卖出一件商品只能赚 15～20 元。

关于精准扶贫，刘老师认为政策是好的，比如村里的基础设施有所改善，在"村村通"工程带动下修了公路，领导关注到这些贫困地区，百姓就会相应得到一些受益。刘老师讲述了自己所在的垭头坪村的一些情况，该村主要有丹参与青花椒配套种植基地和"中蜂＋"蜜蜂蜂箱集中点等扶贫产业。该村成立了农业合作社，会发动大家的力量对一些项目进行投资，盈利的话投资者可以分钱。村民种植的丹参是由药厂提供种子并且负责收购成熟的丹参，绵阳师院捐赠 10 万元并负责技术指导，合作社大概也投了 10 万元，政府那边也有资助，这个项目有个 30 多万元吧，需要的时候会请农民去帮忙干农活，每天工资有 50～60 元，不过据说该项目是亏本的。青花椒也类似。蜜蜂蜂箱大概是政府给每家发两个蜂箱，集中养殖，最后分成。

我们从刘老师口中了解到锰业集团的一些情况。集团的老板是山西人，是地震之后开始经手这家企业的，公司有 300 多名员工，基本上是附近村寨的村民。2017 年由于锰价格提高，企业的盈利很高，每吨原矿的价格是几十元，而经过加工之后提炼出来的锰每吨价格是 1.5 万元左右，每天将近有 30 多万元的营业额。由于该集团下属的工厂对环境污染很大，生产剩下的矿渣直接倒在山上，而且采矿对当地的生态环境造成很大的破坏，地质环境也发生很大的变化，我们可以看到河道里到处是从山上冲下来的泥沙，河水变成了黑色，目前该企业已经被环保部门叫停整顿。据了解，为了减少对环境的污染，该集团必须引进价值 1000 万元左右的处理设备，将矿渣做成水泥，但是该集团目前正处于亏损状态，且还欠下很多债务，没有资金用于购买这些设备，故短期内该集团很难再次营运。

南坝镇生产的核桃是平武县最好的，刘老师所在的垭头坪村是南坝最大的核桃生产基地，刘老师家也种了很多的核桃树。除了核桃能卖外，核桃须也能做成菜来吃，具有防癌的作用，核桃皮中的汁液还有消毒的作用，生核桃价格比干核桃的高。南坝还盛产木耳，分为大棚种植和自然生长，其中青岗树木耳最好吃，每斤价格 55 元；按季节可分为夏季木耳和秋季木耳，秋季木耳小而厚，非常脆，夏季木耳大而薄，不好吃。

个案 2：李姥姥家有三口人，李姥姥和丈夫已经退休多年，每人每月退休工资为 2000 元，同时，李姥姥在南坝镇步行街上开了家超市，每天有将近 100 元的纯收入，丈夫现在在绵阳市当司机，每月有 3000 元的收入，儿子在镇上的一家供水厂工作，每月工资在 1500 元左右。根据李姥姥所讲述，其现在在南坝镇和绵阳市都有房子，现在开超市的门面是自家的。这家超市已经开了十几年，在地震以前，生意非常好，家里也攒了一些钱，并且把老房重新修建了，但是才过 2 年就发生了地震，房屋被毁坏，由于灾后重建房屋，向银行贷了款，并且地震后生意一年不如一年，收入减少，银行的贷款还没有还上。

个案 3：魏阿姨一家四口人，除夫妻俩之外还有两个正在南坝镇中心小学读四年级的双胞胎女儿。魏阿姨夫妻一起开着家餐馆，郭叔叔（魏阿姨的丈夫）是餐厅的厨师，同时餐馆雇有两名服务员，工资为每月 1800 元。据了解，该餐馆平均每天的毛收入为 1500 元，一般提取 40% 的利润。在支出方面，每年花在购买人寿保险、意外保险的费用为 8000 元，私家车的保养费和油费在 1.2 万元左右，租铺面的费用是每年 1.5 万元，由于国家免费九年义务教育，在孩子教育方面的支出上基本没花钱，其余的支出主要集中在旅游、送礼、买日常用品和衣服等方面。

个案 4：赵先生一家有三口人，夫妻俩和一个 6 岁左右的儿子。赵先生 45 岁左右，母亲健在，父亲几年前因病去世。赵先生是南坝镇翻身寨（在地震中受损较轻）的村主任，已经连续做了两届村主任，时间有 7 年，每月有 1000 元的基本工资。赵先生是去年才开的这家饲料店，生意不太好，但是每年有个五六万元的收入。地震以前，赵先生在广东佛山打工，每月工资在 3100 元左右，地震发生后，房屋毁坏，赵先生回到家中重新修建房屋，这之后就没有出去务工了，一直待在家中。在问到村里面的情况时，赵先生说村里有力气的村民基本上都出去打工了，有的去当建筑工，有的进工厂，相比于在家里，每年有不菲的收入，工作努力的夫妻每年能赚十多万。当问到贷款问题时，赵先生说还没有还完当初修房的贷款，没有钱还，而且赵先生说，60%左右的村民都没有还完贷款。据了解，在地震发生之后的三年里，如果能把贷款还完，除了还本金外，还需要还 2.25% 的利息，如果不是在三年内还完，之后利息要按照 4.5% 算。在问到家庭支出时，赵先生说主要的支出是医疗费用的支出，而且从赵先生的口中我们还了解到一个情况，就是国家的新农合医疗报销政策让很多地方的医疗机构狠狠地赚了一笔，村民的医疗费用不但没有减少，相比以前反而增多了。还有国家的精准扶贫政策存在问题，即所定的标准太低，许多村民不符合情况，没有达到真正扶贫的目的。

3. 农民

任爷爷已经 61 岁了，老伴健在，有一个儿子（37 岁）和一个孙子（12 岁，在南坝小学上学）。根据任爷爷讲述，我们知道爷爷家有两亩地，种植油菜或者玉米，每年的纯收入为 1500 元左右，没有政府补贴，儿子 10 年前跟妻子离婚，现在在北京从事保安工作，每月工资 8000 元左右。爷爷现在生活状态很好，能吃苦耐劳。

4. 事业单位工作人员

个案 1：南坝镇中心卫生院人力资源办公室负责人是一位 40 岁的阿姨，家住南坝镇上，家有三口人，丈夫是乡政府党委书记，有一个 8 岁的女儿在绵阳市外国语学校读二年级。阿姨父母都健在，每月有退休工资，有一个妹妹，嫁到了重庆。丈夫兄弟姐妹五个，两个姐姐两个哥哥，大哥前些年患病去世，妻子改嫁，是阿姨家和二哥家一起资助大哥的儿子读完大学。二哥现在在成都市某区政府任副局长，定居在成都，父母的生活费由两兄弟一起承担。据阿姨讲述，她每月工资在 6000 元左右，丈夫每月工资 5000 元，教育方面的支出为每年 2.2 万元，私家车每年的花费在 1.5 万元左右。

个案 2：鲜爷爷现在 66 岁，家住南坝镇旧州村上，在退休以前是一名乡村教师，地震之前在山里教书，地震之后就到南坝镇中心小学教书。鲜爷爷有两个女儿，大女儿已经结婚，定居在深圳，并在深圳从事广告工作；小女儿在绵阳市打工。

从鲜爷爷口中我们得知，鲜爷爷有个侄儿，今年 32 岁，侄儿媳妇 31 岁，有一个 12 岁的女儿。侄儿在 2011 年发生车祸导致下肢瘫痪，失去生活自理能力，一直是由媳妇在照顾。据了解，在车祸发生以前，这位侄儿是做建筑工程的，赚钱很多，家里比较富裕，媳妇在家照顾孩子。自从发生车祸后，家里没有了经济来源，全靠以前的老板每年 10 万元的补助，但是从前年开始，老板就停止了补助。他向政府贷款 10 万元左右，并且他的父母也为他贷款 5 万元左右，根据他现在的情况，已经无力偿还这笔贷款，现在主要靠政府每月 720元的补助。他的父母现在也是低保户，每月有 540 元的政府补贴，父亲以前在林业局工作，现在每年有 1000 元的补助，除此之外，家里还种了些果树，每年也有些收入。

现在的"贫困"都不是我们之前说的概念了，"现在的贫困户日子都比以前好了"，而主要是家里缺劳动力，要么是有残疾，要么是有疾病，经济来源有困难。而从鲜爷爷那里也了解到，现在南坝的"精准扶贫"还没落实。就像被评为"贫困户"的那家人也只是得到了政府给的 20 只小鸡仔，并没有什么经济上的直接帮助。"如果他家女的'飞了'，那他就只有死路一条"，听到这句话，我们心情有些沉重。

四、基于可持续性生计视角分析

（一）脆弱性背景

脆弱性背景是可持续分析框架中农户无法控制的要素，构成农户生计的外部环境。该方面的研究包括脆弱环境给农户生计带来的风险，农户应对这种风险的能力，以及对生计风险的适应性。导致农户生计脆弱性的风险通常包括自然灾害、环境危机、经济波动、政策改变、种族冲突、疾病、失业、突发事件等。

2008 年地震，南坝镇受损严重，大部分房屋基本倒塌，交通一度处于瘫痪状态，震后当地政府积极响应国家关于灾后重建号召，在河北人民的援助下，通过三年的艰苦奋斗，将南坝场镇打造成为一个具有蜀汉风貌和历史文化特征的小城镇，但是南坝镇在经济上出现严重的脆弱性。

第一，南坝镇四面环山，地质环境恶劣，容易出现泥石流等自然灾害，人们的生存环境不稳定。

第二，当地主要的产业为工业和旅游业。据我们了解，该地的工业主要以粗加工为主；南坝镇有平武县锰业集团有限公司下属的电锰厂和磨粉厂两个厂，这两个工厂有将近 500 个工人，且这些工人基本上来自南坝镇辖区内；由于存在环保问题，这两个厂一度被环保部门叫停，工厂运转不稳定，工厂工人的工资也不稳定，工人失业的风险很大。宏建木业已经停止运营，可以说，现在南坝的工业面临着很大挑战。再说旅游业，现在南坝旅游产业只有"涪江第一漂"搞得比较成功，其下属工作人员有100人左右，然而受到季节的限制，每年7~9月份才会接待游客。

第三，外出务工农民受教育程度较低。据了解，该地大部分外出务工农民只接受过小学教育，少部分人接受过初中或者高中教育，同时技术能力不足，在生计竞争中处于弱势地位。

第四，据了解，该地外出务工农民主要从事建筑行业，工作环境恶劣，危险度很高，加上长期连续工作时间长，大多数外出务工人员的身体都会受到不同程度的损伤，抗疾病能力差。

第五，当地物价相比于平武县其他辖区较高，然而经济活跃度又较低；从访谈中我们了解到很多商店生意特别差，村民购买力很低，出现供大于求的现象，经济不景气。

（二）生计资产

生计资产是可持续生计框架的核心内容，其由金融资产、物质资产、人力资产、自然资产、社会资产五个部分组成，研究农户的生计资产对了解农户的生计状况具有重要的作用，由于受到调查时间的限制，本文将从农户的金融资产和自然资产来说明农户的生计资产。

1. 金融资产

我们选取了25个人的年收入作为其在该年的金融资产，并用 SPSS. 23 对其进行描述性统计，得到表2和图4。从表2中我们可以知道，该样本中农民年均收入在58870.00元，标准差为52527.156。再根据频率分布直方图和正态曲线可得出农民的年收入主要集中在40000元到60000元之间。

表2　金融资产情况　　　　　　　　　　　　　年收入（元）

个案数	有效	25
	缺失	0
平均值		58870.00
中位数		48000.00

续表

众数	60000.00
标准差	52527.156
偏度	1.914
偏度标准误差	0.464
峰度	3.589
峰度标准误差	0.902

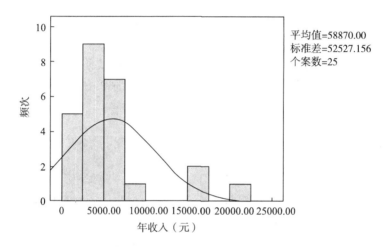

平均值=58870.00
标准差=52527.156
个案数=25

图4 年收入分布情况

对不同职业类型的受访人的金融资产进行分析（见表3）。

表3 不同职业类型金融资产

职业类型	平均值	个案数	标准差	最小值	最大值
个体经营者	245733.33	9	460259.753	30000.00	1458000.00
事业单位工作人员	48200.00	5	15106.290	30000.00	66000.00
本地打工人员	34600.00	6	19987.996	13000.00	60000.00
外出打工人员	68000.00	3	24979.992	48000.00	96000.00
公务员	60000.00	1	—	60000.00	60000.00
农民	2775.00	2	1803.122	1500.00	4050.00
总计	112682.69	26	279176.808	1500.00	1458000.00

从表3中我们看到不同职业类型间的金融资产存在差别，同时职业类型间也存在差别，其中个体经营者间存在很大的差别，标准差为460259.753，农

民间的差异最小，为1803.122，其他职业类型间存在差异，但不是很显著。

2. 自然资产

在2008年地震中，很多农户土地部分被破坏，无法再耕种，为响应国家2000年退耕还林还草环保工程，部分土地已经被划为退耕还林用地，不能再用于种植经济作物。我们走访多家农户得到的情况是，现在大多数农户可耕种的土地只有1~2亩，如果种上经济作物每年将有2000~4000元的收入。

据了解，平武县盛产核桃，而南坝镇也是重要的核桃生产基地，南坝镇几乎每户人家都种有一定规模的核桃树，有些人家每年能产几万斤，如果按照12元/斤计算，这将是不少的收入。

南坝镇辖区内有丰富的锰矿，如果在不破坏环境的前提下对其进行有效开发，那将是一笔巨大的财富，将会助力南坝镇经济的增长，同时南坝镇的农户也会在开发过程中受益，增加南坝镇村民生计的多样性。

（三）"政策、机构和过程"对生计多样性的影响

在可持续生计分析框架中，"政策、机构和过程"是影响人们生计的制度、组织、政策以及相关法律规范等，在我国主要集中在政策措施上，尤其是生态保护方面的政策或措施。生态保护政策对生态系统功能恢复和综合治理有重要意义，同时也给农户生计多样性带来一定的影响。

退耕还林生态保护政策对农户生计有一定的影响，同时也在一定程度上促使农户向非农化转变；国家新农村建设政策在一定程度上为农户创造了就业机会，使他们除了种植农作物外，还能参与到新农村建设工程中去，增加了生计的多样性；城乡二元结构的发展为农户们生计的多样性创造可能；还有地方政府的招商引资政策等。

（四）生计策略与生计输出

生计策略是指为了实现生计目标或者追求生计输出，农户对自身生计资产进行组合和使用的方式和路径。生计输出是衡量生计策略是否最优的标准，农户通过对资产进行最优组合获得最大输出。

想要对资产进行最优组合，必须拥有一定能力的生计资产，如访谈的陈小姐一家人。陈小姐大学毕业后回到镇上开了一家辅导机构，年收入在151 333元，母亲自己带领一个小团队从事保险行业，年收入在48 000元，父亲从事挖掘机的出租工作，年收入在 1 458 000 元，家里还有 100 亩左右的土地，全部种植经济作物。首先，我们可以肯定陈小姐一家已经转入了非农行业，他们一家能够对生计资产进行合理的组合，从而又促使生计资产的快速增加。

五、总结与反思

第一，关于个案选取。本研究中的个案代表具有局限性。受时间与资源限制，个案数量和范围不够大，每个类别的对应个案只有一两个。这既是一个局限，也是关于质性研究一向存在的争论。本研究中所选取的几个个案是指正式接受访谈的人，实际上还有一些没有接受正式访谈，但是认识和聊过天的村民们。这个数量确实很少，谈不上什么代表性和普遍性，但是质性研究本身就与定量研究不同，关注的重点不在于代表性和普遍性，而是多元性与差异性。我们的目的就是通过了解每个人的故事来探讨分析震后南坝镇农民生计的可持续性。当然，在条件允许的情况下，受访人数越多越好，那样我们看到的情况会更加多样。在人数增加的基础上，更重要的是含盖更多的类别、范围更广的个案，不仅局限于南坝镇厂镇附近的村落。在其他村落，会不会因为地理位置等导致交通不便、观念落后，造成影响？这些都是需要我们进一步研究的问题。在今后的研究中，我们需要继续集中资源扩大个案的范围与类型，尽量提高研究的覆盖面。

第二，关于研究方法。由于受时间与资源的限制，我们不能对个案进行长时间的跟踪观察，对震前情况所做的对比程度也有限，研究的深度受到限制，这也使得还有许多其他的特殊情况未被考虑到。今后我们需要进一步进行全面深入的研究，对个案进行持续、多次的访谈，从而完善和补充相关结论。

第三，关于分析逻辑。本研究为震后南坝镇农民生计是否具有可持续性，但除了本研究观察到的较为明显的结果，还有许多其他的特殊情况未考虑到。除此之外，关于生计的可持续性这一定义也有待商榷，还需进一步深入探讨研究。在今后的研究中，我们会关注更多的情况对研究结论进行完善和补充。

第四，关于信度与效度。本研究采用访谈、聊天、参与式观察与非参与式观察等方式进行，但在运用方法上仍然存在不熟练的现象，且参与式观察与非参与式观察的效度有待提高。我们在今后的研究中会努力提高研究方法的信度与效度。

参考文献

[1] 杨世龙，赵文娟. 可持续生计框架下农户生计与土地利用变化研究进展 [J]. 云南地理研究所，2015，27（2）：37-42.

[2] 何仁伟，刘邵权，陈国阶，等. 中国农户可持续生计研究进展及趋向 [J]. 地理科学进展，2013，32（4）：1-3.

[3] 靳小怡，李成华，杜海峰，等. 可持续生计分析框架应用的新领域：农民工生计研究 [J]. 当代经济科学，2011，33（3）：103-109.

[4] 韩自强，巴站龙，辛瑞萍，等. 基于可持续生计的农村家庭灾后恢复研究 [J]. 中国人口·资源与环境，2016，26（4）：158-167.

[5] 杨皓，王伟，朱永明，等. 退耕还林对农户可持续生计的影响：河北省以保定市涞水县为例 [J]. 水土保持通报，2015，35（4）：263-267.

[6] 李斌，李小云，左停. 农村发展中的生计途径研究与实践 [J]. 农业技术经济，2004（4）：10-16.

[7] 毛华松，张兴国，汪智洋. 灾后城镇复兴中的城市设计策略：以平武南坝镇重建规划为例 [J]. 城市设计，2009（4）：104-107.

汶川县金波村震后生计重建情况
调查报告（第二届）*

一、研究背景

5·12 汶川特大地震后，地震灾区民众生产生活的重建恢复一直受到各界的广泛关注。2010 年距地震已经过去两年多，灾区居民们的生活恢复得如何？地震前后有怎样的改变？他们的精神面貌如何？是否已经有了独立维持生计的能力？这些问题是每一个关心灾区发展的人所关心的。

2010 年前对汶川震后重建的报道多集中在硬件恢复方面，即城乡社区的房屋、公共设施等方面的重建恢复，而对于灾民们的生计关注较少。灾民们受到社会各界的援助和关照，但对于他们而言，拥有维系长久的生计能力显得更加重要。

2010 年 8 月，笔者一行前往汶川县草坡乡金波村进行了为期七天的考察。其间与当地村民同吃住，近距离真实感受其生活，并对村民进行了访谈，了解其震后生活以及所受到的援助，其中重点调查了金波村在"中大—香港理工大学映秀社工站"（后简称"映秀社工站"）支持下的生计恢复情况，尤其是社工以什么样的介入方式来帮助村民进行生计重建、效果又如何。通过此项调查，希望有更多的人能够关注到震后灾区居民的生计重建问题。

考察时地震已经过去两年零三个月了，灾后重建工作一直在有条不紊地进行着。中国人在救灾中的效率和效果是有目共睹的，其重建工作也是举世关注的。然而我们看到的建设成果多是在人口集中的城镇，尤其是受地震毁坏严重的所谓"明星灾区"。可是在四川灾区，更广大的地区是农村，是那些可介入

---

* 本文写于 2010 年，2018 年重新整理。

性差的山区。

　　金波村就是这样一个地处偏远山区的非焦点灾区，是地震救援中"最后一个孤岛"，村中90%的居民是少数民族。村中有独特的文化风俗，有传承数百年的古迹。对这样一个自然村进行重建，不仅要恢复民众的生计生活，还要注意保护好当地原有的风俗和文化。

　　金波村遭受到的硬件破坏主要集中在一些公共设施上，如当地的公路及藏传佛教寺庙佘波寺；而居民房屋并未受到大规模的损坏，未对居民的基本生活造成很大的负面影响，通过政府补助就能修缮好破损的房屋重新住人。因此对金波村居民而言，在道路毁坏、传统生计无法维继的情况下，尽快恢复生计或找到其他突破口才是更重要的。此时有了社工的介入，社工试图在这种条件下，在保留当地文化传统的同时为生计发展开辟一条新思路，践行社工理念。

　　此次调研目的在于了解金波村震后生计重建情况，其中着重探寻在社工站的支持下，当地开展的几个生计项目的状况，进一步了解这些项目从规划到执行的过程，以及这些项目的可持续性和对当地的影响。此外，本次调研还可为以后研究灾后重建提供依据，为后续"博雅项目"的进行提供参考。

　　本次调研主要采用人类学的参与观察法、访谈法。其中访谈对象又分为社工和当地居民。在对当地居民调查时，对参与民宿项目中的四户人家做了重点跟踪访谈，对两户村民使用参与观察法进行研究，对两位社工进行关键人物访谈。访谈全部采用非结构式访谈。

二、文献综述

　　对于灾后重建这一议题，有学者从政府的角度分析灾后重建中的政府满意度的问题，试图寻找国家治理中合法性与有效治理之间的关系，以及各级政府的行为和群众的满意度之间的逻辑（尉建文、谢镇荣，2015）。在社会工作方面也有人提出灾区重建过程中的社会记忆修复与重构，探究专业社会工作的增能方法介入灾区社会记忆修复和重构的可能性。且探讨社会资本在灾后重建中起的作用，受灾居民在灾后恢复期间可利用嵌入自己社会网络中的资源获得正式和非正式支持，从而更快更好地恢复正常生活。但同样的社会网络会对人们不同类型的活动产生不同的结果，社会弱势群体更加依赖于自己的强关系网络，这可能对其经济恢复带来不利影响。（文军、何威，2016）

　　笔者期待能从此次调查中为学界提供灾后重建发展情况的资料，并探讨影响灾后重建的因素。

三、生计重建

灾情发生之后，受灾群众心灵受到巨大创伤，随着初期物资救援的结束，如何帮助当地村民实现生计重建和可持续发展逐渐成为当地社区重建中一项最迫切的任务。在这样的背景下，除了帮助当地村民积极恢复农事生产、重建家园之外，社工站的工作人员还与当地村民一起进行不断的探索，先后发展起了"映秀母亲"羌绣刺绣项目、金波村乡村体验游项目和"映秀母亲"生态农副产品项目三大生计项目。

（一）传统的生计

1. 农业

震后金波村村民已基本恢复了农业生产，地里产出的作物主要有莲白、大白菜、甜椒、海椒、洋葱、土豆、玉米、四季豆等。产量已基本恢复到震前水平，但因为道路原因和村中原本就复杂的地理条件，村内作物外运始终受到巨大的阻碍。

在金波村，耕地几乎都在高山上，一些耕地甚至与地平面成 60 度夹角。耕种极为不便，运输更是一个大问题。公路只修到金波村的河谷中，运送农产品的车也仅仅能开到河坝上，因此山上的成熟作物只能依靠村民们的肩膀一点一点运送到停车地点，然后由车辆运送至成都或龙泉附近的蔬菜市场售卖。村民说起这糟糕的耕种环境，非常无奈。作物的售卖价格也得"碰运气"，（跟别人的菜比）有时候多几角，有时候少几角，无法确定。

在姚良翠家的地里，笔者观察到有些白菜烂在了地里。男主人告诉笔者那是因为种出来的蔬菜吃不完，而作为一种商品要运送出去售卖又显得太少成本太高，索性就让白菜烂在地里，也懒得花工夫和体力去收割。

金波村村民在种植农作物之外也养殖猪、牛、鸡、兔等家畜家禽，牛用来耕地，猪和鸡均是村民自己吃，只有兔能为村民们带来额外的经济利益。

另外，笔者在去往金波村的路上看到了让人不太愉快的一件事。根据震后规划由草坡乡通往金波村的公路将会有 6 米宽。在最初的那一段可以看到还是齐整气派的 6 米宽柏油路，但到了靠近金波村的部分，原本该有 6 米宽的道路只有 4 米了。这对于金波村村民而言是生命线的公路，另外 2 米宽的公路被谁

"吃了"不得而知。村民们对此又生气又无奈。

村民们在农业恢复上遇到的最大问题是地震后非常脆弱的生态地质环境。不时有滚石从山上滑落，遇上大降雨时更会有泥石流等自然灾害。这些自然灾害因为5·12地震影响而更加频繁，让村民们生活在提心吊胆之中，更为农业生产带来许多无法预料的威胁。

2. 非农业工作

村中居民有长期在外打工的，也有仅在农闲时节打临时工的。

村民明大哥曾在外打工达十二年之久，在水产业、酒店工作过。他认为在外打工确实能有较多的收入，也能学到不少东西，但最终还是为了照顾家庭回到了金波村，在草坡乡的水电站工作。

尹大叔家，他和妻子在农闲时打短工，收入按日计算。其小女儿在峨眉打工。大女儿现正在读大学，每年花费不菲，为此全家已举债数万元。对于许多像他们一样的村民，因为没有很好地受过教育，打工也只能做一些最廉价的工作，因此他们对于正在川北医学院念书的大女儿寄予厚望。

村里有一个水电站，在乡上也有水电站，可接纳少量村民工作。水电站的工作相对稳定，工资也更有保证。受访者明大哥向笔者透露，他在水电站工作的月薪是1000多元。

村民尹康梅曾经在绵虒开设过一个美发店，不过于2010年7月底中止了此项工作。她中止的原因是还想再多学习点东西。

(二) 由社工主导建设的生计

5·12地震后，中大—香港理工大学映秀社工站于2008年6月24日在映秀镇的板房区正式落成。社工站秉承着"助人自助、能力建设"的理念，前期工作主要包括在社区进行心理支持、妇女生计能力的建设，资源联结等。社工站已将工作重心转到了生计建设上面，主要在做的项目有三大块："映秀母亲"羌绣刺绣项目、"映秀母亲"生态农副产品项目、金波村乡村体验游项目（民宿）。

社工因为非常强调助人、自助和公平，所以在这三个项目的建设中，并没有采用传统的市场经济的运作模式，而是积极倡导价值认同，以相互间的理解来构建这三个项目的体系。其最明显的一点可以表现在交易及定价方式上。

社工将交易双方请到一起，然后根据卖方的劳动价值及成本来定价，获得买方的认可后完成交易。如刺绣绣品的定价，假设绣品制作需一名妇女整天赶制共计 5 天的时间，如果这名妇女出外打工则每天获得的收入为 30 元，另外线、布的成本为 10 元，那么这件绣品的价值为至少 5×30＋10＝160 元。

通过以上定价法，可以更深刻地感受到社工理念及其实践模式。

1. "映秀母亲"羌绣刺绣项目

"映秀母亲"刺绣小组是社工最早培育的小组，参与人数最多、知名度最大，乃"明星"小组。社工培育这个小组的初衷是让妇女们在刺绣时能够暂时忘却地震带来的悲伤，想借此来对灾民们进行心理干预。刺绣小组可以通过把妇女们聚集到一起做刺绣使刺绣变成一个疗伤行动，更可链接外面买家来使这个项目发展为生计项目。实践开展情况如下。

第一，发展情况概述。这个小组，最初在张家坪由社工发起，金波妇女刺绣小组是"映秀母亲"羌绣刺绣项目的五个小组之一。考察时还在运营的只有金波村的刺绣小组了，现在金波村小组的经营已基本由小组成员来操作了。这一项目主要是利用当地妇女的刺绣专长，组织她们开展刺绣，然后将她们的作品以公平贸易的方式卖出。在 5·12 一周年纪念时，社工站曾对小组的绣品进行过拍卖。社工站在广州越秀区文化馆组织举办了"映秀母亲羌藏绣展览义卖会"，连续三天时间共展出作品 400 余幅，义卖加拍卖作品获得 28 万元人民币。最后社工站将这笔钱作为"映秀母亲基金"，存入中山大学教育基金会，由社工站监督代管，专款专用。金波村妇女用这笔基金修建了金波村绣坊，从此金波村羌绣有了"根据地"。金波村的刺绣小组在顶峰时曾有 22 名成员，考察时只剩下 10 名成员了。小组的妇女们除了经常在一起做刺绣之外，还不时会接受一些培训。组员姚良玉告诉笔者，有时候是请师傅到村中，有时候是小组成员走出金波村，她们小组甚至还专门去过贵州做过刺绣培训。笔者在金波村调研的时候正好有一位裁缝师傅被请进村里教妇女们缝纫技术，为期一个月。刺绣小组的妇女们在进行完此次培训后，就能够在她们的绣坊中制作带有羌藏风格的服饰了。

刺绣小组现任组长是村民林福美，最初也是她翻越崇山峻岭到达映秀镇找社工们带领金波村的妇女们加入"映秀母亲"羌绣项目的。遗憾的是，笔者在金波村的时候她恰好不在村中。

第二，关于绣品的花样。刺绣小组成员在绣制绣品时会在作品上加一些带有含义的字样，如"汶川"，"5·12"或者作者自己的名字，打上自己的烙印。除此之外，映秀社工站社工黄艺还专门前往汶川县城、映秀镇等地四处采集刺绣花样，为羌绣艺术的研究和保留做资料收集。

第三，关于项目。映秀镇政府也联络到社工站，告知 2010 年 10 月左右将在映秀新城拟建一个"映秀母亲"羌绣博物馆，这个项目的目标有三个，分别是传承羌绣艺术、城乡合作及生计发展。镇政府想要通过这个博物馆，让参观者能够了解到羌绣的工艺和内涵，在认可的基础上售卖映秀周围妇女绣出的作品，支持这些妇女的生计维系。社工将博物馆的修建看成是"映秀母亲"羌绣项目的二次发育，希望这个项目能够重新焕发出活力。

第四，绣品的出售途径。绣品的出售途径有以下几种：一是拍卖会，上面已经介绍过，但也仅此一次；二是网店，社工与一些志愿者联合，在淘宝开设的网店上售卖绣品；三是社工帮小组妇女联系到对此感兴趣的买家进行交易。

2. 民宿项目

2009 年 12 月，公路修到了离金波村只有 4 公里的地方，使得"金波乡村体验游"成为可能。第一批体验游客是这样产生的：成都社工站与四川旅游电台 FM97.0 合作了一个节目，介绍震后的社工介入工作。听众中有人对金波村以及项目的开展产生兴趣，打电话问能不能进到金波村看一看，这样的电话让旅游电台与成都社工们萌生了组织自驾游车队进村的想法。当周星期六，第一批游客就在社工站工作人员的带领下来到了金波村。在村子里食宿两天，这两天里，游客到当地风景优美之处游玩，一起聚到绣坊，跟社工站的工作人员及小组妇女分享乡村体验游的感受，当天晚上便是当地特色的锅庄舞晚会。临走的时候，有人买了当地农户家的土特产，如土鸡蛋、干菜等。第二天中饭之后，游客们返回成都。实践开展情况如下。

第一，关于民宿小组构成。金波村的民宿体验游项目属于田园型乡村旅游，2010 年在金波村开展民宿项目的农户总共有四家，集中在一队和三队（对着的两座山上，两家在一队，两家在三队）。社工将这四户开展民宿项目的家庭女主人聚集到一起，成立了一个民宿妇女小组。民宿小组的成员全都是当地刺绣小组的成员。民宿妇女小组会定期召开工作会议，总结工作，互相了解各个家庭民宿开展情况，还会制定一些民宿工作的规则，例如制定游客们的菜单、公布各家庭民宿收入。民宿小组的组长姚良翠是一个 30 岁左右的妇女。尽管社工希望是由民宿小组对整个项目的运作进行全权负责，但笔者观察到的是客人的分配还是由社工来完成的，一方面，这是因为社工可以有意识地来平衡各家的接待及收入状况；另一方面，如果完全交给游客自己来选择，一是没效率——一队到三队脚程为 20 分钟左右，游客都考察后再决定会很花时间，二是因为民宿各个家庭的软硬条件不一，游客可能会集中选择某些家庭，这也会让整个小组不能平衡发展。笔者专门对这个民宿小组的组长进行了访谈，得出的结论是：作为民宿小组的组长，姚良翠与其他几家民宿家庭的成员在民宿这一项目的认识上是有一定差别的，姚良翠家对民宿的投入要大于其他几个家庭。并且，姚良翠在跟笔者的交谈中表示，她明白民宿与一般农家乐的差别，也不会使民宿朝着农家乐的方向发展。

第二，关于客源。民宿项目从 2009 年 12 月接待第一批客人起（客人包括社工、成都市民、大学生志愿者、境外人士等），每一批游客的到来都与社工站的工作有关系，社工站的工作人员为民宿项目专门做了宣传手册，做了一段映秀金波村的 VCR，并在成都市区开展一些活动（例如沙龙），同时通过网络资源起到宣传的作用，而到来的高校学生也基本上是先与社工站的人取得联系，再由社工站的工作人员根据情况（人数、性别、居住的时间等）和民宿家庭的具体情况来安排来访者的入住。当来访人数较少并且四户民宿家庭入住率都比较低的时候，来访者会要求自己先参观各家的状况，之后再选择入住哪家。

社工站的工作人员介绍由他们安排入住一方面是因为作为中间的桥梁，他们对双方的情况都比较清楚，能更好地协调好人员的住宿问题；另一方面他们是想让四家民宿试点家庭能够发展得比较公平。让游客自己选择的话，会受到一些客观条件的影响，比如说民宿家庭的卫生设施等，就有可能产生民宿收入差距变大的现象。

根据 2010 年 1—6 月的统计显示，来到这里的游客主要有三种，如表 1 所示。

表 1 民宿游客接待情况（2010 年 1—6 月）

游客类型	成都市民	我国港澳，外国游客	高校学生（志愿者）	工作人员
一般来访时间	周末	不确定	假期（1、7、8 月）	根据需要
平均停留时间	一天半	7 天（只有两次游客的记录，取平均值）	每队每次 10 天	2～3 天
价格标准（元/人/天）	50	50	30	30

从表 1 中可以看出，他们的客源是包括社工站的工作人员在内的，只是他们食宿的价格相对便宜一些。

第三，关于饮食。社工还试图让整个小组进行标准化运作，至少让客人在每家都能有相似的生活体验条件。在社工的引导下，民宿妇女小组共同制定了一份"生态膳食单"，如表 2 所示。

表 2　民宿小组的生态膳食单

项目	价格标准（元/人）	食物内容
早餐	5	米粥/面食、鸡蛋、腌制蔬菜各一份
午餐、晚餐	25	炒腊肉、生态蔬菜、野菜、蔬菜例汤各一份
聚餐	30	肉食、野菜、豆花、蔬菜例汤各一份，生态蔬菜两份

而根据笔者的实际观察体验，民宿小组并不会严格按照菜单来做。一方面，主要是受到客观物质条件的影响。例如早餐，笔者所住的农户家中早餐基本上是没有鸡蛋的，有时早餐会和午餐、晚餐一样，吃米饭和炒菜。至于午餐和晚餐的标准，其中的野菜不会经常有供应的，因为当地采野菜要到山上。野菜的采摘除了受到野菜数量的影响外，还有一定的危险性。并且，由于当地是地质条件复杂的地方，当地林业局实行封山育林的政策，所以不能轻易进入深山采摘野菜。另一方面，游客在当地的饮食也会因为所入住的家庭不一样而有差异。笔者队伍一行 5 人，分为两组，分别住在两个不同的家庭里，姚良玉和罗才碧家。姚良玉家有时就会弄来在客人看来比较新奇的食物，而且提供有鸡蛋的饭菜次数也相对较多。而住在罗才碧家的队员发现她家的食物内，有鸡蛋的餐没有那么多，总共出现过两三次而已。

第四，关于民宿。由于各家条件不一样，住宿的问题就存在着比较大的差异。笔者走访了四个民宿家庭，对各家的住宿硬件条件做了一个简单的对比。对比情况如表 3 所示。

表 3　民宿家庭的住宿硬件条件对比表（截至 2010 年 8 月）

项目	用作民宿的空间	洗浴设备	饮水条件	卫生间
姚良玉	3 间房，3 张床	无洗澡间	每个房间配有保温壶	旱厕
姚良翠	3 间房，3 张床	有洗澡间，并配有浴霸，另外还有全自动洗衣机	公用保温瓶	旱厕
罗才碧	2 间房，3 张床	无洗澡间	公用保温瓶	生态旱厕
明大爷	2 间房，3 张床	无洗澡间	公用保温瓶	旱厕

其中生态旱厕，是指在农村传统旱厕的基础上改进的，它的基本原理是采用粪口和尿口分开的便器，对尿粪进行分别处理。尿流入储尿池，粪收集在储粪坑内放置的桶里，每次如厕后，舀一勺草木灰浇在粪便上即可。尿液可回田灌溉庄稼，或作为沼气池的原料，而粪便经过 3 个月左右的储藏后，基本被分解发酵完毕，可取出用作无害化的农家肥。为了排臭，每个储粪坑旁还安了一根 PVC 管作为通风管。相比于传统旱厕，生态旱厕节约用水，干净卫生，环保优势明显。修一座厕所的成本通常在 400~800 元不等，由成都野草文化传播中心提供资金以及最为紧缺的水泥、钢筋、PVC 管等，村民只需出工出力即可。笔者刚去的时候就只有罗才碧家在野草文化传播中心的资助下修了生态旱厕，但笔者在那里的期间，几家开展民宿项目的家庭都修好了旱厕。

从表 3 中可以看出来，在硬件设施方面，各家的条件是有一些不一样的，特别是在洗浴设施上。当地的生活方式与城市生活方式有着极大的差异，绝大多数人家中是没有洗澡间的，据笔者的走访了解，村中仅有两户人家中有独立洗澡间，并且都是在地震以后修建的，其中姚良翠是这样向笔者讲述他们家的洗澡间的：本来这一块（指现在洗澡间的位置）是厨房，但是在地震中毁坏了，后来干脆就把房子的格局改了一下，把厨房往后面修造了一点，在这儿弄了个洗衣服的小房间（内有全自动洗衣机）和一个洗澡房。笔者也发现，所居住的姚良玉家的男主人王克军在笔者居住期间自己修建一个洗澡间，处于快要完成的阶段。他还把新修的生态旱厕的周围仔细地用砖砌好，旱厕看起来比较整洁，而且很好地将隔壁猪圈的气味分隔开来，减少了厕所的臭味。这引起了笔者的思考：数年来流传下来的生活方式，为什么突然发生变化？笔者询问男主人为何要改建厕所和新建洗澡房，他回答说："现在人来得多了，夏天洗澡又不方便，还要你们跑那么远去洗澡，自己修一个以后方便。"

第五，关于民宿的投入。开展民宿项目的家庭有一定的基础硬件的投入，但是笔者通过总结四家民宿家庭的投入，得到了这样的结论：在对民宿的投入上，虽然各家都有不同，条件也稍有差异，但是总体看来，主要是投入在这几个方面：

寝具——四个家庭都有三张床可供游客住宿用，并且用作游客睡觉的床铺基本上都是新添置的木床，有些为自己加工的；木床新配置有床垫，平均每张床垫为 240 元；床上用品也都是新添置的，成本不高。

家中其他家具——主要是指桌子、凳子这些日常生活用品，四户民宿家庭家中的椅子全都是一样的，有十张左右。

餐具——新添置的餐具主要是碗筷、盘子。原先居民对餐具没有这么讲究，但民宿项目开展以后，现在四户民宿家庭所用的碗和盘子全都是图案统一的瓷碗和瓷盘。而在没有开展民宿项目的居民家笔者没有发现这样的情况，他们有些家庭的餐具是比较旧并且比较杂的（形态、大小方面）。

其他生活用品——脸盆、衣架、被子等小物件。

第六，收入情况。最初民宿项目的收费是由民宿小组和社工一起讨论出来的，对游客收费为50元一天，对社工站工作人员、志愿者等不以游览为目的客人收费为30元一天，包括三餐和一宿的住宿；在这个价格执行半年后，7月份应民宿小组的要求将价格提高为游客70元一天，社工站工作人员、志愿者等为50元一天。

民宿小组各户的收入是公开的，这个公布表贴在绣坊里。笔者就在绣坊里找到2010年1—6月各户收入的统计数据，如表4所示。通过表4的数据比较可以看出，民宿小组成员的收入不仅来自游客食宿的消费，更有来自特产售卖、做导游的收入。同时可以看到的是，对社工站工作人员的收费占到了其收入的很大一部分。另外，不同家庭之间的收入也是有很大差别的。

表4　民宿家庭民宿项目收入状况表（2010年1—6月）

户名	收入来源及金额					
	外来游客住宿费（标准50元/人/天，不足天的按照菜单标准计算）	导游费（当地人为游客提供指路导游服务，标准50元/次）	出售农副产品（斤）	社工站工作人员住宿费（标准30元/人/天）	总计收入（元）	社工站工作人员住宿占总收入的百分比（%）
姚良玉	550	/	360（腊肉）	810	1720	47
姚良翠	500	50	/	1740	2290	76
罗才碧	515	/	/	840	1355	62
明大爷	710	/	/	/	710	0

此外，社工站还希望可以由这个项目带动村中另外两个项目的发展，让羌绣得到更多的关注认可，为农副产品找到销路。

在村民、民宿小组成员和社工的共同努力下，乡村体验游项目正稳步发展。

3. 农副产品项目

"映秀母亲"生态农副产品项目社工站在"以人为本、助人自助、公平正义"的社工理念指导下，采取"前店后村"的策略，通过公平贸易的模式，销售灾区山村（草坡乡金波村）村民生产的不施用化肥、农药的农副产品，实现城乡合作、公平贸易、共创生态文明与可持续生计的目标。实践开展情况如下。

此项目的主要销售渠道有两个：一是通过在城市建立的公平贸易店，让城市居民通过这个店来购买金波村的农副产品；二是与部分城市居民建立对接关系，金波村的生态产品直接进入城市家庭。

此前金波村的山货、蜂蜜等已经在广州北京路的公平贸易店"绿耕食品博雅教育——汶川震后灾区重建科研考察与志愿者服务活动经营部"进行了销售，如尹大爷家的野生蜂蜜酒通过这种方式卖出了100多斤，明大爷家的野生山货卖出了6斤8两。然而金波村离广州毕竟路途遥远，金波村出产的可支持远距离运输的山货、蜂蜜等也非常有限，相比之下新应季蔬菜更需找到一个销售路径。在此基础上，社工萌发了在成都建立一个公平贸易店的想法。笔者一行在金波村时也恰巧遇到预备帮助社工建立该贸易店的西南财经大学研究市场营销的张永清老师，张老师专程前往金波村考察农副产品的生产情况，为开设公平贸易店做准备。通过后续了解，成都的公平贸易店已于2010年10月正式开张了，因为注册的缘故，最终该贸易店使用的仍是之前已经注册过的"绿耕"的名字。

另外一种销售途径是类似于"直销"的模式，农户与城市居民一一对接，农副产品由社工定时从金波村送到城市居民的家中。通过这种模式购买农副产品的家庭，或者曾经去过金波村参加民宿体验游，或者曾在金波村民社区行时了解过这种购买模式的优点。其中去过金波村的城市居民因为亲自看到了农副产品的生产过程而对其比较青睐。

以上两种销售模式，由于运输成本等原因，农副产品的价格是高于市场价格的。但其不同于一般农副产品的地方是金波村农副产品都保证不使用农药或至少农药使用量非常少。因此，金波村农副产品的目标客户为注重健康、有一定价格接受能力的都市高档社区居民，更重要的是强调了价值的认同。这一价值认同主要是指购买者理解金波村村民们的生产生活方式，尊重其劳动价值。

表5 金波生态农副产品

类别	项目	收成时间	备注
常用菜类	四季豆	7~9月	有老品种
	青菜		有老品种，但一般都用当地种子
	土豆	8~9月	有老品种，总量大，都不使用农药
	黄瓜		有老品种，老种子黄瓜形态特别
	匣子	7~9月	
	莲花白	四季	产量大
	萝卜	12~1月	红皮萝卜有老品种
	海椒	7~10月	
水果	白瓜		
	李子	6~8月	李子不打农药
	核桃		潜力较大，家家山上地里都有
	苹果		野生苹果，个小，酸
肉/蛋类	土鸡	一般2、3月份的小鸡养到年前吃	鸡须养10个月才能下蛋，鸡一天喂两次，主要吃玉米和菜叶
	土鸡蛋	一年四季都有少量	
	山羊	随时有，量不大	养殖一般是圈养，主要吃草和少量粮食
	牛	量少，一般用来耕田	部分农户养牛，长期在山沟里面放牛
	猪	家家都有，年前较多	
	兔子	许多农户圈养，常年有	村民对养兔比较感兴趣，四川人喜欢吃兔头
野生菜/山药/食品	蜂蜜	常年有	这里蜂蜜都是野生花蜜，非常健康
	罗儿九/偏头菜/刺笼苞/蕨菜	4~5月	都是产自山里田间的野生菜，营养价值高
	野生菌	5~6月羊朵菌 7~8月要吧菌和沙木菌	菌类不宜保持新鲜，最好风干；另外由于有毒菌类多，不能随便采摘
	野生天麻	6月	
	木耳	—	均为山间野生

资料来源：映秀站社工。

地震过去两年多后，金波村的村民们已经恢复了基本的生产生活，但在谈到未来究竟该何去何从时仍显得十分迷茫，这种迷茫源于脆弱的生态地质环境、不乐观的生产生活条件、不便的交通、受交通情况制约的农作物。社工在震后来到金波村，帮助金波村村民在这种情况下进行生计重建。社工采用的方式并非是直接针对原本所有的生计条件、逐个击破使得金波村恢复到震前的情况，而是采用新思路，另辟蹊径让金波村村民拥有新的生计项目。这三个新建设的生计项目分别是"映秀母亲"羌绣刺绣项目、乡村体验游项目和"映秀母亲"农副产品项目。对于发展时间最长、影响最大的刺绣项目，现在已基本脱离社工管理实行自治，而社工也借"映秀母亲"羌绣博物馆设立之机对小组进行二次拓展以造福更多周围的居民。民宿体验项目一路走来，带着小组成员和社工的心血正慢慢成长着，但整个项目的可持续性，仍有着许多的挑战。"映秀母亲"农副产品项目刚刚起步，同样面临着重重困难。

四、结　语

基于此，这三个项目的可持续性仍存在问题。从当地村民的角度出发，首先，当社工撤出、不再帮助村民们管理和进行资源链接时，村民们该如何自己联络到买家。其次，社工为村民带去了独特生计思想和技能，但是能否将社会资源一并带给村民。从社工的角度出发，映秀社工站受到政府和基金会三年的资助，三年资助结束后社工站又该如何获取资助。

在针对地震后恢复的政策性文件中，提到的更多只是税务免除等政策，但对于新环境下灾民新技能培养、生计重建资源给予方面却没有提及。期待我们的报告能得到有关部门和社会各界的关注，一同帮助地震灾区的居民进行生计重建。

参考文献

［1］张和清．扎根映秀，服务汶川：广州社工站的成立与发展［DB/OL］．（2010-11-18）http：//www. vgeng. org/index. php/article/147/93.

［2］裴谕新．映秀妇女刺绣小组培育记［J］．中国社会导刊，2008（28）：30-31.

［3］余细香．广州社工：映秀人民可靠的朋友［J］．中国社会导刊，2008（16）：9-10.

［4］裴谕新，张和清．"映秀母亲"与我们的坚持：中大-香港理大社工站汶川地震两周年工作回顾［DB/OL］．http：//www. vgeng. org/index. php/article/147/414.

［5］尉建文，谢镇荣．灾后重建中的政府满意度：基于汶川地震的经验发现［J］．社会学研究，2015（1）：97-113.

［6］文军，何威．灾区重建过程中的社会记忆修复与重构：以云南鲁甸地震灾区社会工作增能服务为例［J］．社会学研究，2016（2）：170-193.

三台县新鲁镇移民生活状况调研报告

——汉源县瀑布沟水电站移民搬迁十周年记（第八届）[*]

刘志远　李杜青　陈静仪　蒋雨琦

一、问题的提出

（一）研究背景

在我国，水利工程经济效益广泛（发电、防洪、旅游等），在一定程度上可促进当地经济的发展，社会的进步。但是在历史和现实生活中，水利工程移民无论是在搬迁前还是搬迁后对政府行为都在一定程度上存在不满情绪，偶尔还会发生冲突。特别是搬迁后，人们生活环境质量虽然有所提高，但是搬迁后经济社会状况发生变化，移民在搬迁后的经济收入、社会环境以及政府管理水平等方面幸福感较低。现实中水利工程移民仍然存在诸多问题，如基础设施建设不完善，特别是农业基础设施不健全，医护人员职业水平及道德水平有待提高，社会保障制度不全，当地政府管理日常事务水平不高等。

四川汉源县大渡河瀑布沟水电站是国家"十一五"重点建设工程。该电站总装机容量为360万千瓦，单机容量60万千瓦，共装设6台混流式机组，年平均发电量147.9亿千瓦时。水库总库容53.9亿立方米，正常蓄水位850米，其中调洪库容10.56亿立方米，调节库容38.82亿立方米，具有季节性调节能力。2008年第一台机组发电，2010年工程完工。

汉源县的部分居民搬迁至三台县定居，搬迁十周年之际，我们对三台县新

---

* 第八届时间为2016年。

鲁镇上的一个生产队进行调研，他们全部都是 2006 年从四川省汉源县搬迁至此地的汉源水库移民。另外，三台当地许多青壮年劳动力外出打工，导致当地留守率高，孩子们的教育问题往往成为研究的焦点。综上所述，我们从水库移民的发展性的角度，从经济状况、生活状况和子女教育状况三个方面展开调研。

（二）文献综述

我们从水工程移民的特征、发展现状、其他地区水工程移民案例分析和不同地区移民安置方式比较四个方面进行文献回顾。

1. **水工程移民的特征**

段跃芳在《水库移民补偿理论与实证研究》（2004）中指出，水工程移民是典型的非自愿性移民，与自愿移民相比，水工程移民具有以下特点：① 强迫性；② 大规模性；③ 时限性；④ 不可逆性；⑤ 破坏性；⑥ 补偿性；⑦ 机遇与风险同在性；⑧ 社会性。[1]

而王应政在《基于复杂系统科学的水工程移民生存与发展关键问题研究》（2012）中同样分析了水工程移民的特征，其认为水工程移民作为工程性移民的一种形式，既有其他工程性移民的共性，也有自己的个性即不同特点。概括起来，除了上文提及的强迫性、时限性、大规模性，更强调政策性、组织性和系统性。[2]

2. **水工程移民的发展现状**

李莉亚在《四川省汉源县瀑布沟水电站就地安置移民幸福指数分析》（2015）中表明，四川省汉源县瀑布沟水电站就地安置移民幸福感在搬迁后大致呈上升的趋势，其中，经济和社会方面幸福感较强，政府管理水平方面幸福感相对较弱。①在政府管理水平方面，幸福指数较搬迁前有所提高，但就管理突发事件水平的能力而言，仍有待提高。②在经济方面，瀑布沟水电站建设推进了汉源县产业结构的优化调整，促进了就地安置地区移民以单一农业收入方式为主到多种收入方式的转变，幸福指数较搬迁前显著提高。但由于政策扶持

---

[1] 段跃芳．水库移民补偿理论与实证研究 [D]．武汉：华中科技大学，2004.

[2] 王应政．基于复杂系统科学的水工程移民生存与发展关键问题研究 [D]．武汉：武汉理工大学，2012.

力度不足等原因，就地安置地区移民对收入要素的构成结构、家庭人均收入满意度不高。③在社会方面，搬迁后大多数移民由泥土房搬入混凝土砖房，生活质量大幅度提高，人们无论是在生存方面、生活环境方面、医疗方面还是教育方面的幸福感都较高。但由于搬迁后农业生产环境的变化，特别是由高产良田到山地的转变，就地安置地区移民对农业基础设施建设以及耕地质量幸福指数偏低。❶

杨健燕在水工程移民的教育现状上进行了着重分析，她在《大型水利工程移民教育资源布局决策问题研究》（2013）中指出，大型水利工程移民中农村的基础教育资源规划应遵循均衡性原则、稳定性原则、优先性原则、激励性原则、效益性原则、民族与文化差异性原则和整体性原则。❷

移民后期扶持政策调研组《大中型水库移民后期扶持政策调整调研材料汇编》（2006）全面、系统地说明了我国水工程移民生存与发展状况，包括以下几点：① 移民数量众多、类型多样，以农村移民为主体；② 移民贫困面大，贫困程度深，在当地经济发展中处于边缘化状态；③ 移民耕地匮乏，生存空间狭小，发展能力严重不足；④ 移民安置区基础设施落后，生存环境恶劣，普遍存在"五难"问题；⑤ 移民存在不满和依赖的双重心理，既不利于发展，也不利于稳定。❸

《国务院关于完善大中型水库移民后期扶持政策的意见》（2006）中指出："新中国成立以来，我国兴建了一大批大中型水库，在防洪、发电、灌溉、供水、生态等方面发挥了巨大效益，有力地促进了国民经济和社会发展，大中型水库移民为此作出了重大贡献。为了帮助移民改善生产生活条件，国家先后设立了库区维护基金、库区建设基金和库区后期扶持基金，努力解决水库移民遗留问题，对保护移民权益、维护库区社会稳定发挥了重要作用。但由于扶持政策不统一、扶持标准偏低、移民直接受益不够等多种原因，目前水库移民的生产生活条件依然普遍较差，有相当多的移民仍生活在贫困之中。"❹

❶ 李莉亚. 四川省汉源县瀑布沟水电站就地安置移民幸福指数分析 [D]. 成都：四川农业大学，2015.

❷ 杨健燕. 大型水利工程移民教育资源布局决策问题研究 [J]. 中国管理科学，2013，21（1）：157 – 164.

❸ 移民后期扶持政策调研组. 大中型水库移民后期扶持政策调整调研材料汇编 [G]. 2006.

❹ 国务院. 国务院关于完善大中型水库移民后期扶持政策的意见 [EB//OL]. （2006 – 05 – 17）. http：//www.gov.cn/gongbao/content/2006/content_389912.htm. 2006.

3. 其他地区水工程移民案例分析

苏爱华、付保红在《中国水库农村移民安置方式比较分析》（2008）中指出，通过对贵州省构皮滩大型水电站移民安置及其生产生活状况进行典型调查表明，20 世纪计划经济时期兴建的大中型水利水电工程，移民生产生活条件差，行路难、用电难、饮水难、上学难、就医难问题突出，生存环境恶劣；移民耕地人均占有水平低，生存空间狭小，发展能力严重不足；移民群体中贫困面大，贫困程度深，长远生计缺乏保障，在当地经济社会发展中处于边缘化状态。改革开放后，水工程移民安置状况有所好转，特别是 21 世纪后开工建设的水利水电工程，移民安置条件和生产生活条件有了明显改善，但仍不同程度地面临着生存与发展问题的挑战。❶

4. 不同移民安置方式的比较

水利工程移民的安置方式多种多样，不同的安置方式将产生不同的社会、经济和生态效应。在《中国水库农村移民安置方式比较分析》（2008）中，苏爱华、付保红对中国各地典型的水库农村移民安置方式进行比较分析，得出不同方式的优点和不足以及可能适用的时期、地区和人群。并着重分析与比较了后靠安置与外迁安置、外迁集中安置与分散安置、大农业安置（土地安置）与非农化安置（二、三产业安置）。

曾建生，陈水森，张朝峰等在《可持续发展的水库移民安置模式研究》（2001）中表明，移民安置方式的选择，必须综合考虑移民安置规划目标、移民生产生活习惯及文化技能素质，并结合安置区的社会经济、自然生态环境现状及环境容量，在充分尊重移民意愿的基础上，有组织、有计划地采取合理的方式安置农村移民，以达到风险最小和可持续发展的目的。❷

最终，苏爱华、付保红得出结论：随着农村工业和乡镇企业的发展及"打工"热潮的兴起，农民的生活水平和思想观念都发生了巨大的变化；同时，建设社会主义新农村和加速乡村城镇化进程是中国目前的基本国策和重点发展目标，"以工促农、以城带乡、城乡一体化"的气候逐渐形成，在此背景

❶ 苏爱华，付保红. 中国水库农村移民安置方式比较分析［J］. 云南地理环境研究，2008，20 (5)：73 - 78.

❷ 曾建生，陈水森，张朝峰，等. 可持续发展的水库移民安置模式研究［J］. 广西水利水电，2001 (4)：6 - 9.

下，成建制的外迁安置和以城镇为依托的集中安置，逐渐实现非农化的方式更符合中国国民经济持续、快速增长和工业化、城镇化不断推进的国情。

综上所述，许多学者已经对水库移民安置开展了较为深入的多方面研究，这些研究涉及移民的迁移模式、安置政策、移民社会发展和移民社会适应性等方面。但是从调研内容来看，对于水库移民的研究，往往集中在迁移模式、安置政策等方向，缺乏搬迁前后的对比研究；对于水库移民的发展现状更多的是对幸福指数的量化研究，集中多地移民数据，对四川省三台县的地方性案例研究尚且比较少见。本研究以四川省三台县为例进行入户访谈，结合当地留守现象的地方特色，运用质性研究的方法，对现有研究起到补充作用。

（三）研究问题

汉源县瀑布沟水电站移民是非自愿性工程移民，其迁移工作具有较强的政府行为性质。水库移民的经济生活满意度与教育资源配置满意度直接关系到移民未来生产生活是否稳定，经济社会能否恢复和发展，搬迁后生产生活的改变是否会影响移民日常生产生活的延续，政府应当如何做出正确的决策。本文将以汉源县水电站就地安置移民为基础，探讨影响水电站外迁安置移民经济生活与教育资源配置的现状和问题，深入调研收入、交通、房屋、医疗、消费、土地、教育，对现有研究加以补充，并且与当地的留守现象结合，得出相应的对策建议，为相关决策提供科学依据，从而促进就地安置地区移民生产生活的长治久安。

2018 年正值汉源县移民搬迁十周年。十年前，雅安市汉源县的部分移民长途跋涉数百里前往绵阳市三台县，其中一部分就在新鲁镇安了家扎了根。而今十年过去，移民搬迁对他们的生活产生了不可忽视的长远影响，我们再度探访这些渐渐被遗忘了的移民，希望能为党和政府在水电站移民方面的政策制定提供借鉴。

二、研究方法

小组在三台县新鲁镇展开为期一周的调研活动，在确定调研主题后，我们对镇上两处集中了数十户雅安移民的街道进行了调研。下面是我们根据访谈结果确定的 10 个有效的个案（见表 1）。

表1 访谈个案

个案编号	基本情况
01	李大伯，64岁，家中5口人，有两个女儿。大女儿、大女婿在镇上开养殖场，小女儿在成都
02	王大妈，62岁，老伴陈大伯65岁，一儿一女，女儿已出嫁。现家中6口人，两个孙子
03	陈大叔，家中5口人，儿子、儿媳妇、孙子、孙女；孙子在上大学，孙女在上高中
04	陈女士，20多岁。家里6口人，父母、爷爷、奶奶，还有一个弟弟（22岁）
05	一对夫妇，有3个孩子，最大的已经出去打工，还有两个双胞胎女儿，下学期上初三
06	肖女士，36岁，家里5口人，婆婆、丈夫，女儿16岁准备上高一，儿子两岁半，还没上幼儿园
07	卫阿姨，41岁，家里7口人，两个小孩，大儿子在西藏打工，小儿子即将上初三
08	杨大爷，50岁，家中4口人，两个孩子都20多岁，在福建打工
09	郭阿姨，48岁，家中4口人，儿子27岁，今年刚娶媳妇
10	家中6口人，两个老人，儿子和媳妇（儿子搬过来后结的婚）；两个孙子一个十多岁，另一个四岁在幼儿园

主要的研究方式为半结构式访谈法和观察法：

第一，访谈法，是研究者通过口头谈话的方式从被研究者那里收集第一手资料的一种研究方法。首先，我们根据研究问题撰写了访问提纲，访谈属于半结构式访谈，然后拜访研究对象，与他们进行面对面的访谈，征得受访者同意后，对访谈内容进行录音；访谈结束后，研究者将录音转为文字稿。整理线上访谈内容，记录田野笔记，是此次研究的主要资料来源。

在具体操作过程中，我们根据研究内容和研究问题，首先设计了访谈提纲，寻找访谈对象并进行正式访谈，之后对访谈过程中收集的资料进行整理和分析，得出相关结论。

第二，观察法。小组在与受访者进行访谈时，对受访者家庭环境、实际的生活水平和状况进行细致的观察，并完成田野笔记，为后期调研作参考。

三、研究发现

接下来，笔者将从经济状况、生活状况和教育状况三个方面来阐述研究发现，其中经济状况包括收入、消费、住房、土地四个方面；生活状况包括交通、医疗两个方面；教育状况包括留守现象和教育（教育资源、教育质量和教育需求）两个方面。

（一）经济状况

1. 收入

毫无疑问，收入是衡量一个地区经济水平的重要依据。接下来，从收入入手来描述分析雅安市汉源县瀑布沟水电站移民的经济生活状况。在访谈时，我们主要从收入来源、家庭人均收入、政府财政补贴几个方面来了解收入情况。

汉源县移民目前的收入来源主要是务工、务农和政府补助这三块。其中务工收入占据绝大部分，务农收入尚不足以饱腹，政府补贴则微乎其微。政府补贴这一块，除了最初搬到新鲁镇时，每户有 2000 元搬迁费外，之后每月每人仅有 50 元补贴，20 年到期，即每人每年有 600 元生活补贴，这在搬迁初期对移民来说作用甚微。

在农业生产上，汉源移民的务农收入大大降低。究其原因，一个是自然环境，汉源多为高产良田，水质好，灌溉便利，产量高；而在新鲁镇，多为低产山地，水质差，灌溉不便，水稻每亩产量要比汉源低 500 斤左右。另一个是经济环境，汉源农产品市场健全，销路广，收入高；而在新鲁镇，农产品市场不发达，居民多为农户，基本能自给自足，农产品交易量小，务农收入不高。

案例一　陈大叔：汉源与新鲁镇的气候悬殊。那边有霜期要短一些，这边有霜期要长一些。这边要冷一些，湿度要大一些。在雅安市汉源县，泥巴山把通过成都平原的冷空气挡住了。从另一个方向过来的冷空气又被拖乌山挡住了。我们家刚好在大渡河边上，气候温暖，（农作物）产量高，土地肥沃。

案例二　王大妈：我们在汉源一年种三季，一季水稻，一季豌豆，一季黄豆。水稻呢，吃不完可以卖钱，豌豆有几千斤拿出去卖，街上好卖得很。现在新鲁镇都是农户，家里都种了庄稼，根本卖不出去。我们一点收入都没得，只能喝稀饭。

由于新鲁镇工作机会少，收入低，并且如前文所述，务农收入不足以维持家庭开支，青壮年劳动力多外出寻找工作机会。务工收入是移民家庭最主要的收入来源。

案例三　陈大叔：雅安那边好挣一点。我们那边矿山多，产矿多，工作机会多。这边没什么工作机会。雅安那边土地好，种些蔬菜可以挣钱，这边土地不好，作物卖不到多少钱。所以年轻人都出去找工作了，有的还在汉源那边打工。

2. 消费

针对汉源移民的消费模式，我们主要从各项消费的占比、能否满足消费需求、储蓄和投资几方面展开调查。

当地移民整体消费水平偏低，商品市场不发达，恩格尔系数较高，最大的支出仍是在食品上的消费。这边的居民大多种植水稻、玉米，大米等主粮基本自足，蔬菜一般去赶集时采购一些。极少数移民从事个体工商工作，蔬菜水果全靠市场购买。新鲁镇有极具特色的赶集文化，场镇逢双赶集，即逢阳历（公历）双日赶集，附近的居（村）民会将自己的货物拉到镇上交易，互通有无。除了饮食上的支出，少数家庭的教育支出也相当高。当然，义务教育阶段的教育支出是很低的，国家的减免和补贴政策使得农村孩子都有机会接受教育。不过，一到高中，教育支出就极大地增长，尤其是在三台中学或者绵阳中学这样的优质高中，费用不菲。

案例一　陈大叔：孙子在南充上大学（西华师范大学），孙女在读高一，孙子孙女上学费用高，教育支出占家庭月支出的80%。家庭在饮食上的消费较少，休闲娱乐基本没有支出，主要的经济资源都投入到两个孩子的教育上，教育负担较重。

关于消费能否满足需求的问题，大家均表示否定。目前的收入不及移民前，消费又略有增长（包括物价增长因素），以前很多东西，像蔬菜，不需要购买，现在住在场镇上都需要购买。不过移民大都表示现在消费比较方便，离市场比较近，上学也方便多了。

在储蓄和投资这一块，一般家庭几乎没有投资，有点钱就储蓄起来，不会做投资用。农民仍然缺乏投资渠道和投资知识，财产性收入除了租房收入几乎没有其他的。同时，储蓄率也并不高，这主要是由当地经济水平决定的，当地人也俭朴，收支基本平衡。

3. 住房

汉源移民如今的住房都是在搬迁前后由政府统一安置、移民自行出钱修建的，在鲁西街的尽头，上坡那一段，两侧颜色、样式相同的双层新房里面住的皆是汉源移民。不过，并非所有的移民都聚居此地，也有一些移民住在其他地方。移民需要拿汉源那边的宅基地来抵建房所需费用，即将那边的房屋折合成等额货币，来抵这边的建房费用，多退少补，多余的钱退还给移民，欠缺的需要自行补齐。打个比方，新鲁镇这边新建的房子价值八万，汉源那边的房子折合成三万，还需要自己再拿五万就可以买下新房。

新房上下两层，两间门边（家），上百个平方（米），居住面积较大，移民们都表示够住。

关于居住环境，有一位移民反映，刚刚搬到这里时遭遇过偷窃，治安较差。现如今治安已经恢复正常，不过移民们表示一些本土居民对移民们有偏见。移民挤占了本地人的资源，一些利益直接受损的本地人对此颇有微词。

案例一　陈大叔：治安不怎么样，我们搬过来时，小偷把我们的门给割烂了，我种的菜、烟，都被偷走了，去治安报警没有抓到。我们2006年过来，2007年、2008年有小偷，把门割开了，把我们的东西都偷走了。

4. 土地

移民在新鲁镇获得的土地是以搬迁前承包的土地数量为依据来分配的，分配的有水田和干地，但是没有林地。林地只有当地居民才能承包，因而移民家庭人若去世下葬，需要和当地居民协商购买一块林地作为墓地。关于此事，移民非常不满，当地居民也不大愿意把自家林地给移民安葬逝者。

案例一　陈大叔：原政策上说我们是有自留地的，与当地居民同等待遇，但是我们过来之后，比如说自留地，自留地就是划给个人种些蔬菜之类的土地，我们没有，林地也没有。当地人有林地，我们过来后没有，不划给我们。我们只有包产地。

案例二　卫阿姨：每个人有湿地四分，干地四分，每个人一共有八分田。干田有在种，后来弄土地流转，都包出去了。

土地的灌溉条件和产量受到移民的一致批评。移民向我们反映，这里（新鲁镇）的粮食产量比汉源老家低得多，水稻的产量在汉源每亩能有1600～1700斤，而在新鲁镇只有1100～1200斤。并且这里水质差，不能直接饮用，灌溉也不方便。过去在汉源老家，土地肥沃高产，有大堰塘的水可以直接引来灌溉，产量非常高，新鲁镇这边基本在农业生产上看不到什么希望。

案例三　肖女士：我们那边有大渡河，所以根本就不需要什么设施，那边修有渠道，直接从河流中引水，哪里像这边还要抽水啊。

案例四　陈大叔：我们那边有蒜薹、豆豆这一类，那边有蔬菜基地，这边就没有收入，这边就是种点水稻、油菜，以前的水稻卖钱多，一亩1000多块钱，我们现在一亩田只能赚600多块钱。我们那边产量高，一亩产1600~1700斤，这边只有1100斤左右，产量赶不上我们那边。

（二）生活状况

1. 交通

移民的出行方式在移民前后并没有发生多大的变化。有的家里有自行车、电动车或者三轮车，如果没有车，出远门就会坐摩托车（当地特色摩的）或者大巴。

过去汉源移民居住在国道线108沿线，不过现在相对过去，交通要更方便一些。新鲁镇上有汽车站，每天都有至少两趟大巴前往成都、三台县城等地。整体来看，交通状况在移民后有所改善，出行坐大巴更方便。

2. 医疗

在社会保障方面，问题最为突出，众多移民都强烈谴责当地政府以政策原因为由不让他们购买社保。十年已过，社保难期。奇怪的是，迁往绵阳市的移民能够购买到社保。如果是政策原因，为什么绵阳移民可以买社保，而新鲁移民不行？多年来，移民不断地争取购买社保的机会，也向政府部门反映问题，仍然未能得到解决。现在移民们已经基本放弃了，大家对于购买社保已经不抱多大希望。

除了社保，其他医疗补贴和保障基本都与当地居民一致，享受国家统一标准的报销和保障。

（三）教育状况

1. 留守现象

据相关资料得知，新鲁镇有约70%的儿童属于留守儿童，留守现象十分普遍。在移民搬迁前居住的汉源县，当地多数居民以务农为生，虽然有留守儿童，但是现象不普遍。针对新鲁镇这一特殊性，我们特地在经济方面添加与留守现象有关的问题，希望通过访谈了解到当地有关留守儿童的信息。添加的问题主要包括：是否存在留守现象（如果有，是什么原因导致要出外打工）、孩子主要由谁照顾、多久可以见一次父母、父母多久打一次电话、比较愿意跟着打工的父母就学还是留在这里就学。下面，我们针对这些问题逐一进行分析。

在我们访谈的 10 个个案中，4 个家庭没有留守儿童，其余的 6 个家庭的孩子为留守儿童，其中 5 个家庭的孩子为单留守，母亲在家，父亲外出打工。外出打工基本为经济上的原因，因当地气候、水土等方面的限制，耕地产量不高，收入甚微，外出务工被迫成为当地劳动力的首选。由于家中的孩子需要有人照顾，家务需要操持及传统观念的影响，一般为父亲外出务工，母亲和孩子留守在家。留守妇女和留守儿童的数量很多，留守现象普遍。

案例一　王大妈：家有 6 口人，儿子和儿媳妇都外出打工，留下两个孙子在家。但今年因第二个孙子刚刚出生，儿媳妇暂时在家照顾孩子。搬迁之前，在雅安汉源县，全家以耕地为生，三季种植的作物经济效益高，销路广。搬迁之后，由于经济原因，儿子和儿媳妇外出打工。

案例二　陈大叔：儿子和儿媳都在外务工，成年的孙子在外读大学，孙女在念高一。2004 年大家不愿意搬迁的时候，中央派了一个副总理来，来了之后便宣布了国务院的决策。在中国的版图上，要找到跟汉源县一样气候、土地肥沃、水源充足的地方是没有的，唯独只有汉源县有这样独特的条件。如果是在汉源，4 个人种蔬菜就可以供两个孩子上大学，而在这边收入满足不了支出，如果不外出打工就满足不了生存。

由上可知，在有留守儿童家庭中，绝大多数为母亲留守，所以留守儿童多由母亲照顾。而在双留守儿童的家庭中，孩子一般由爷爷奶奶、外公外婆照顾，少数为年长的兄姐照顾。

关于父母一方或双方外出多长时间才算作留守儿童这个问题（包括连续还是累加计算），学者们的看法不一。叶敬忠（2005）认为，留守儿童的父母一方或者双方每年外出打工的时间应以月作为划分标准；段成荣（2005）认为，留守儿童至少应当连续半年以上没有和父母或者任一方在一起生活。目前学界基本以段成荣的观点为准。（祁雪，2011）

在我们调研和走访的过程中发现，接近50%的孩子一年只能见一次父母，即在过年的时候，少部分孩子5或6个月能够见父母一次，还有少数孩子见父母的时间不确定，甚至一年也见不到一次。

案例三 肖女士：现任丈夫在云南打工，靠体力劳动赚钱。大概每半年回家一次，而现在体力劳动的工作不好找，所以回家的时间也根据就业情况与工期而定。

现代通信技术越来越发达，视频和语音通话已经进入很多人的生活中。在我们调研和走访的对象中，近一半外出务工的父母会2~3天给家里打一个电话，一个月或一个月以上打一次电话的家庭占比很少。据肖女士所言，很多两地分居的夫妻，只能通过电话来联络感情。"除了打电话就是打电话嘛。"许多家长对于孩子的学习、生活、心理状况比较关心，但也有部分家长认为，孩子长大了，有了自己的想法，也能够照顾自己，所以打电话的频率呈减少趋势，内容也较为单一。

关于愿意跟着打工的父母就学还是留在本地就学的问题，访谈对象的回答有较大的差异，主要分为三种情况：①希望随迁就学，因为本地居民普遍对新鲁镇的教学条件和教学质量较为满意。②希望本地就学，因为本地外出务工主要选择在四川省内、西藏、云南等地区，部分地区教学条件还不如本地，且由于外来务工人员就学难问题突出、家长无时间和精力照顾孩子。③依照家庭条件和孩子的成绩情况而定，如果允许，希望孩子能够出去接受更好的教育。

案例四 肖女士：女儿今年9月开学即将就读新鲁中学高中一年级。在谈及女儿的教育时，她表示持男女平等的观念，认为女儿教育的支出是一种必须，而不是负担。"我说你读到哪里我供到哪里，我还是这样的心态，不是说出人头地，要有所成就。"但她不愿意让女儿跟着丈夫到工作的地方上学，因为那边的教育条件不及当地。

案例五 陈大叔：两个孙子，一个在念大学，一个在念初中。据他透露，他很注重教育，家里80%的开销都用于供两个孙子念书和生活。他认为能够跟着父母出去上学是很好的选择，但是家庭条件不允许。

2. 教育

新鲁镇上有一个幼儿园，即新鲁幼儿园；两所学校，即新鲁小学、新鲁中学（包括初中和高中）。在下辖的乡里都设有小学，如龙桥小学、石桥小学。汉源县教育情况我们了解得相对较少，因为十年前很多当地的留守儿童尚未出生或未到读书的年纪，所以我们在此着重强调新鲁镇的教育现状。十年过去了，当地的教育有了较快的发展。

针对新鲁镇的教育状况，我们主要从三个方面进行分析。首先是教育资源分布，包括就学交通便利程度和政策限制；其次是教育质量，包括教学环境（硬件）、教学质量（软件），学校是否关注道德教育，关注孩子心理健康，老师是否会定期开家长会和家访；最后是教育需求，包括搬迁前后比较愿意留在哪里读书，孩子的学习支出多大，教育支出对自己的生活压力等。

教育资源。根据走访和调研的情况我们了解到，在十年前的汉源县，如果是居住在县上的居民，则就学较为便利。如果是住在乡镇的居民则需要骑车半小时去学校。当时有政策和户籍限制，如果没有本地户口，需要缴纳借读费。十年后的新鲁镇，居民就学较为便利，在场镇上，步行到新鲁幼儿园、新鲁小学、新鲁中学的时间不超过 15 分钟。但当地仍然有严格的户籍限制，非户籍生不能就读当地的小学。汉源县移民均有当地户籍，子女可以入读当地学校。

教育质量。当地居民绝大部分对新鲁三所小学的教学质量表示满意。在教学环境（硬件）上，新鲁小学与新鲁中学配备多媒体教学设备，一人一桌，教学楼崭新，校园环境良好。其中新鲁中学操场有塑胶跑道。新鲁中学要求全体学生住宿，而新鲁小学要求五六年级学生住校。新鲁中学为四人间宿舍，新鲁小学为八人间宿舍，每间宿舍都配有独卫，但没有淋浴设施，学生洗澡比较麻烦。新鲁镇的学校对教学时间安排较为合理，设有早晚自习。

案例一　郭阿姨：教育这边好，好得多。没搬之前，只想着挣钱，对儿子的学习没经验，对他的下一代我们就不这么看了，加强对孙子学习的督促。这里一方面上学方便，一方面老师管得好。

案例二　陈大叔：我们那边(汉源)的学习质量差一些。教学质量为什么差呢？因为老师在大多数时间只有早上才去上课，下午他要回家去，因为他们在农村要回去劳动。学校放学早，所以孩子根本就没学到什么东西。搬迁到这边后，一个是离学校近，一个是教学质量要高一些，特别是在绵阳。

在教学质量（软件）上，新鲁镇学生的家长表示"老师教得挺好的"。此外，老师除了关心学生日常学习，对学生的生活和心理方面也有关心，对于学生不良的行为，老师会通过各种方式及时制止。每学期学校会定期举行一次家长会，不定期地与家长进行沟通，汇报孩子的情况。

案例三　肖女士：我们那时候（在汉源念书的时候），我想一想，那时候老师对我们没什么关心。我们那个时候学生逃课的特别多，老师都不和家长说一声。现在老师还比较负责，这边的老师比较关心学生，因为条件（变了）嘛，因为家长老师有电话嘛，我们那个时候哪里有什么电话。我女儿那个吴老师，还有李老师，教数学教语文，每天经过我们这里都会说我女儿在学校的表现，叫我们协助。

案例四　陈大叔：关心，那次我去绵阳，老师非常关心啊，他说，（孩子）反应能力强，脑筋好，前几名，相当聪明。

教育需求。在访谈的10个案例中，所有受访者都表示比起汉源，更愿意让孩子在本地念书。原因首先是十年过去了，这些移民回顾十年前的教育情况，再与现在做对比，无论是在教学环境还是教学质量上，都有了很大的提高。国家对教育的扶持力度加大，加快各地的教育建设，如爱心午餐，在校学生可免费享用学校的午餐。其次，绵阳作为四川省的科技城，教育教学质量较高。在教育支出方面，家长们表示国家减免小学、初中的学费，在一定程度上减少了他们的负担。但孩子学费以外的费用开销不小，对于大部分的家庭来说，在孩子身上的开销，给他们造成了一定的压力。

案例五　卫阿姨的孩子在新鲁中学念书，每学期的资料费、书本费、卷子费都要五六百块，再加上孩子每个月在校的餐费、生活费，一个学期也要几千块钱。她表示，虽然减免了学费，但是每年在孩子身上的开销越来越大，随之而来的压力也不小。另外，她向我们反映，移民的孩子每个学期都能拿到两三百块的补贴，但是她的两个孩子，总共只领过一个学期的补贴。

案例六　肖女士表示，相比起自己十年前在汉源读高中的时候，这边的教学环境和教学质量都高出许多。她对女儿所在新鲁中学的教学质量十分满意，并提出除了基本的课程之外，希望学校能够多组织一些课外活动，丰富孩子的见识。对于孩子在学习上的开销，她表示虽然压力大，但并不觉得是一种负担，如果女儿能够继续读下去，她会继续供女儿念书，真心希望她有所成就。

通过对教育资源、教育质量、教育需求等三个方面的访谈与分析，我们得出当地居民对新鲁镇的教育相对满意的结论。但仍有很多居民表示，如果条件允许且孩子的成绩达到标准的话，更愿意将孩子送到三台，甚至绵阳念书。

四、研究的信度与效度

（一）信度

1. 外在信度

外在信度指独立的研究者在相同的或类似的情境中，能发现相同现象的程度。一方面，若研究者所选择的资讯提供者与先前研究类似，则比较容易复制。这是本次研究做得欠缺的部分，在选取访谈对象时，受到语言和记忆力的阻碍，没有充分考虑不同年龄层的选取。另一方面，研究者必须运用回溯与解释资料的综合方法，以及确证与诠释资料的一般策略。在本次的解释分析材料中，本小组以团队的形式合作进行，共同讨论出合适的分析思路和策略，有效地保证了外在信度。

2. 内在信度

内在信度指对相同的条件，收集、分析和解释资料的一致程度。一方面，在研究过程中，每次与访谈对象完成访谈后，本小组成员都会尽可能及时完成田野笔记，记录当时的所思所想，在整理和分析材料时，多以小组合作的形式进行。另一方面，本小组在进行访谈时，多以手机录音来记录，会用手机和相机及时拍下照片，有效地确保了内在信度。

（二）效度

1. 描述型效度

描述型效度一个是所描述的事物或现象必须是具体的，一个是这些事物或现象必须是可见或可闻的。但笔者认为，在对事物或现象进行描述的过程中，人的感觉是有相对性的，笔者描述的情景很可能与研究对象所认为的情景不一致，不同调研员之间描述同一情景也可以是不同的。特别是收入这一方面，在访谈对象未给出具体金额、未能结合家中消费情况之时，很难去衡量是否宽裕。这就需要我们在访谈时尽可能详尽地记录下数据和情况，才能避免此问题。

2. 评论型效度

研究者对研究结果所作的价值判断是否确切。在进行研究前，我们实际上可能对水库移民带有一种标签和同情心去进入田野调查，比如我们往往认为水库移民的需求是没有被满足的，分析案例时会主动选择一些有着特定需求的访谈对象，但是往往会忽略一些依靠外出打工、家中尚且宽裕的对象。

3. 效度检验法

在研究过程中，我们尽可能地收集丰富的原始资料——共收集了9人的田野笔记，10篇逐字访谈稿。尽量记录访谈的细节，观察被访谈者的行为、表情和神态等。但是由于时间仓促，我们没有能够使用参与者检验法，把研究结果反馈到被研究者中，让他们自己检验之后再根据被访谈者的意见对结论进行修改。如果出现事前事后被研究者"否认"自己当初说过的话或做过的事，我们应该想清楚为什么会产生这种变化，并成为我们反思的一部分。

五、研究不足与反思

（一）样本偏年轻化

笔者曾经偶遇了一位婆婆，但是因为她年纪比较大了，她告诉我们很多事她都不记得了，推荐我们去找年轻人做访谈。由于记忆力的问题，我们的访谈对象倾向于年轻化，这是否会导致我们的访谈所得存在片面和偏差？

（二）语言障碍

尽管佩戴着社工机构的志愿者胸牌，但因为不会说四川话还是遭到了当地居民的怀疑和不信任。因此我们开始和小助手合作，通过他们对四川话进行翻译，但是由于三台话和汉源话还是存在口音的差别，笔者曾经遭到了两位婆婆爷爷的拒绝。在后期的录音整理中，婆婆爷爷的回答大多数也是使用四川话，这阻碍了我们的整理，有些细节不能够被准确还原。

（三）样本量不足

在调研过程中，一方面因为当地社工机构的限制，另一方面由于信息不对称，我们进行预调研，确定选题的时间过长，加上交通限制，汉源县移民在三台分布比较散，我们只能走访新鲁镇上的汉源水库移民，导致样本不够丰富。

（四）深度访谈缺失

本次研究主要采用访谈的方法进行资料收集，但与多数访谈对象只进行了一次访谈。缺乏深度访谈也导致所收集的访谈资料有较多细节的遗漏，这使得在后期资料分析中对访谈资料的归纳整理较为困难，最终使资料分析中的一些访谈资料的归类较为牵强。

（五）访谈技巧局限

由于大多数团队成员缺乏访谈经验，在前期的访谈中，研究问题还未细化，访谈提纲只是将团队各个成员的问题结合相关文献进行简单汇总，导致访谈时的针对性较弱，错失了很多细节。这都使得在后期的资料分析环节中，资料的支撑不足，分析和归类困难。

六、小　结

如前所述，在对新鲁镇的移民从收入、消费、住房、教育、医疗等诸多方面进行综合调查之后，我们对汉源县瀑布沟水电站移民十年来生活变化、搬迁前后的对比中发现：①在经济方面，新鲁镇的移民普遍对目前的收入模式不太满意，从汉源到新鲁，工作机会和收入渠道减少，生活成本略有增加。②在社会方面，搬迁后，生活质量大幅度提高，人们无论是在生存方面、医疗方面还是教育方面的幸福感都较高，唯一令人不满的就是新鲁镇的水质比较差，混浊有异味，没有汉源的山泉水水质好。③搬迁后农业生产环境的变化，特别是由高产良田到山地的转变，移民对农业基础设施建设以及耕地质量的幸福指数偏低。④社会保障缺位，移民的社保因为所谓的政策原因迟迟无法购买，使移民感到被区别对待，幸福感指数有所下降。

我们在新鲁镇对汉源县瀑布沟水电站移民的调查已经结束了，然而我们觉得事情似乎还没有结束。这些移民的社保问题还是没有得到解决，虽然他们取得了当地的户口，但是他们没有办法购买当地社保，不能享受一般公民所享有的基本社会保障，这是一个值得重视的问题。这是他们的遗憾，也是我们的遗憾。现在的老人可能再过数十年就去世了，他们的子孙的社会保障问题怎么办？一句政策问题就能够推脱掉一切吗？这些移民为了国家的建设，长途跋涉数百里，放弃世代居住的家园，来到这个陌生的小镇生存，他们连一般公民均享有的社会保障也不能获得，这难道不值得我们去反思吗？

十年过去了，这些移民的生活比搬迁之前的确改善了一点，尤其是在教育上改善较大，但是他们所受到的不公正待遇问题仍未得到彻底的解决。物不得其平则鸣，十年未果，但是我们仍然要坚持发出我们的声音。如果这个问题能得到有关方面的关注，能够得到妥当的解决，那么，我们麦芒行动三台站小队一行人在新鲁镇做的调查、撰写的这篇论文就实现了它应实现的价值。

参考文献

[1] 李莉亚. 四川省汉源县瀑布沟水电站就地安置移民幸福指数分析 [D]. 雅安：四川农业大学，2015.

[2] 李鹏. 水库移民中弱势群体贫困风险分析 [D]. 北京：华北电力大学，2014.

[3] 朱晓焰. 水库移民长期补偿安置机制研究 [D]. 北京：清华大学，2013.

[4] 杨健燕. 大型水利工程移民教育资源布局决策问题研究 [J]. 中国管理科学，2013，21 (1)：157-164.

[5] 何磊. 瀑布沟水电站汉源安置点移民安置研究 [D]. 雅安：四川农业大学，2012.

[6] 董世华. 我国农村寄宿制学校问题研究 [D]. 武汉：华中师范大学，2012.

[7] 王应政. 基于复杂系统科学的水工程移民生存与发展关键问题研究 [D]. 武汉：武汉理工大学，2012.

[8] 祁雪. 城镇化进程中农村留守人口问题研究 [D]. 成都：四川师范大学，2012.

[9] 王谊. 农村留守儿童教育研究 [D]. 咸阳：西北农林科技大学，2011.

[10] 谭深. 中国农村留守儿童研究述评 [J]. 中国社会科学，2011 (1)：138-150.

[11] 苏爱华，付保红. 中国水库农村移民安置方式比较分析 [J]. 云南地理环境研究，2008，20 (5)：73-78.

[12] 曾雷. 打工经济背景下农村留守儿童教育问题研究 [D]. 武汉：华中师范大学，2007.

[13] 段跃芳. 水库移民补偿理论与实证研究 [D]. 武汉：华中科技大学，2004.

[14] 曾建生，陈水森，张朝峰，等. 可持续发展的水库移民安置模式研究 [J]. 广西水

利水电, 2001 (4): 6 - 9.

［15］移民后期扶持政策调研组. 大中型水库移民后期扶持政策调整调研材料汇编
［G］. 2006.

第二章

灾后家庭重建

三台县震后留守儿童生活与心理境况调研报告（第四届）

翟冲霄　李颖洁　邵　琪　汤晓丹　涂哲慧

张雨晗　李彦楠　丁慧华　吴佳蔚

一、研究背景

2012 年 7 月 31 日，我们几经周折到达了我们的目的地——四川省绵阳市三台县新鲁镇，见到新鲁中学社工站的两位社工老师。8 月 1 日，温馨简单的见面会后，在两位老师的安排下，我们进入紧张的准备工作。8 月 2 日到 8 月 11 日我们和社工站联手，在当地开展了志愿服务活动和调研活动。

我们的志愿服务主要采取兴趣班的形式，服务对象是小学高年级和初中的学生，服务范围是新鲁场镇以及其附近的几个村子。一般来说，我们以两天为一个周期在一个地点开展志愿服务和调研活动。每一个周期的第一天早上是进村宣传，招募孩子们参加活动；第一天下午和第二天上午则由一部分队员给孩子上兴趣课，剩余队员进行家访；在第二天的下午，是由全体队员进行家访调研。我们的兴趣班种类较多，有英语、音乐、手工、地理、法律共五种。兴趣班上课形式新颖，寓教于乐，孩子的表现也很好。除了兴趣班，我们还于 8 月 9 日在石桥二村开展了"康葵相伴，亲子同行"亲子活动，吸引了许多家长和孩子共同参与活动，现场气氛快乐温馨。

按照"博雅项目"和"青葵计划"暑期活动"青葵·爱在行"的安排，我们三台县站的队员在 2012 年的 8 月 1 日至 11 日间，以四川省绵阳市三台县新鲁镇小学高年级及初中生为对象，走访新鲁场镇、新鲁一村、新鲁七村、新鲁六村、新鲁三村、新鲁四村、石桥二村的住户，对约 40 名学生进行了家访。由于我们对当地的了解甚少，访谈对象、访谈内容以及研究范围采纳了社工站老师的建议，把研究主题定于留守儿童的生活和心理状况。我们也协助社工完成了约 40 位留守儿童详细信息的收集任务，大大方便了刚进入新鲁驻点、人数不足的启创社会服务中心今后工作的开展。

二、文献综述

国内关于留守儿童的报道和相关研究不在少数。有些从心理学角度探讨留守儿童心理健康发育情况，并与非留守儿童的心理状况做出比较性研究；有些从社会学角度探讨留守儿童的现状、社会适应情况及适应过程中出现的问题等，并从自尊、孤独感、生活幸福感等多个角度进行考量；有些从医学角度研究留守儿童医疗卫生、身体发育和健康状况。这些报道和研究在提出问题、分析原因之后也呈现了相关的对策和建议，为解决留守儿童问题提供了方向。但我们也发现了前人的研究仍有不足之处，于是我们做了进一步探讨，以期在这次的调查研究中能够呈现一些与留守儿童有关的新内容，为社会上其他一些对留守儿童的调研略尽绵薄之力。

通过对文献的查阅，我们了解到：如今中国进城务工的农村劳动力约有 1.3 亿人，根据 2005 年调查数据显示，农村留守儿童约 5800 万人，而这一数字有逐年增加之势。卢家卫指出，2009 年他所在镇子中的留守儿童约有 29%，而所在小学中则约有 38%，所带班级中更有 75% 的学生的父母在外地工作。这些学生正处在生长发育期，无论是在身体上还是在心理上都需要父母的照顾和抚慰，在思想上渴望和父母进行交流和沟通，其父母的外出务工无论是在生活上还是在心理上都对他们有不同程度的影响。这些留守儿童在上学期间全部在校食宿，临时监护人是祖父母、外祖父母，少部分是其他亲戚。由于平时缺少父母亲的关爱，留守儿童在生活和学习中不可避免地产生了很多问题。

在范兴华、方晓义、刘勤学、刘杨的《流动儿童、留守儿童与一般儿童社会适应比较》中，通过对农村籍流动儿童、留守儿童和一般儿童进行问卷调查、数据定量分析的方式得出：在总的社会适应方面，一般儿童明显优于留守儿童；在社会适应各指标（包括自尊、生活满意度、孤独感、抑郁、社交焦虑和问题行为）上，留守儿童的自尊感低、孤独感强、抑郁率高。故与一般儿童相比，留守对儿童的社会适应有不利影响，持负面态度。（范兴华等，2009）而在《亲子教育缺失与"留守儿童"人格、学绩及行为问题》中，笔者调查统计后得出：在行为问题上，亲子教育缺失组的检出率远远高于其他组，而且不同抚养方式的学生的学业成绩差异显著，其中亲子教育正常组成绩最好。又有结果指出，亲子教育缺失的儿童的家庭亲密度、文化性、娱乐性及情感表达性较低，且矛盾性较高。心理方面则乐群性、稳定性得分低，在事故性上得分高，在敢为性和恃强性上没有差异。在轻松性、自律性上得分低而在紧张性、忧虑性上得分高。另一篇专门针对留守儿童心理情况的调查结果显示，在被调查的 9 ~ 12 岁的留守儿童中存在孤独感的有 391 人，其中男性发生率为 75.69%，女性发生率为 75.29%，而非留守儿童男女存在孤独感的发生率分别为 75.84% 和 27.38%。不同年龄、年级、父母外出情况的男女孤独感发生率的差异都显著（$P < 0.001$）。大多数留守儿童内心压力大，表现在对家庭经济、父母健康和安全的忧虑上。（范方，2005）

当然，也有研究呼吁从非问题的角度看待留守儿童。李旭在《从"非问题儿童"的角度看待留守儿童》中认为：不应将留守儿童标签为"问题儿童"，而应发掘留守儿童身上正面的力量，认为留守儿童与一般儿童并无显著差异，并且在一些方面表现优于一般儿童，对留守儿童的现状持比较乐观的态度。（李旭，2010）

文献大多在对留守儿童存在的问题上进行分析，比较留守儿童与家庭正常儿童的行为、性格等，从而认为留守儿童相比正常家庭中成长的儿童有如下缺陷。一是学习问题。学生受到父母外出打工的影响，认为读书并不重要，还不如打工好。这种错误的心理影响了学生的学习。父母外出打工，对孩子成绩造成很大影响，留守儿童的成绩或下降或保持原来的成绩不能上升。在学习自觉性方面，留守儿童多数缺乏自控力和自律意识，注意力不集中，有的留守儿童则长期沉迷于电视、网络，留守儿童成绩普遍不理想。二是行为问题。一方面，由于留守儿童父母在外工作不能进行有效监管，隔代监护不力，监护责任不能落实等原因，留守儿童容易受到他人的非法侵害；另一方面，留守儿童容易行为失控，从而走上违法道路。留守儿童自觉性、自律性较差，容易沾染吸烟、酗酒、赌博等不良习惯，留守儿童是非判断力较差，行为表现令人头疼。三是道德问题。留守儿童在道德品质方面的问题比较严重，表现为自私自利，对人冷漠，缺乏责任感。四是性格问题。留守儿童性格容易出现两个极端：一种表现为很孤僻，另一种则表现为很调皮，爱捣乱。留守儿童更容易形成消极人格：冷淡、孤独、自卑、抑郁、冲动、焦虑。留守儿童性格还表现为以下方面：相对乐群性较低，比较冷淡孤僻；情绪不稳定，容易心烦意乱，自控能力不强；自卑拘谨，冷漠寡言；比较圆滑世故，少年老成；抑郁压抑，忧虑不安；冲动任性，自制力差；紧张焦虑，心神不定。留守儿童容易缺乏安全感，形成狭隘、偏激的价值观和人生观。留守儿童的心理障碍不容忽视：强烈渴望亲情抚慰；内心情绪发泄不畅；心理发育有问题。（张慧，2005）

对于留守儿童为何会成为引起社会上广泛关注的"问题群体"的原因，前人也做过很多探析。一个社会问题的产生，原因必定是方方面面的。首先，为何会有留守儿童这样的一个群体？现探明是因为农村劳动力向城市转移，导致农村产生大量留守儿童，而在县镇一级的地方也是呈现低一级的城市劳动力向高一级的城市劳动力转移，导致低一级的县市产生了大量留守儿童。

孩子自身的发展和家长有很大关系，家长期望值低，导致孩子进取心不足，学习动力不够。由于父母外出打工缺乏对孩子的关爱教育，关心孩子的问题只局限于成绩、听不听话等，而不关心孩子的心理问题及思想道德状况，且监护人不能在学习上给予帮助，或因农活太忙而无法照顾孩子。学校方面教师素质不够全面，孩子有心理问题无法解决，也因班上学生多，教师兼顾不到，也未能够与家长进行有效的沟通，家校配合脱节。

由于在成长的关键时期未能得到父母的正确引导和帮助，影响了他们人格的正常发展，留守儿童很容易受到一些不良文化及越轨行为的影响，容易形成恶习，导致行为失范甚至走上犯罪道路，性格也容易存在缺陷，表现为冷漠、内向、孤独、自卑等（李立靖，2004）。

特别是在心理方面，农村留守儿童的心理弹性受多维因素影响，其中家庭支持，特别是母亲的关爱是提高留守儿童心理弹性的关键保护性因素。监护人、老师及朋友的支持关心也是保护性因素之一，女生心理弹性内部特质因子高于男生。从抚养人的角度来说，农村留守儿童对抚养人的喜欢程度以及抚养人对儿童的监管力度都影响着儿童的心理发展。在社会方面，高心理弹性与低心理弹性的留守儿童在社会支持上存在着极其显著的差异；心理弹性与社会支持之间存在极其显著的正相关，表明社会支持对心理弹性具有显著的预测作用。

社会上的原因则是因为重视不够，许多教育问题都停留在方案制订上，实施起来困难重重。从留守儿童的现状可以看出，现在的社会支持对于留守儿童来说是远远不够的。

在各类文献中，解决留守儿童问题的对策有很多种，但主要有三个路径，分别为家长、学校、社区。对家长而言，主要是建议家长改变外出方式，努力承担教子之责；建立学校的留守儿童档案和家长通讯录，以便能及时与家长交流和联络；强化家庭养育职责等。对学校而言，主要是加强文体活动，条件不好的地方更需要多种教学方式，需要开设体育、音乐、美术等课程来拓宽孩子们的视野，让他们知道自己的切实长处，不至于只因为学习成绩不好而不自信。并且在学校记录留守儿童成长档案，同时加快农村寄宿制学校建设步伐。对社区而言，主要是建设留守儿童家长学校，净化留守儿童校园周边环境，帮助孩子远离网吧等；组建一对一帮扶小组，帮助留守儿童相互之间的交流；组建全面的社会服务制度。

基于此，前人的研究多侧重于留守对儿童的负面影响，对留守儿童身上的正面力量发掘远远不够；始终无法很好地界定出究竟哪些问题确实是因父母外出打工造成的，哪些又是由于其他因素导致的；对一些地区的特征和环境背景的综合性考察不足，得出的结论的普适性值得怀疑；针对留守儿童问题所提出的对策在相对落后的农村是否真的可行也值得商榷。

因此本研究将以四川省绵阳市三台县新鲁镇（当地留守儿童比例约为70%）为例，以期较为深入地综合当地的地区特征和环境背景，既考察留守给儿童造成的负面影响，了解他们的需求，同时也着眼发掘留守儿童身上的正向积极力量，争取客观全面地评价当地留守儿童的真实生活及学习、心理、人际交往状态，并以我们的观点提出较为合适的对策。

三、研究方法与研究对象

我们采取了参与观察与深度访谈相结合的研究方法。我们在进行田野调查的最初阶段，用的是参与观察法，通过组织一些暑期兴趣班活动，首先对当地环境进行观察，在大致熟悉以后，我们开始对各个村镇的留守儿童的行为活动进行观察。对于观察记录，我们多以"田野日志"的形式记录下来，同时也加入一些当时组员们的思考和反思，这些都为下一步进行深入访谈、获取更加丰富的资料起了有效的辅助作用。

我们先后对 42 户留守儿童家庭进行了深度访谈。从日常的生活出发，扩展到学习情况、人际关系、地震影响等。半结构式访谈的主要内容涉及家庭情况、居住环境、学习情况、人际关系、心理状况等。在接受访谈的 42 户人家中，绝大多数都是爷爷奶奶或外公外婆（即隔代亲属）和孩子一起生活。访谈内容主要是了解留守儿童的生活现状和心理现状，他们彼此之间的互动方式以及与其他人的交流等，试图从"他者"的视角来进一步分析出其中的原因。为保障访谈的深入，队员们会根据日常观察的记录主动询问个案或相关人员，令其陈述事实与自身感受，当发现有遗漏或是还有疑问时，会再找机会就此话题继续讨论，以确保资料的真实性。通过对不明晰的问题的继续追问，被访谈者感受到队员的真诚关注，能够帮助我们与其建立更友好的关系，同时又为话题的深入和真实性提供进一步保障，所以整个访谈是一个不断深入和循环的过程。

以"博雅教育"——汶川震后社区重建计划科研考察与志愿服务项目三台县站的服务为契机，联合启创社会工作服务中心"青葵计划"留守儿童项目，我们以四川省绵阳市三台县新鲁镇的小学高年级及初中生为对象，走访了新鲁场镇、新鲁一村、新鲁七村、新鲁六村、新鲁三村、新鲁四村、石桥二村的住户。

新鲁镇留守儿童比例高达 70%。当地孩子的父母多到新疆、广东、福建及四川省内务工，有的在孩子还很小、不能记事时就远离家乡外出务工；有的则是近几年才外出打工。有的孩子是单留守儿童，即父母双方只有一方外出务工，这部分占相当大的比例；有的孩子则是双留守儿童，即父母双方均外出打工，孩子由爷爷奶奶或外公外婆（隔代亲属）监护，或由其他亲朋好友监护，甚至自己监护自己。

为了了解这些留守儿童的特点（包括生活、学习、心理健康等方面）并尝试给出改善他们生活现状的建议，按照"博雅项目"和"青葵计划"暑期活动"青葵·爱在行"的安排，我们三台县站的队员在 2012 年 8 月 1 日至 11 日对新鲁镇进行了调查。

四、研究问题与分析

（一）生活情况调查分析

为了能够更好地了解留守儿童的生活状况，调查小组于 2012 年 8 月 1 日至 2012 年 8 月 10 日在四川省三台县新鲁镇义务中学进行随机抽样家访调查。

调研小组在 10 天内共家访 39 个七年级至高一学龄段学生，并通过对家访记录进行分析，筛选出可用于留守儿童生活情况分析的有效样本 38 份，分别对被访学生的性别、年级、共居家庭成员、留守情况（看护人）、家庭经济状况、住房情况、亲子沟通联系、社会交往、生活自理能力、日常行为、兴趣爱好 11 个方面进行统计分析，举例如下。

1. 共居家庭成员

在被调查学生中，与隔代亲属共同居住的学生占总样本的 71.1%。同时在抽查样本中，有两位同学与祖父母居住的原因为幼年丧父，母亲改嫁。样本中单亲及再婚重组家庭占总体的 21.1%，其中 75% 的家庭是由于学生丧父或丧母。部分留守儿童的家庭父母再婚达两次。

根据中国环球网的新闻数据显示，在 2010 年离婚登记人数中，四川省居31 个省份之首。❶ 除去人口基数大的原因之外，环球网新闻显示，打工分居的社会现状推高了离婚率。除此以外，离婚人数庞大也与汶川地震有关，地震后人们追求幸福的行动更果断。❷

不可否认，外出务工对家庭完整性产生的影响是不容忽视的。破碎的家庭对孩子心理等各方面会产生巨大的影响，单亲及重组家庭问题在留守儿童群体中是一个值得关注的问题。

2. 留守情况（看护人）

留守儿童，是指父母双方或一方外出到城市打工，而自己留在农村生活的孩子们。❸ 根据这一定义，调研人员对受访学生进行分类，又根据被访学生的看护人及儿童留守经历进行了详细分类，如下表。

分类	留守儿童				非留守儿童
	父或母看护	隔代亲人看护	其他亲属看护	有留守经历	无留守经历
样本数	10	19	1	3	5
所占比率	26.3%	50.0%	2.6%	7.9%	13.2%

从上表给出的信息不难看出与祖辈生活在一起的学生比率高达 50.0%。

之所以要对留守与非留守进行更加详细的分类，是因为调研人员在进行数据整理时发现，越来越多的家长开始关注孩子的成长与心理健康问题，为了孩子的教育，父母由双亲同时外出务工变为一方外出务工甚至双方都回到家中。

---

❶ 信息引自 http://china.huanqiu.com/roll/2011-02/1480851.html.
❷ 信息引自 http://china.huanqiu.com/roll/2010-11/1233282.html.
❸ 定义引自 http://baike.baidu.com/view/109106.htm.

这一情况更加显著地体现出了"有留守经历"的"非留守儿童"现象。三个被访学生家长都表示，因为孩子的升学问题或是认识到孩子因缺少父母的管束教育而出现行为失范问题才回到家乡来工作。另外，在由父（母）单方看护的留守儿童中，也有很多家长表示，是为了更好地照顾孩子，才坚持双亲一方留在家中。

在经济状况开始有所好转的情况下，外出务工人员也开始更加关心孩子们的教育问题，除了将孩子带在身边，形成"外来务工子女"群体，也有越来越多家长考虑回家乡务工，以便更好地关注孩子的成长。

3. 住房及家庭经济状况

对学生家庭住房及家庭经济来源的分析，意在了解学生们的家庭经济状况。

在汶川地震后，三台县作为地震重灾区得到政府的各项补助，也因此多数居民的家庭住房得到翻盖和整修。截至 2012 年 8 月，新鲁镇住房已多为较新的二层楼房。访谈人员通过住房层数、装修情况、家具质量及家用电器数量等方面对被访学生的经济情况进行推测，又结合被访人员描述的经济来源及家庭经济状况对所有被访者的经济状况进行界定。

分类	较差	较好	非常好	合计
留守家庭	7	15	8	30
非留守家庭	0	8	0	8

经济情况较差：房屋破旧，家具简单且陈旧，没有家用电器或家用电器年代久远；医药费等其他支出巨大；没有较好的经济来源；受访者自己表示经济压力巨大等。

经济情况较好：二层楼房，装修简单，有主要家用电器，有较好的经济来源，没有额外经济负担等。

经济情况非常好：楼房气派，装修较好，家具齐全且很新，家用电器齐全，有电脑或笔记本，有购置其他住房等。

与非留守家庭相比，在留守家庭中出现两种极端——经济情况较差、经济情况非常好，且两者所占比率基本相同。非留守家庭是在能够保证温饱的情况下安土重迁，在家乡过着无忧无虑的日子。而留守家庭多半分为两种：一种是为生计所迫，不得不背井离乡外出打工；另一种则是在外事业成功，在家乡置办出令人羡慕的家业。因而在留守儿童中也更容易出现两种极端现象，一种是生活拮据，节衣缩食；另一种则是生活富足，应有尽有。这使得同在一个班级的孩子们容易产生攀比心理，自卑和自大的情绪也分别在这两类留守儿童中滋生。

4. 亲子沟通联系

该项调查对象为总样本中属于留守儿童的 30 个样本。根据访谈，父母与孩子的沟通主要以打电话为主，样本中的联系频率如下：

联系频率	低于每周一次	平均每周一次	高于每周一次
样本数量	10	11	9

从访谈记录中了解到，导致亲子联系较少的原因有"电话费太贵"等，但我们认为更多的是由于父母对孩子的主观关心不足。

亲子间的联系频率并不能代表孩子与父母之间的沟通程度。大多数访谈记录显示，孩子不会在电话中与父母交流太多，电话内容更多只是流于形式。也有部分孩子表示会在电话中跟父母倾诉、交流，但大多体现在女生群体中。

30 个受访学生中有 3 个曾去过父母打工的城市，仅占总体的 10%。在分析中也不难发现，能够离开家乡去和父母团聚的学生家庭经济条件均属于"非常好"。经济条件一般或较差的家庭没有能力支撑孩子远行探亲的费用，对他们而言，和父母团聚是一件费用高昂的"奢侈品"。

对于样本中的 8 名非留守学生，有 4 名学生和母亲感情好，遇事也会和母亲沟通，有 1 名学生由于之前是和祖父母居住，故和祖父母联系较为紧密。另外，8 名非留守学生中有 6 名学生的家长管教严厉，特别是对于孩子的学习方面，会主动对孩子的学习提出要求和鼓励。相对而言，沟通频率更高的家庭相处效果也总体较好。

5. 生活自理能力

在对生活自理能力进行调查时，调研队员询问了被访学生在家中做家务的情况，以及学生们的理财观念。在被调查的 30 个留守儿童样本中，仅有 1 个男生不会洗衣服；3 个男生不会在家里主动做家务，也不愿意做家务；1 个男生没有理财观念，花钱无节制。除此之外的学生家长都表示，孩子会做家务，也会在家中主动帮忙做家务；花钱节俭，有一定理财观念。综上所述，留守儿童普遍生活自理能力较强。

6. 兴趣爱好

大多数学生表示其在课余时间的兴趣爱好是看电视，只有极少数同学有其他爱好。有两位同学表示喜欢打球、钓鱼，有一位同学表示喜欢看故事书，有一位同学表示课余时间会学习书法、画画，另有一位家长表示孩子喜欢看天上的白云。尽管如此，孩子们课余时间的兴趣爱好仍旧比较单一，集体活动与娱乐项目缺失。

（二）学业情况调查分析

我们所调研的主要目标为四川省绵阳市三台县新鲁苗圃希望中学的学生，其中主要一部分为留守儿童，我们从学业方面对他们进行了一系列调研。我们回收到的有效问卷总共42份，我们从家长外出打工对孩子的影响、村中兴趣班情况、学习成绩情况、学生对大学的期望、父母对孩子学习的支持程度等方面进行了研究。希望借此机会能够对留守儿童的学业现状有更加深入的理解，并希望社会上能够更加重视留守儿童的学习，并且通过切实可行的方法来帮助他们。

我们知道家庭是社会的细胞，是一种独特的文化圈。家庭成员之间的联系纽带，具有深厚的自然生理因素，带有不可更改的血缘性的遗传性联系。子女的诞生既是生物意义上的人的诞生，又是社会意义上的人的培育，家庭的功能不仅是生儿育女，更是人生的摇篮，父母对子女的主要责任不是养育而是教育。尤其是小学和初中这个年龄段的子女更需要父母的关爱指导和家庭早期教育的支持。如果这个时期父母一方甚至双方缺席，就会在孩子的人格成长上形成某种障碍，影响他们今后成为一个健全的社会成员。大部分农民外出打工原本是为了支付子女的教育费用，使之尽可能接受较好的学校教育，但是由于他们只顾到城里赚钱而忽略了子女的要求和情感，甚至有人外出多年都没有回家，和孩子的联系也较少（一般来说一年回家一次。但是王小慧的父母为例外，多年才回家一次，导致父母与孩子交流出现障碍），这就等于放弃了自己监护和教育子女的责任。尽管父母进城务工后留守儿童大多是交给爷爷奶奶照料或寄住在亲戚家中，但爷爷奶奶一般都不可能辅导孩子的学习，加之爷爷奶奶对孙子孙女的溺爱，他们更加放任小孩。即便是管教，也存在一个交流沟通上的代沟问题。至于寄养在亲戚家中的孩子，亲戚一般不会像对自己的子女那样管教这些孩子，认为管得太严孩子不会理解，因此往往疏于管理，从而使孩子失去有效的监管。

1. 留守儿童课外兴趣课程以及课外补习班状况

这类有效样本 32 个，留守儿童 24 个，非留守儿童 8 个。

课外兴趣课程状况。32 个样本反映了没有专门的以培养兴趣爱好来促进全面发展的课程或者任课老师。

参加课外补习班状况。参加课外补习班人数总计 4 人，留守儿童 3 人，非留守儿童 1 人。参加的人对于课外补习满意度如下：

项目	不清楚	不满意	满意
样本数	2	2	0
百分比	50%	50%	0%

结合田野调查中的观察与访谈，我们可以得出结论：家长反映印象中的课下补习班存在课程缩水、质量不好等问题，即仅仅是将学生们聚集在一起进行辅导作业而不是进行更一步的预习和复习，同时会提前下课。

2. 学科偏科状况

此类有效样本 38 个，留守儿童 29 个，非留守儿童 9 个。

分类	英语	数学	理科	其他
留守儿童	20	8	1	0
非留守儿童	6	2	1	0

由上我们可以得出结论：英语与数学成绩普遍较差。英语成绩可以理解为镇上教育资源不足，学生们从初中才开始学英语，自然无法跟上从小学甚至从幼儿园开始学习英语的同级生。同时因为家长的文化水平较低，无法对英语这一学科进行辅导。数学成绩方面需要与学校进行沟通，才能确定是否是学校的问题。因为以高中阶段类比的话，市区的学生与乡镇学生的主要差别一般是在语文、英语、文科综合等对于学生眼界要求较宽的学科，而不是较为依赖于做题的数理化方面。

3. 对大学期望状况

此类有效样本 30 个，其中留守儿童 25 人，非留守儿童 5 人。

分类	无认知	认知模糊	明确认知
留守儿童	4	20	1
非留守儿童	1	4	0

由上我们可以知道，在农村，无论是留守儿童还是非留守儿童对于大学的期望都是普遍处于模糊状态，原因如下。

第一，调查样本中以成绩中下等的同学为主，成绩优秀者只有一人，对于成绩中下等的同学来说，是否能考上较为有前途的高中尚是个问题，其可能很难设想高中以后的问题。

第二，农村的教育资源有限，从学校教育的角度来说，教师本身的眼界是有待商榷的，至于家庭教育方面，家长的学历普遍在初中及初中以下，根本没有接触过大学，又如何能引导孩子对大学产生认知呢？

第三，在走访的过程中发现，电视节目收视以文娱类活动为主，未发现有看纪录片类或者社会调查新闻类节目的。

但是关于这点应不必过于担心，因为初中高中都是单线一条路走下去的，如果肯听老师的话，即使对大学没有什么期待也不会考得太差。有些东西随着成长自然会懂得。

4. 家庭对于教育支持状况

在39个有效样本之中，全部家长明确表示出对教育的支持，希望孩子能考上好学校。因为学生目前为初中生，所以家长普遍对高中有着较为具体的期待。同时在调查之中并没有发现歧视女孩教育的状况，尽管儿子会在家庭中较为受宠。理想教育依然是以考学为主，家长普遍会排斥考学之外的道路。在39个有效样本中只有一家明确提出支持孩子初中毕业后创业的理想，这可能与其在初二阶段学业荒废一年有关。❶

5. 小结

从留守儿童的学习情况分析中可以看出，由于农村社区整体文化水平的限制和诸多因素的影响，父母的外出打工，总体上并没有拉大留守儿童与非留守儿童学习成绩的差距。但是，少数留守儿童由于缺少了父母的学习辅导与监督，出现了学习成绩下降和学习态度散漫等情况。另外，受父母打工的双面影响，留守儿童的学习目的与理想呈两极分化。❷

---

❶ 此处问题在于我们面对家长的时候身份是社工老师，同时也没有孩子的相关话语互为参照。无法确定其可靠性。

❷ 大规模对照资料使用引自：恩施自治州财政局课题组．关于农村教育事业发展的政策研究[J]．财政与发展，2012（12）；陈坚．政治社会学理论范式下的农村教育分析[J]．东北师大学报（哲学社会科学版），2012（3）.

（三）心理现状调查

1. 概述

随着留守儿童的群体日益庞大，他们的健康成长成为社会上不可忽略的一个重要问题。健康应包括生理与心理，除去一些家庭因贫困或暴力原因而导致儿童营养不良、生长扭曲形成体格异常外，留守儿童的心理健康是留守儿童各种问题中最需要关注的一个。当社会把越来越多的关注投入到留守儿童的心理健康情况时，确实发现了不少值得关注并亟须解决的问题。然而，更多的人只看到了留守儿童的负面问题，而没有发掘他们的正能量，又或只看到了部分留守儿童的表现，就"断章取义""以偏概全"地阐述整个群体都是这样的表现。我们希望在这次的调研报告中，在心理健康这一方面，能够为社会呈现留守儿童更全面的、更正向的面貌。

由于时间和人力的关系，这次共家访了 45 户同学及其家人，得到有效数据 45 份。应用心理学中"大五人格"的分类对在家访中了解到的孩子们的表现进行心理状况的大体评估。"大五"（Big Five）或叫作五因素模型（The Five Factor Model，FFM），共分为外向性、神经质、开放性、随和性、尽责性五类，每个人的人格特质都可以在这五个连续递变的维度上找到相应的点，在此简要提一下各个维度的两个极端及其表现。

一是外向性（extraversion）：对外的热情程度。①好交际；②不好交际。

外向的自信，爱社交，爱娱乐，表现出热情、社交、果断、活跃、冒险、乐观等特点；内向的羞涩、安静，严肃，感情含蓄。

二是神经质（neuroticism）：情绪稳定与否。①情绪稳定；②情绪不稳定。

神经质的常烦躁，没有安全感，自怜，有焦虑、敌对、压抑、自我意识、冲动、脆弱等特质；相反的则情绪稳定，能承受住压力，有安全感。

三是开放性（openness）：个体的兴趣范围和对新事物的接受程度。①富于想象；②务实。

开放性高的偏爱寻求变化，自主，具有想象、审美、情感丰富、求异、创造、智慧等特征；开放性低的偏爱遵守惯例，顺从。

四是随和性（agreeableness）：与人相处的融洽程度。①易与人相处；②难相处。

随和性好的热心、信赖、乐于助人、直率、谦虚、合群、热情；随和性不好的无情、怀疑、不合作、冷淡、难相处。

五是尽责性（conscientiousness）：自理、自立、意志力等强弱程度。①尽责；②不尽责。

尽责性强的具有有序、谨慎细心、自律、能胜任、公正、有条理、尽职等特点；不强的则冲动、粗心大意、意志薄弱、懒散等。

在这次活动中，由于调研方式有限，我们只能基于访谈记录进行编码从而做出评估，因此我们无法定量地得到各个样本的精确分数，只能定性地按记录中的编码将各样本划分为倾向哪一极（如上文中的"1"和"2"），然后在此基础上，我们增设了"0"，代表在原始材料中未得以呈现。

按以上分类标准对调研群体做出评估之后，我们做出了相关统计图表，并对相关数据进行分析。

2. 数据呈现与分析

外向性 （％）

有效数据	频次	百分比	有效百分比	合计百分比
0	6	13.3	13.3	13.3
1	20	44.4	44.4	57.8
2	19	42.2	42.2	100.0
合计	45	100.0	100.0	

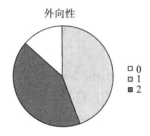

外向性

□ 0
□ 1
■ 2

如上图所示，在外向性方面偏向两极的样本所占的百分比几乎是相等的，其中关于外向性的遗传因素我们暂且不谈，但至少上述数据已足够证明留守儿童并不是像我们的刻板印象那样是内向而怯弱的，他们也会外向积极并乐于交友。因为条件所限，没有常模对比，我们无法判断他们与普通孩子之间是否有显著差异，而留守这一身份是否与其偏向相关，这都是有待继续探究的问题。

神经质 （%）

有效数据	频次	百分比	有效百分比	合计百分比
0	14	31.1	31.1	31.1
1	16	35.6	35.6	66.7
2	15	33.3	33.3	100.0
合计	45	100.0	100.0	

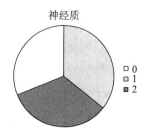

神经质

神经质是一个很广阔又很深入的概念，我们很难仅仅从访谈记录中全面评价这个维度，因此我们只从最表层的情绪稳定入手，从原始资料中得知。同样地，较稳定与不太稳定的比例也如此之大，这仍然需要我们的关注。对从小父母就不在身边的孩子，可想而知他们的依恋关系在很大程度上是受到影响的，在孩子们的发展过程中信任、亲密与自主的养成都受到影响。在调研过程中我们发现，这些孩子在遇到困难的时候大多数都不会跟亲人或老师讲，而同辈又无力帮忙，因此很多没有解决的问题被压在了心里，情绪并不能得到正确的疏导与释放，因此孩子在情绪调控方面的问题是急需关注。

开放性 （%）

有效数据	频次	百分比	有效百分比	合计百分比
0	18	40.0	40.0	40.0
1	14	31.1	31.1	71.1
2	13	28.9	28.9	100.0
合计	45	100.0	100.0	

在开放性方面，同样地，两派仍是十分相近，但这是一个较乐观的发现，留守儿童们并没有因此而因循守旧，有几乎一半的孩子们还是乐于探索新事物尝试新东西的，这在我们暑期的兴趣班中也有所体现，因此像我们这样的志愿者多将外部的新知识带进他们的世界是很有必要的，开拓视野对他们真的很有益。

开放性

□ 0
□ 1
■ 2

3. 小结

综上所述，通过对家访记录的呈现和"五因素模型"理论的分析，我们可以看到，虽然父母长期不在身边，可能对孩子没有起到良好的引导作用，但是有一些指标却不像人们想象中那样差，比如在调查的样本中，有48.9%的样本表现出明显的拥有自理、自立的尽责性；有66.7%样本表现出能与人融洽相处的随和性；有31.1%样本表现对新事物感兴趣的开放性；有44.4%的样本表现出对外界充满热情的外向性。这些留守儿童中，有较多数的孩子们表现出了外向、热情、随和、友好的性格，他们也懂得人情世故，可以自立、自理，有一定的责任感。

当然我们也看到，由于父母长期不在身边，临时监护人不能代替父母在孩子心中的地位及该有的引导，有不少留守儿童由于缺乏安全感是存在焦虑感的。留守儿童缺乏安全感的现象在一定程度上可以从其受到的关注上得到解释。从之前"家长外出打工对孩子学习成绩影响"的调查统计数据来分析，被调查的留守儿童的父母中，有91%的家长没有因为孩子读书而回家，这点不难理解，孩子的父母为了维持家庭的生计，为家庭提供必要的物质基础，在外地工作，自然分身乏术；又有71%的留守儿童的父母不会主动关心孩子的成绩。根据调查结果显示，相比于非留守儿童的父母，留守儿童的父母对孩子的学习成绩关注度明显不高。这些留守儿童在成绩上出现偏科的现象，但偏科的现象也同时出现在非留守儿童之中，且两者的偏科比例相近，由此我们也不能断言当地留守儿童在学习上比非留守儿童存在更多的问题。同时他们如许多正处于他们这个年龄段的儿童一样对学习的意义没有概念，也许对于绝大多数的留守儿童来讲，学习的成绩也不会成为他们攀比的对象。在之前我们对田野点的儿童进行对大学的认知状况的调查中，这些儿童无论是否为留守儿童，绝大多数都对"大学"只有模糊的概念。留守儿童与非留守儿童，尽管在学习上受其各自的父母的关注度不同，但在学习上的差异却不太明显，明显的是其安全感的差异。

也有因为临时监护人的照顾方法问题，导致有些孩子不听话，自理能力也显得稍差。但由于原始材料为调研过程中的家访记录，仅凭家访中家长的口述和孩子当时的表现并不能完全显现和评估一个人的性格，这份数据仅是大概描述，只为表明有这样的案例可供参考，但不可绝对地认为所有的留守儿童都是这样，不能给所有留守儿童贴上"性格孤僻""抑郁""不良"等标签。

可喜的是，我们通过这次调研，在心理健康方面对留守儿童有了新的认知。留守儿童已被贴上了"留守儿童"的群体标签，不应该再被片面认识贴标签。这份数据大致表明，留守儿童的群体中，虽然有孤僻抑郁、暴力狂躁、缺乏安全感的孩子，更有乐观向上、阳光奋发并且懂得为家庭、为父母着想的孩子，而且所占比例还不小。

最后不得不说的是，我们的调研仍存在一些疏漏之处：首先，原始访谈记录虽是客观记录下来的，但我们所问的问题是主观的，可能仍带有个人偏向，以致在访谈过程中只向一个方向进行挖掘，从而忽略了另一面。其次，对资料进行编码也是由研究者决定的，虽然我们编写了一系列较全面的编码标准，以此来减低研究者偏向，但这一问题还是不能被忽略的。再次，正如前文提到的，"大五人格"是一系列连续的维度，而由于我们的材料限制，只能简单划分为二，因此，此调研成果只能为后续研究做一个参考、引导或启发。由于条件限制，样本的选取也有一些问题，样本中大部分都是我们从报名了暑期留守儿童兴趣班的名单中筛选出来的，样本中有年龄、性别、居住环境和临时监护人的差异，并且，是否是因为孩子本身更积极外向才会报名参加从而又影响了我们的调研结果这也是一个问题。最后，我们知道，去评价一个孩子的心理仅有"大五人格"是不全面的，还有很多亟待关注的话题。由于原始资料限制，我们就仅从人格这一角度进行分析，剩下的有待后人继续研究，去发掘留守儿童更多的正能量。

五、结语与反思

综上，笔者认为本次调研主要存在六个问题，并提出相应对策。

一是前期信息沟通存在较大问题，导致社工老师与志愿者对活动的预期存在不容忽视的差距，甚至影响到之后整个活动的开展。笔者认为，前期的沟通及保持信息的对称性是相当重要的。虽然前期队长与当地的社工有过沟通，但是在沟通过程中却把很多基础的、关键的点先设为双方都已清楚的共识，这是导致后来尴尬状态的重要原因。有些关键的点，比如活动目的、活动设想、资源准备、角色定位等都关乎整个项目能否顺利开展下去，这些关键点在沟通过程中反复强调，形成共识是非常有必要的。

二是活动期间任务安排不合理。负责兴趣班课堂的志愿者基本上都是驻扎在校的，很少走村家访。没有兴趣班课堂设计和执行任务的人就一直在外进行调研，这样相对固定的分工固然有其稳定性，但也使队员难以了解整个项目的全貌，无法体验不同的服务、调研带来的不同的感受和启发。笔者认为，如果能给每个人不同的机会（设计一种轮转角色的体制同时维持相对的稳定）那样会更好。

三是例会制度不能得到良好的贯彻实施。本次活动中因为诸多原因，比如事务太多、时间不统一、社工机构有安排等而没有贯彻坚持每天例会的制度，很多事情当天没有总结反思，有些想分享的东西就烂在了肚子里，过去后就忘了，也使一些问题积累下来。笔者认为，大家白天的确都很忙很累，晚上再开太冗长的分享会很有负担，但是简单简明的分享例会还是要有，这样有助于队员们了解彼此都在做些什么，有什么最新的进展、动态、问题、困惑，及时集思广益地解决。

四是社工老师的帮助也许会成为牵绊。第一，每天的活动都是被他们安排好的，没有自己独立自由的时间来进行自己所希望的项目调查，最后只能选择关注留守儿童课题而无法进行其他活动。第二，家访对象由社工提供，样本是有问题的，自身无法接触到更核心的材料。第三，家访表完全由志愿者填写，即使是有社工人员参与的家访表也变成了志愿者去做，而资料却在社工人员手中，自身无法进行拍照录入。第四，家访工作连续进行，同时因为人手安排问题导致某些同学一堂课也没有参与，同时连续地进行田野调查对志愿者的体力也造成了较大的挑战。

五是对志愿服务形式的反思。摘自志愿者笔记："整个服务过程中曾让我一度很失望，难道所有的志愿服务都只能流于形式？这样的支教形式凭仅仅几天的兴趣班跟孩子们玩玩闹闹能起到的作用是值得怀疑的，可是我没有想到的是我们这次活动大张旗鼓地经过了三次筛选，却还是只能简单做做这样的工作。是否所有这种形式的服务活动都只是一个外表光鲜的空壳建筑？"笔者认为一种仅仅停留在表面的服务，一时的愉悦不是我们应有的目标。对社会服务的改革，是一项任重而道远、不能急于求成的事业。

六是团队内部分工和建设存在问题。负责人并未完全承担起责任，队内分工不明确。笔者认为，活动前期与活动后期（总结分享阶段）应由不同人负责；组内调研、服务、后勤小组要分工明确，确定负责人和工作人员。

参考文献

[1] 马瑞娟，王秀丽．浅谈农村留守儿童的现状及对策［J］．警察文苑，2010（3）．

[2] 贺殿，张艾．浅谈农村留守儿童教育面临的问题与对策［J］．教育革新，2011（4）．

[3] 范方，桑标．亲子教育缺失与"留守儿童"人格、学绩及行为问题［J］．心理科学，2005，28（4）：855－858．

[4] 张慧，王怀青．留守儿童易存在的问题及教育对策［J］．甘肃教育，2012（13）：22－27．

[5] 叶敬忠，王伊欢，张克云，等．对留守儿童问题的研究综述［J］．农业经济问题，2005（10）：73－78．

[6] 范兴华，方晓义，刘勤学，等．流动儿童、留守儿童与一般儿童社会适应比较［J］．北京师范大学学报（社会科学版），2009（5）：33－40．

[7] 李旭．从"非问题儿童"的角度看待留守儿童［J］．农村经济，2011（3）：127－129．

[8] 卢家卫．对农村留守儿童现状的调查研究［J］．广西教育，2012，（25）：5－6．

[9] 王晓燕．加拿大原住民社区教育对我国农村留守儿童早期教育的启示［J］．现代教育科学（普教研究），2011（1）：74－75．

[10] 张皑频，杨德兰，侯有华，等．城镇留守与非留守儿童心理行为特征调查分析［J］．重庆医学，2008，37（8）：844－847．

[11] 刘巧兰，周欢，杨洋，等．四川资中县农村留守儿童心理弹性的结构方程模型分析［J］．卫生研究，2011，40（4）：445－449．

平武县南坝镇地震灾后家庭功能恢复情况调研报告（第五届）[*]

彭　丹　李丹妮　陈梓纯

一、研究背景

"5·12"汶川大地震是中华人民共和国成立以来破坏规模最大、受灾范围最广、救灾难度最大的一次自然灾害，四川省绵阳市平武县南坝镇在这次地震中受灾极重，一度因交通、通信中断而成为孤岛。南坝镇位于成都北面约230公里处，距离北面的九寨沟217公里，距离北面的平武县城约50公里。南坝镇（场镇部分，以下同）前临涪江，四面环山，地震前为平武县除县城之外的第一大镇，面积约50万平方米，地震前户籍人口约7000人，加上外来务工、经商人员等，估计实际居住人口8000~9000人。这座平武县人口最多、面积最大、经济实力最强的场镇，在大地震中受灾最严重，86%的房屋倒塌，工业基础全部损毁，水、电、路、通信等基础设施全部瘫痪，死亡1364人，占全县因灾死亡人数的45.2%，仅南坝小学（含幼儿园）就死亡172人。

大灾难下，很多家庭失去了自己的亲人，其中不少人失去了自己的伴侣、孩子。部分侥幸逃过一劫的夫妻，因为天灾的重创而开始重新定位自己的价值观与人生观。在这个过程中，有的夫妻携手并进，有的家庭就此散伙。但这并不是全部。汶川地震有将近7万人死亡，2万人失踪，这意味着因丧偶而"破碎"的家庭数以万计。在大地震中受伤的人，婚姻感情需要填补，家庭的重担仍需担负，在地震中家庭结构受冲击的千千万万户家庭需要修复。

地震已经过去整整五年，重建工作大部分已近完成，南坝镇发生了翻天覆

---

　　* 本文写于2013年。

地的变化。南坝当地居民亲身经历了 2008 年的汶川特大地震，身心受到重创，在其后的重建过程中，南坝镇的人口、家庭结构、亲属关系、生计方式以及人们的人生观念再次发生变革。在地震这样的大灾难面前，人们的思想观念会产生怎样的变化从而导致他们在婚姻观念以及行为上的差异性？这些选择所带来的结果是什么？换言之，这些经历过地震后的家庭如今状态如何？他们是怎样一步步走出失去至亲、失去家园的阴影的？是什么改变了他们？地震已经过去五年，我们有必要寻求一个答案。

此次调研，我们以半结构式深入访谈为主，观察为辅，结合后期文献查阅，对多个案例进行解读。特别选取了四个典型案例从经济状况、家庭结构、家人扶持、社会支持等方面进行深入分析，并对所有案例进行总结归纳及横向比较，旨在研究影响震后家庭恢复的因素及作用方式。

二、文献综述

（一）社会支持

社会支持有结构、功能、互动和主观评价四个取向。林南等学者从"多维"视角对社会支持进行了界定，认为社会支持是"意识到的或实际的由社区、社会网络和亲密伙伴提供的工具性或表达性资源"（Linct. AI，1986）。这一定义试图区分社会参与的宏观、中观、微观层面，以及感觉到的和实际支持层面的差异。笔者比较赞同以上定义。本研究的社会支持具体包括以下三个维度：

从社会支持来源看，一是正式的社会支持，是指由国家、社区以及社会组织等提供的社会支持；二是非正式的社会支持，是指由配偶、代际、亲属、朋友、邻里等提供的社会支持。（金碧华，2007；李树苗、杜海峰等，2008；陈红莉，2007）

从社会支持性质上看，包括客观可见的支持和主观体验的支持。前者不以个体感受为转移，是客观存在的现实。后者是个体在社会生活中受尊重被体谅的情感支持及满意度，这类支持与个体的主观感受密切相关。

从社会支持的内容上看，可分为研究资金和物资的支持、实际和工具的支持、情感的支持。其中研究资金和物资的支持是指提供资金或物资的帮助；实际和工具的支持指提供家务劳动（如做饭、看家以及对病人、老年人、孩子等的照顾），建房、农业生产等的帮助，筹借日常用品以及其他一些日常事务的帮助；情感的支持指提供灾后心理康复、压力疏解、精神安慰、家庭矛盾疏解和安慰、家庭和个人情感问题的帮助和指导。

社会支持的获得对于受灾者的灾后恢复起到非常关键的作用（Drabek 和 Key，1984；Soloman，1986；Wang，Gao，Zhang，Zhao，Shen 和 Shinfuku，2000）。有良好社会支持的个体会有比较高的主观幸福感（段建华，1996）、生活满意度、积极情感和较低的消极情感，这是因为社会支持可以提供物质或信息的帮助，增加人们的喜悦感和归属感，提高自尊感和自信心。已有大量研究表明，社会支持与主观幸福感之间有显著的相关关系（Pinquart 和 Sorensen，2000；Post，Marcel，Ros，Wynand 和 Schrijvers，1999；宫宇轩，1994；池丽萍，辛自强，2002）。社会支持可以阻止或缓解应激反应，增加健康的行为模式，从而增加正性情感并抑制负性情感，防止主观幸福感的降低（段建华，1996）。

（二）家庭、家庭结构和功能

家庭是一种重要的社会初级群体，它的存在是有条件的。总括起来家庭的生存条件包括两大类，一是家庭生存的环境条件，包括自然环境和社会环境；二是家庭生存的内在条件，主要包括三个方面，即成员条件、住房条件、财产条件。家庭成员是家庭存在的基本条件，"灾害对个体的影响越大，它的总体影响也越大"（W. R. Berren，A. Beigel 和 G. Barker，1982）。

家庭结构，指的是"家庭分子之间的某种性质的联系，家庭分子之间的相互配合与组织，家庭分子之间的相互作用和相互影响的状态以及由于相互作用和相互影响而形成的家庭模式和类型"（潘允康，1986）。家庭结构包括两个基本方面：①家庭人口要素，即家庭由多少人组成，家庭规模大小。②家庭模式要素，家庭成员之间怎样相互联系，以及因联系方式不同而形成的不同的家庭模式。在实际生活中，家庭有着各种各样的结构和类型。最通行的分类方法是按家庭的代际层次和与亲属的关系把家庭分为：①核心家庭，即由父母和未婚子女所组成的家庭；②主干家庭，即由父母和一对已婚子女，比如由父、母、子、媳所组成的家庭；③联合家庭，即由父母和两对或两对以上已婚子女所组成的家庭，或者是兄弟姐妹婚后不分家的家庭；④其他家庭（以上 3 种类型以外的家庭）。

家庭功能和家庭结构息息相关，是家庭对人类生存和社会发展所起的功用和效能。一般说来，家庭功能可分为三大类，即固有的功能，也就是自家庭成立以来在任何社会形态中都具有的性爱、生育功能；基本功能，也就是保证人们基本生活需要的功能，比如经济、教育、保障等功能；派生功能，比如政治、宗教功能。（F. R. 艾络特，1992）灾害发生不仅冲击到家庭中的个人，还冲击到由个人组成的各种关系、结构和功能。灾害对家庭功能的冲击是很明显的，但又是很复杂的。（郭强，2002）这表明，我们有必要探究地震对家庭结构和家庭功能造成的影响，它们是震后家庭恢复的重要影响因素。

又有学者从历史角度分析，认为建立在自给自足的小农经济基础之上的中国传统的家庭保障功能造就了中华民族根深蒂固的"家文化"，形成了中国人挥之不去的"家中心"理念。对普通中国百姓而言，离开了家便无所依赖，离开了家便不再有安全感和保障，家庭保障也因此成为中华民族几千年来最为稳定的安全保障机制。在传统的大家庭中，家庭成员相互给予精神慰藉，相互提供经济保障，相互满足情感需要。家庭在中国传统中不仅是一个保障的机制，也是一个制度范畴；不仅是生产、生活和娱乐的中心，也是国家治理的基本单位。从这个意义上来讲，家庭的组成，不完全是血缘的关系，也是经济安全，是服务需求，是情感需要；家庭的功能，不只局限于为家庭成员的生、老、病、死提供保障，同样是国家稳定、社会和谐的基石。（熊金才，2006）家庭是组成社会的细胞，探究震后家庭恢复对和谐社会的建设有重要意义。

三、典型案例分析

（一）地震中家中第二代人去世的家庭典型案例分析——文大妈家

家庭成员简介：

文大妈：51 岁，老家在石坎，在街上经营一家服装店，以售卖成人衣服为主，兼有鞋子、饰品等，每天的主要活动就是看店。店是地震后大女儿开的，后来交给她做。对于二女儿的死一直很痛心，现在谈及还会不由自主地哭。很不满意农房重建贷款的利息问题，对于自家在泥石流中失去的地没有赔偿也很不满。希望能够回去种地，觉得山里的日子比镇上好过，希望儿子尽快找到媳妇。文大妈患有梅尼埃病。

郭大叔：51 岁，2008 年 12 月 4 日上任石坎三道水队长，地震前在锰粉冶炼厂上班，地震后在镇上打零工，70 元一天。和大女儿一起负责服装店的调货问题。以前会和大妈吵架，现在很和睦。对女儿的死比大妈豁达一些，同样希望儿子能早点成家。

大女儿：嫁到江油，婆家也是农民，和丈夫一起做水果生意，有时会到南坝镇卖水果。地震后在场镇街上搭了个帐篷卖服装，后来修好了房子，盘下来一间店交给母亲做，让她排解失去二女儿的痛苦。和父亲一起负责服装店的调货。

二女儿：嫁在石坎，2008年5月1日生了孩子（女），于5月12日地震中遇难。

小儿子：24岁，未婚，在成都郫县富士康工作，每月工资2000元左右，因为家里贷款问题暂不准备找媳妇，一般一年回来一至两次。

家庭概况：

文大妈一家原先住在石坎，地震后房子垮塌搬到城镇住。文大妈在镇上开一家服装店，生意一般，郭大叔平时到处打零工。他们育有两女一儿，二女儿在地震中丧生。文大妈现在经营的店原本是大女儿的，大女儿为了排解母亲的丧女之痛，将店交给了文大妈经营；二女儿在地震不久前，刚生下一个女儿，现在二女婿偶尔会带外孙女来看文大妈；小儿子在成都富士康工作，未婚。因为家里还担负着贷款的压力，而贷款利息随着时间推移越来越高，文大妈夫妇对此很是忧愁，甚至忧虑自己的小儿子至今未娶是否与此有关系。

1. 震后生计方式和住房的改变

文大妈和丈夫郭大叔地震前住在石坎，种地是他们赖以生存的生计方式，也是大多数和他们一样的南坝农民传统的生计方式。种上几亩地和几百棵核桃树，再养几头牛羊，就算收成不好，也足够一年的生活。但是因为地震和泥石流，他们的土地全部垮进了河里，没有办法再种地。

原来的屋基也没有办法再修房子，在儿女的劝说下搬到了南坝场镇上买地基修房子。以前在山里大妈家住的是平房，搬到镇上后修了三层的小楼，虽然只有一间门面，但也颇为宽敞。

为了还修房的贷款，儿子外出打工，每月工资只有2000元左右；郭大叔在南坝给人打零工，哪里有工作就去哪里，每天只有70元收入；文大妈守着自家的服装店，每天收入也不多。服装店是地震之后文大妈的大女儿开的，当时是在帐篷里，生意不错，买衣服的人很多。后来街上的房子修好后，就租了表妹家的店面继续开店。现在很多人都出去打工了，连平时赶场的人都很少，更不用提买衣服的了。

> 当时卖衣服要好卖一些，这两年人们都出去打工了，哪还有生意。打工的今年好多都回来了，找不到钱，工钱也不好结。有的小老板在大老板手上接了活，大老板没有钱跑了，小老板也没有钱给这些人发，所以现在打工也恼火。（郭大叔）

地震之后，虽然他们的生计方式发生了前所未有的改变，表面上看起来生活轻松了许多，但这并不是他们所希望的生计方式，打工开店都是家里的地没法再种的无奈之举。习惯了"日出而作，日落而息"田间生活的农民们，并不愿意改变。

> 要是不地震，我们就在山上，现在日子好过得很。这里吃穿什么都要买，在山里，要是地不垮，还有地种，要是房子不塌，还有地方住，现在地塌了，没有地方住。现在每天在这里，心里还是挺着急的，就想着要是在山上，地里随便种点啥都可以吃。在这里，差一角钱都买不到东西。（文大妈）

2. 震后家庭结构的改变

文大妈的母亲在地震中遇难，父亲在地震中被砸伤。她的二女儿在地震前11天（2008年5月1日）生下一个女儿，地震当天遇难，年仅23岁。文大妈现在每每谈及女儿的事情都会忍不住落泪。女儿的孩子现在五岁，由父亲抚养，和婆婆爷爷在石坎山上生活。女儿去世之后，女婿至今未再婚，外孙女有时会由爸爸或者婆婆带过来看望文大妈，但是次数越来越少，女婿的态度也不如以前亲切。

儿子地震前就在成都打工，地震之后回到家，直到家里房子修好才又出去打工。平均一年只回来一两次。这让老人十分想念。

对于老人来讲，一个孩子的失去，使得这些勤劳朴实的老人更希望有一个完整的家。儿子今年24岁，一直在成都打工，为了挣钱还家里的贷款，无心找女朋友，更不用说结婚生子。这成了老两口十分记挂的一件事。他们只希望儿子能尽快结婚生子，承担起一个男人应有的责任，未来的生计生活，他们已经有了自己的规划，打工也好，种地也罢，宁愿自己吃点苦，也要让孩子的生活过好。

希望他早点找一个（人）把家成了，我们都帮衬点也就好过了，账我们就帮着还了，他才那么小，贷款名声不太好。我们修房子都没怎么装修。一楼和三楼都没贴地砖，只是水泥地，只有二楼贴了砖，想着等以后有了媳妇再装修。（文大妈）

3. 震后生活压力、生活质量及精神生活

文大妈家的房子在地震中垮塌，没法再住，土地也因为泥石流垮塌而没法再耕种。于是一家人搬到南坝场镇，买别人的地基新建住房。为了修房，不仅向亲戚朋友借了很多钱，还在银行贷了4万的农房重建款。本来以为泥石流毁掉的土地会得到一些赔偿，加上借的钱和国家的灾后农房重建补助（三个人1.6万元），足够修建新房，可是却没有得到一分钱。更让人闹心的是，本来国家规定的没有利息的农房重建贷款，却有高得吓人的利息。南坝90%以上的家庭为了修建新房都贷了款，包括文大妈一家在内，很多人都不理解为什么会有那么高的利息。如果没有利息，辛苦几年，贷款就可以还清了。但是，因为利息的存在，大多数家庭的收入都只能还利息，农房重建款的4万或5万本金成了雷打不动的数字。貌似永远都还不完的贷款成了文大妈一家最大的生活压力。

借亲戚的还没还完，银行的利息又来了。我们两个平时找点钱，除了生活，就是还利息。这利息又要到期了，还没有钱还嘞。（郭大叔）

文大妈说，为了筹钱还贷，常常省吃俭用，舍不得吃好的，更舍不得买新衣服。我们去的那天，大妈穿的还是地震那年发的救灾物资。衣服本来是白色的，已经洗得泛黄了，看起来很旧，但她说是纯棉的，一直舍不得扔，因为自己就是卖衣服的，知道卖一件赚不了几个钱，能省就省了。尽管为了还贷款，日子过得比较清苦，但总是要过的。时间在流逝，想方设法过回好日子，才算不枉在地震中幸存。没有房住，要新修住房；没有家具，要重新置办；没有食物，挣钱去买。因为资金有限，可能不能一次性把所有东西都置办齐全。自我安慰以后的日子还很长，总有一天会达到小康，过上安居乐业的生活。

文大妈说，地震这么久了，要数修房子那段时间最累。正好赶上收割麦子的季节，早上四点多就要起来给修房的工匠们做饭，一直忙到晚上12点多，还要趁着月色打一会儿麦子。每天都只能睡两三个小时。不过过了那段时间就好了。搬到镇上居住之后，日子清闲，每天都是看店，晚上关门之后回家都可

以看电视，或者出去逛逛，感觉没有以前累了，但就是贷款压力大。

> 以前在山上一直都是他在挣钱，我在耍，这两年下来都是我开店挣点钱的。下来之后是没有以前那么累了，但就是贷款的这笔钱不得了，还有泥石流的那笔钱也没有，还有借的私人的钱还有些没还完。（文大妈）

4. 政策性社会支持

地震之后，陆续赶来的救援队伍和志愿者让心有余悸的老百姓有了安全感。他们帮助灾区群众找人、挖东西、搬物资、搭建过渡房，为老百姓解决了燃眉之急；大量救灾物资的到来，使老百姓回到了有饭吃有衣穿的日子。地震伤员的治疗费用全免，家中有人去世的，如果是大人，国家每人补贴6000元；失去孩子的，国家赔偿5万元，还给孩子的父母购买社保，使他们老有所依。河北唐山对口援建南坝镇，统一规划了场镇蜀汉江油关风貌，修建文化广场、学校、水电站等。小学生和初中生可以去河北学习一年，初中以上学生可以去河北免费读技校，包分配工作。平武县政府为村民组织了岗前就业培训和专业技能培训，并为他们提供了一些就业岗位，介绍他们到北京、重庆、成都等地工作，河北援建方还专门为南坝灾区群众提供就业援助，组织了大型的招聘会为灾区外出务工人员提供岗位，帮助他们就业。

政府在南坝中学修建了板房，专门安置像文大妈家这种户口在街上或者山里的家庭。当时文大妈家因为要照顾二女儿生病的小孩，全家人去了江油，没有在板房里住，等到孩子病好回来之后，已经没有板房可住。只有地震后的救灾物资，倒是全部领到了。被盖、衣服等一直用到现在，米、面、油等吃上一年没问题。还有震后临时困难补助，每人每天10元，一共领了三个月。来自政府和其他社会组织的资金和物质上的支持，在一定程度上减轻了文大妈一家的生活压力。

5. 震后心理变化、价值观、人生态度的改变及心理解脱

地震，意味着失去，失去亲人，甚至一无所有。地震让文大妈夫妻俩失去了母亲，失去了心爱的二女儿，失去了家中的所有东西，包括土地和金钱，这对他们的打击可能是平生最大。尽管对地震会心有余悸，二女儿的事一想还是会很心痛，但日子总归是要过的，就像文大妈说的那样，"该干什么还是要干的"。

现在摇地震我已经不想管了。我知道在摇地震，就是不想睁眼睛。我现在已经弄不清楚这些了。就算是摇地震了，该干什么还是要干的，该吃的要吃，该做的要做，还要想着孩子的事情。（文大妈）

前两年，文大妈被查出患有梅尼埃病（一种特发性内耳疾病，临床表现为反复发作的旋转性眩晕，波动性听力下降、耳鸣和耳闷胀感），医生告诉文大妈说不能心急，需要静养。大妈以前会经常和郭大叔吵架，现在基本不会吵了，只想着早点还完贷款，儿子早点娶个媳妇。

尽管因为失去母亲和二女儿心灵受到巨大创伤，尽管希望儿子能尽快结婚生子，但文大妈一家老老实实，不会忘记做人的原则，他们对未来媳妇没有太高的要求，对儿子唯一的要求就是不会为了娶到一个好媳妇而去骗人。

现在这些年轻人都是自愿耍的，我就说，你要自己耍也行，但是千万不能骗别人，是什么就是什么，人家愿意就愿意，不愿意就不愿意，不要去强求。家里的情况老实地告诉别人，不要去说大话骗人。（文大妈）

文大妈说，只有一开始就真诚相待，以后的日子才能过得和和睦睦。

地震让文大妈失去了女儿，失去了家中所有的东西，如此大的打击，对于一个从未出过远门没有文化的农村妇女来说，是难以接受和排解的。

我因为死了女儿，家里又死了一头牛，心里很难受，都快支持不住了，我当时又累又恼，真的是快没办法了。（文大妈）

但是，时间是治愈伤口的良药，随着时间的推移，任何情感都会变淡。加上有大女儿交给她的服装店可以守，有郭大叔的照顾，有儿女的问候和看望，有街坊邻居串门聊天，失去女儿的痛苦在慢慢减轻，她自己也会看得开。"人总有一死，老天爷不让你活，再怎么也没办法。"

6. 震后亲属关系

文大妈的二女儿在 2008 年 5 月 1 日生了一个女孩儿，之后便在地震中遇难，当时只有 23 岁。孩子才 11 天，因为刚出生身体很弱，又没有吃的，得了肺炎，文大妈和亲家一起带着孩子翻山越岭去江油给孩子治病，治了差不多一个月才好。从江油回来之后，小外孙女就跟着爸爸、婆婆（奶奶）、爷爷一起在石坎生活，读幼儿园也在那里。女婿会带小外孙女来看望文大妈，婆婆有时来南坝赶场也会把孩子带过来，但是次数越来越少了。女婿不懂人情世故，不会体贴人，每次来都只是坐几分钟问几句，连顿饭都不吃。

好在孩子和外婆还是挺亲的，会很兴奋地给她看在幼儿园跳舞时录的光碟，只是一般不会和文大妈一起睡——毕竟从小到大都是由婆婆带的。文大妈平时想孩子的时候就会给孩子打电话，也有的时候会过去看看，以抚慰心中的思念。虽然女儿已经不在了，但毕竟孩子和自己也有血缘关系。文大妈说，就算是别家的孩子，那么小没了母亲，也是很可怜的。

除了二女儿的孩子，大女儿也会经常来看母亲。大女儿今年 29 岁，嫁在江油，女婿在江油种地，农闲的时候会卖水果，有时回来看看老两口。大女儿的儿子今年 9 岁，只要放假，大女儿就会带孩子来看望老人，这也让老人十分欣慰。

二女儿虽然去世，但夫家并没有把文大妈一家当外人，大妈和大叔也一样。既然是一家人，就应该互相帮助、互相扶持。

> 刚地震那几天孩子生病了，就在江油绵阳到处求医，我们都去了，后面医好了之后，她爷爷婆婆就说一直这样不是办法，就要把孩子带回去，要一家人都在一起。我就说行，这个地震一直在摇，要死要活一家人都在一起。（文大妈）

心灵创伤需要家人抚慰，物质需求同样需要亲戚朋友的帮助。国家的补助和银行的贷款远不够文大妈一家修建房子，剩下的钱就只有靠向亲戚朋友借，东拼西凑才勉强凑够。但是不一定每户人都能借到，毕竟是在那种特殊的情况下。我们问郭大叔为什么能够借到那么多钱，他说全靠以前肯帮别人家的忙，人家觉得靠得住，才愿意借钱，自己也不会刻意拖着不还钱。看来，乐于助人、诚实守信在任何时代任何情况下都是不变的真理。

> 我们都是讲信用的老实人，挣到钱就给他们还了，人家只要没什么事情急用钱，就会借给我们。（郭大叔）

7. 情感缺失及家人扶持

对于一个从未经历过大灾大难的没有文化的农村妇女来说，失去女儿、失去赖以生存的土地的痛苦是无法估量的，这个时候家人的支持起到十分重要的作用。对文大妈来说，大女儿和郭大叔的支持起到了决定性作用。

大女儿知道妹妹的去世对母亲打击很大，为了让母亲分心，也为了让母亲能有一点收入可以满足日常的生活开支，便把自己的服装店交给母亲来经营。父母住在场镇，回来看望也方便，这样一来，自己和弟弟在外也可以放心不少。

> 这家店本来是我们大女儿的，地震的时候我们二女儿死了，刚生了小孩11天就走了，真是命苦得不得了，她一说起这个事就哭，到现在都还哭。大女儿为了让她分点心，就把这家店交给她看，心里也有个安慰。（郭大叔）

郭大叔和文大妈结婚三十多年了，作为丈夫，郭大叔深知妻子失去女儿的痛苦。毕竟是自己的孩子，能不心疼吗？但男人总是要比女人坚强些，他知道大妈已经难以承受住大的打击，就尽量少地在她面前提孩子的事。地震之前，大叔老是爱和大妈吵架，地震之后也很少吵架了，这也让大妈欣慰不少。

除了大女儿和郭大叔无微不至的关怀和照顾，外出打工的小儿子虽然很少回家，但会时常打电话，向父母报告近况，也减少了家人的担心。

8. 对今后的打算

和大多数勤劳朴实的农民一样，文大妈和郭大叔最希望看到的就是一家人能够幸福和睦地生活在一起，不管有什么难题都可以一起面对。日子平平静静、和和睦睦再好不过。还完贷款、儿子成家立业，生活能过得去，也就没有什么奢望了。

> 我就是想着，等以后儿子结了婚，有了孩子，他们两个男人出去打工，我和媳妇在家里，她看店带孩子，我就可以回去种点地，可以打发下生活，贷款就由他们打工还，只要不得病倒还是过得去，现在就只能这样想了。（文大妈）

（二）地震中失去小孩的家庭典型案例分析——刘阿姨家

家庭成员简介：

刘阿姨：37岁，娘家在903附近，家中三姊妹，自己是老大，母亲健在。以前和丈夫杀猪卖肉，丈夫出门打工后在家照顾孩子，平时会去打麻将。地震中失去12岁的大儿子，后面又生了一个小儿子。养了9头猪，拿来卖钱补贴家用。

王叔叔：40岁，南坝镇后坪组人，幼年丧父，由哥哥姐姐带大。家里兄弟姊妹五个，三个姐姐一个哥哥，自己是老幺。现在在新疆打工，每天除去生活费能挣120～130元，每天都会打电话回家，11月天冷的时候就会回家，回来的时候会带吃的。

大儿子王明：12岁，地震中遇难。

刘亮（化名）：12岁，在南坝小学读五年级，地震的时候读一年级。很懂事，父母出去干活他就在家煮饭。从小学一年级就是自己做早饭，会帮忙做家务，干农活，成绩还不错，对弟弟很好，在家里养了些花和鱼。很听话，出去玩的时候从不让父母操心。

小儿子王超（化名）：2岁半，还没有上幼儿园，爱耍赖，爱看《熊出没》。喜欢爸爸，只要被妈妈打骂，就会向爸爸告状。很乖，就是身体不太好，经常感冒，每年都要住两三回院。

家庭概况：

刘阿姨很和善，现在有刘亮（12岁）和王超（2岁半）两个儿子，在地震中失去了12岁的大儿子。现在主要在家里带孩子，没事会去打打麻将。种了一亩多地，还养了9头猪。自己娘家有母亲和三姊妹，自己是老大。王叔叔是后坪人，家中兄弟姊妹五人，都住在后坪，自己是老幺。平时都有照应。刘阿姨有时上山就会把孩子托给这些亲戚照顾。王叔叔在新疆打工两年多，除去生活开销每天能挣120～130元，每天都会打电话回来。去年挣了4万多元只拿到1万多元的工资。家中的贷款4万元，已还2万元。

刘亮12岁，在南坝小学读五年级，有点腼腆，成绩不错，在家里养了花和鱼，很懂事，会煮饭，从小学一年级的时候就是自己煮早饭，有时爸妈出去干活了还会把他们的饭也煮好。出去玩也会提前打招呼，完全不用操心。小儿子王超2岁半，很可爱，但是经常耍赖，喜欢爸爸，有什么事都会给爸爸说。身体不太好，经常感冒，每年都要住两三次医院。家里房子有两层，是震后新修的，房子后面有猪圈，没有太多的家具。刘阿姨夫妻俩因为在地震中失去了大儿子，都有国家给买的社保。

1. 生育观念

刘阿姨今年37岁，在地震中失去了12岁的大儿子，建好房子后又生了小儿子王超（现已2岁半）。当时已经是高龄产妇，生育风险相当大，而且在地震中幸存的孩子刘亮非常懂事能干，我们很好奇阿姨为什么还要再生一个，阿姨说是因为觉得一个孩子会比较孤单，不论是对孩子还是对父母来说都是。而且以后孩子长大了，相互间可以帮衬一下，他们赡养父母的压力也不会太大。

> 就觉得一个孩子会很孤单，两个孩子好些，一个人在家里也无聊，刘亮去念书了我在家里也不好耍。（刘阿姨）

地震之前，阿姨的两个孩子都是男孩，一个跟爸爸姓，一个跟妈妈姓。阿姨说，后面又怀了孩子，很希望是个女孩，但实际生出来之后是男孩，都是自己的骨肉，一样的喜欢和心疼。

> 心里想着要是有个女孩就好了，一个男孩一个女孩肯定好些。其实生出来了，都是自己的，不管男女都喜欢。他很乖，就是老爱生病。（刘阿姨）

2. 震后生计方式和住房的改变

地震前，王叔叔就在新疆打工，帮别人安装消防管道。每年五六月份出门，十一月天冷了就回来，其余时间在家里种地。地震之后，镇上修房子开店铺的多了，夫妻俩看到商机，开始杀猪卖肉。要自己亲自去农户家里选猪买猪，每次买五六头关在自家的猪圈里，自己杀猪，卖完了之后再去买。每天起早贪黑，虽然很累，但能挣不少钱。震后差不多两三年，灾后房屋重建基本完成，肉就没那么好卖了。

> 前几年卖肉还不错，这两年不行了，现在卖肉的多了，好多。我们卖肉的时候卖肉的还不多，刚摇了地震之后人们都喜欢吃肉。那阵开店铺、修房子的人多，肉就好卖。弄店铺的、修房子的弄完了，肉就不好卖了。（刘阿姨）

刘阿姨家在地震后一年多才修的新房，搬进新房之后就怀了小王超。刘阿姨因为怀孕行动不便，不能再和丈夫去卖肉，王叔叔一个人忙不过来，也就没有再卖了。但是杀猪的手艺还是可以挣钱的。现在夫妻俩每年冬天帮人杀猪，每头猪60元，每年干两个来月，可以挣到1万多块钱，也是一笔相当可观的收入，占日常开支的一大部分。

生了小王超之后，王叔叔又去新疆打工了，除开生活费，每天的收入有120～130元。为了减轻丈夫的负担，今年刘阿姨在家里养了9头猪，卖给那些卖肉的人，就像以前自家卖肉一样，每头猪可以赚两三百，用来补贴家用。

种了接近一亩地，基本都是玉米，主要是用来喂自家要吃的过年猪。

（注：A 为刘阿姨，Q 为笔者，下同）

A：我们还有接近一亩地，要把地种着，还养了 9 头猪。

Q：怎么养那么多？

A：要是不养点觉得他爸一个人在外面挣钱压力太大，养几头猪家里的零用开支就够了。虽然也赚不了多少，但是一头猪赚两三百块钱还是有的。

刘阿姨考虑到丈夫一个人挣钱压力太大，所以养几头猪来分担家里的零用开支。家中的生计方式从震前的打工种地到震后前两年杀猪卖肉，再到现在的男人外出打工、女人在家种地养猪，确实发生了不少变化。

3. 震后家庭结构的改变

地震中，刘阿姨失去了 12 岁的大儿子，现在我们看到的"大儿子"刘亮其实是老二。地震之后，夫妻俩又有了小儿子王超，刘亮才变成了"老大"。

其实我们在他之前还有一个老大，还在读小学。老大地震的时候遇难了，那个老大是跟着爸爸姓的，这个应该算是老二，才跟着我姓的。老大遇难的时候已经 12 岁了，就是刘亮现在这么大。后来才又生的这个小的，所以年龄差距才这么大。（刘阿姨）

刘阿姨今年 37 岁，是家中的老大，娘家在 903 的山沟里，还有妈妈和两个弟弟。王叔叔今年 40 岁，家就在后坪（南坝镇古龙村后坪组），是家中的老幺，还有三个姐姐和一个哥哥，都住在后坪上。王叔叔的父母在他十多岁的时候就已经去世，他是由哥哥姐姐带大的，最大的姐姐现在已经六十多岁了。刘阿姨还告诉我们一个有趣的现象：小王超在所有孩子中辈分最大，今年才两岁半，最大的侄子已经 18 岁了。

4. 震后生活压力、生活质量及精神生活

震后前两年卖肉，冬天帮人杀猪，现在叔叔在外打工，工资不算低，阿姨还在家养猪卖钱补贴家用，一年的总收入和有的家庭比起来也算可观；家里修房子贷了 4 万元的款，现在还剩 2 万元本金没还，和那些连还利息都发愁的家庭比起来压力更是小了许多。我们曾提议说帮人杀猪和养猪卖猪可以挣那么多钱，叔叔可以不用出去打工了，但阿姨表示每年一两万块钱是远远不够的。那只能满足日常生活开支，而孩子读书还要用大笔的钱，小王超老爱感冒，每次都要住院，就在镇上的医院还治不好，必须要去江油的大医院。阿姨说我们去的前几天他们才从医院回来。另外，人活在世上，不能没有人情世故，一到逢年过节，请客的人就很多，现在的礼金一年比一年高，不送、送少都不好。而且王叔叔外出打工，虽说工资不低，但存在老板拖欠工资的现象，实际拿到手的钱并不多。

> 还有我们家这个小的老爱生病，别看他这么乖，就是老生病，每年都要进医院，这刚从医院回来还没有一个月呢，每年都要住两三回。老爱生病，老是感冒。可能是我生他的时候年龄太大了的原因，她们说年龄大了生的小孩就容易生病。
>
> 去年在那边挣了4万多块钱只拿了1万多块钱，剩下的3万多块钱到现在都还没拿到。（刘阿姨）

尽管维持正常的生活需要很多钱，尽管还有3万多元的工资没有拿到，平时既要养猪种地照看家里，又要操心两个孩子的衣食住行，刘阿姨并不觉得生活有多辛苦。两个孩子都很听话，这让阿姨很欣慰，叔叔在外打工也可以放心不少。

阿姨说以前家里没修猪圈的时候比较闲，会经常去打麻将，现在有猪要养，就很少去了。家里有好多漂亮的十字绣，都是阿姨没事的时候绣的，也算打发时间了。

> 那个"一帆风顺"是妈妈绣的，绣了很多十字绣，全都在楼上放着。（刘亮）

逢场的时候，阿姨也会带孩子下山赶场，家访的后两天也是逢场天，我们还在街上碰到了他们母子三人。阿姨和刘亮都说，如果没下雨（我们去的那天正好下雨了，是因为在阿姨家避雨才和他们聊开的），他们会去中学操场玩。阿姨带着王超跑步玩耍，刘亮就和其他孩子打乒乓球。南坝中学是地震之后河北援建的，设施比较齐全，很大很漂亮，只有学生放假的时候才向老百姓们开放。后坪离场镇较远，需要下山，中学就成了后坪村民们的"文化广场"，只要没事，大家都会过来走走，乡亲之间聊聊天，孩子们嬉戏打闹，也其乐融融。

阿姨家门口种了很多花，有凤仙花、菊花、兰花、万年青等，还有一些说不上名字的野花，据说大部分是刘亮向同学要的花种籽自己种的。家里还养有一只画眉，叫声很是好听。阿姨说家里的金鱼也是刘亮买的，他喜欢弄那些花花草草。我们第二次家访的时候，弟弟要赖哭了，刘亮就带弟弟去喂鱼、哄他，小王超竟立即就不哭——原来他也挺稀罕这游来游去的小东西呢。不管是养花种草，还是麻将十字绣，抑或是跑步聊天，都是以前从未出现过的生活方式。他们懂得去发展自己感兴趣的东西，知道如何去打发时间，这样才能尽快地从地震的阴影中走出来。

5. 震后亲属关系

地震的时候刘亮刚上小学一年级，五年后的现在，他已经是要读六年级的大男孩了。刘亮很腼腆，总是我们问什么他才答什么，有时还会不好意思地跑到楼上躲起来，我们买去的冰棍他也不好意思要。据刘阿姨说，刘亮很听话懂事，他们以前卖肉的时候早上很早就出门了，全部是刘亮自己煮早饭吃，然后才去上学。有时阿姨和叔叔上山干活，不用吩咐，刘亮就会在家做好饭，煮干饭、炒肉都会，冬天晚上还会烧好热水等他们。现在爸爸不在家，阿姨平时干活刘亮也会去帮忙。回访那天早上，刘亮很早就和妈妈去了地里，我们等了好一会儿他们才回来。阿姨给我们讲了很多次刘亮很能干，而且每次都是一脸的幸福和自豪。

刘亮特别地疼弟弟，弟弟也很黏他。他知道弟弟喜欢看动画片，喜欢《熊出没》，就让着他，从不和他抢。弟弟有时淘气被妈妈打骂哭了，刘亮会想方设法逗弟弟开心，满足他的要求，或者带他去喂鱼。别看刘亮小小年纪挺懂事的，但毕竟父子连心，还是会很想念在外的爸爸，就算爸爸在家，只要没看见也会经常念叨。

小王超是地震后新生的孩子，今年两岁半，虽然有时会淘气一点，如果不满足他就会耍赖，阿姨也会打骂，但其实家里每个人都很疼他。阿姨觉得，孩子是要管教的，不能什么事情都由着他，不然以后长大会有很多坏习惯，到时候改就晚了。所以，只要王超不听话，阿姨就会教训他。

> 打还是要打的，要是不打由着他来，长大了就更不听话了。哭又没什么损伤，练肺活量的。有的时候打他，他会说，妈妈不要打妈妈不要打。我就给他说，听话就不打你，娃娃要听话，有的时候越哄他哭得越起劲。
> （刘阿姨）

小王超也很聪明，有的时候妈妈打得疼了，他会向妈妈求饶，说"娃娃会听话，妈妈不要打了"，听了这样的话，再硬的心也会化掉，更何况阿姨不是有意要打他的呢。王超喜欢黏着哥哥，更喜欢爸爸，经常都会问爸爸在哪里。只要我们一提起爸爸，他就会吵着要爸爸。

小王超是家族里最小的孩子，所有人都很疼爱他。每次过生日的时候都会给他买很多吃的穿的，姐姐们知道他喜欢看《熊出没》，就下载到手机里，让他随时都可以看。

有懂事能干的刘亮，有聪明可爱的小王超，刘阿姨表示很幸福，为了孩子，累点也是值得的。"再忙再苦再累，还是觉得想得过（开）、挺欣慰了。"

王叔叔家的五姊妹都住在后坪上，平时都有走动，用刘阿姨的话说，"平时可以互相照应一下"。刚地震那段时间，一大家人一起住在过渡房里，同吃同喝，互相安慰，共渡难关。现在阿姨有时上山干活，把小王超交给亲戚照看，就可以放心地干活了。我们回访那天，就是在王超的三孃（王叔叔的三姐）那里找到他的，才知道刘阿姨带刘亮去地里面了。

> 亲戚都在这后坪上，有什么事还可以照顾一下。我一般上山干活就把小的放在那些孃孃家照看。我们当时几家都住在一起的，煮饭我们都煮大锅饭，有什么就煮着大家一起吃，就是一大家吃大锅饭。弄个大床，铺个大铺，都在那睡。（刘阿姨）

6. 震后心理变化、价值观、人生态度的改变及心理解脱

地震带来的创伤是巨大的，尤其是对于像刘阿姨这样从未出过远门、一心操持家里的农村妇女来说。阿姨说，看到房子垮了，觉得很害怕，"那段时间连门都不怎么敢出，都不敢走远了，每天就在家里守着，根本不敢往哪里走。都是提心吊胆的，余震又多得不得了，一直都在摇"。东西全部都砸坏了，需要重新置办，有的时候感觉很无助，看到死去孩子的尸体，心里特别难受，有时还会做噩梦。失去亲人、失去家园的痛苦，大概是常人难以理解和承受的。

> A：有哦，当时都哭哭哭，摇了地震所有人都在哭，你也哭我也哭，不说还好点，有时候一说就几个人抱在一起哭。才摇了地震的时候都在哭，又没有什么事做。
>
> Q：晚上会不会做噩梦？
>
> A：要，特别是死的那些孩子，看着好造孽，那些死的孩子全部摆在那里，摆了一坝又一坝。

讲到那些死去的孩子的时候，我分明看到阿姨的眼泪了，她还用手机遮住脸，假装在玩手机，后面的好几分钟都没有和我们说话——时间过去这么久，阿姨想起死去的大儿子，还是会忍不住伤心。但是时间是抚平伤口的良药，随着家里新房的建成和小儿子的诞生，失去孩子的伤痛在渐渐隐藏，新的生命新的家让阿姨觉得生活又有了希望。

Q：会不会晚上不敢睡觉、很紧张什么的？

A：开始有一点，后面就没有了，随时都在摇，就习惯了。如果有一段时间没摇，都还有不适应的感觉，完全成为习惯了，还会经常念叨。

Q：才地震的时候那么难过，什么时候又好一点的呢？

A：时间长了慢慢就好了，那么多人都能过，每家都是那样的，你再伤心又能怎样，日子还是要过的。房子修了，孩子也有了，就高兴。

阿姨表示，现在一般不会再去想以前的事情，"想起就伤心，想了就是连觉都睡不着"。希望现在的家庭能让阿姨燃起新的希望，日子越过越好。

7. 情感缺失及家人扶持

地震让刘阿姨失去了大儿子，感觉生活缺了一块，于是想要再生一个孩子来填补心中的孤单。生下孩子后，王叔叔继续外出打工挣钱，家中又少了一个可以聊天的人。也许是知道妻子孩子会挂念，王叔叔每天都会打电话回家，问问家里的情况，和孩子说说话。这样，即使不在家也能随时了解家里的情况，让妻子和孩子有自己在身边的感觉。每天向家里报平安，家里人也不用太担心。可能开始不太习惯，日子一长，也就习惯了。

Q：叔叔会经常打电话回来吗？

A：会，他每天都要打，每天晚上七八点打过来，从他前年出门打工开始，没有哪一天不打电话的。

Q：那他出去你会想他吗？

A：时间长了就没什么了，他每年都在外面打工。

8. 政策性社会支持

刘阿姨夫妇的大儿子在地震中遇难，按照国家政策，每个孩子赔偿5万元，还要给孩子的父母买社保，使他们老有所养。刘阿姨和丈夫也没有例外，同样获得了赔偿。刘阿姨提到，有的家里条件困难的，还有其他私人的捐赠。

地震的时候家里房子全部垮塌，东西全部埋在废墟中。面对这样的损失，刘阿姨说，其实自己当时没有怎么打算今后的生活。因为觉得这么大的自然灾害，国家肯定是会管的。果然，地震后没几天，救援队伍来了，志愿者来了，慰问的领导也来了。民政部门给每家都发了一顶救灾帐篷，作为暂时的容身之所。地震后的一年中，各种救灾物资从未间断过，吃都吃不完。这些东西，解决了老百姓的燃眉之急，多少减轻了些灾区人民的恐慌心理。

9. 对今后的打算

谈到对今后的打算，刘阿姨表示没有太长远的计划。小王超马上就要读幼儿园，还没有拿定主意送去哪家。刘亮也马上读初中了，成绩不用人操心，可能就在南坝中学读了，孩子能读到哪他们就供到哪。我们觉得叔叔外出打工对孩子的成长不利，所以关于以后的生计问题，我们提议叔叔可以回到家里干活，比如继续卖肉。但是阿姨说回来没什么事可做，现在去卖肉没有老顾客，一点也不好卖。好像除了挣钱养家，没有考虑太多其他的东西。

Q：爸爸是不是准备还完贷款就回家，就不出去打工了？

A：还是要出去打工吧，不打工在家里干嘛？还是要多少挣点，两个孩子要读书要用钱。不去打工就在家里又没有钱。

Q：在家里也可以干活啊。

A：做什么呢？我们这当地又没什么活可干，种地又没有地可种。

最后，我们和阿姨谈到日后的养老问题。第一次家访的时候，阿姨明明说因为家中死了一个孩子，国家给夫妻俩都买了社保，这也是国家政策明文规定的，不知道为什么回访的时候阿姨一口咬定说没有买社保，只说以后要是没法挣钱了，就靠儿子供养。不知是不是我们的谈话有冒犯的地方，让阿姨不想正面回答我们。

Q：那你们不买社保，以后老了没法挣钱了要怎么办？

A：老了没办法就趁现在年轻使劲挣，挣不到就靠以后孩子长大了供我嘛。

不管是真的没有打算，还是只是阿姨不愿告诉我们，都可以看得出，至少现在一家人的生活过得还是不错的。地震带来的痛苦是巨大的，但相信他们总有一天会完全释然，走出这片阴影，过上真正幸福的生活。

（三）地震中丧子的大家庭典型案例分析——张家兄弟（张家老大、老二）❶

张家老大——丧子无再生家庭（现家中仍有一子）。

家庭成员简介：

张家老大：46 岁，残疾，劳动力弱，在家。地震前在外打工受重伤，现在行动不便，只能在家做饭、干点轻松的活，平时看看电视，很少出门。和我们谈话时很不自然，对小儿子的死比较避讳。

老大媳妇王嬢：40 岁，在政府食堂做饭，每天三顿，下午 1 点到 4 点在家，是家中的主要劳动力和经济支柱。据说现在还会经常梦到小儿子。勤快、老实、孝顺，对丈夫的残疾毫无怨言。

老大家大儿子：现年 21 岁，在自贡读大学，会计学专业，每月生活费1000 多元。亲朋评价其很懂事，就是有点腼腆，和陌生人多说几句话就会脸红。和老二家小弟弟关系很好。

老大家二儿子：8 岁，地震中遇难，当时就读于南坝小学。

其他亲戚：

男方：张父，张家老二（一家三口，后有详细介绍）。

女方：王母（60 岁，家在响岩，帮儿子带孩子，会经常到大女儿家看望、帮忙干活）；王弟、弟媳及儿子（两夫妻在白马打工，这次暴雨停工才下来看看姐姐。地震中失去一个 7 岁的儿子，现在的儿子 2 岁）。

家庭概况：

张家老大震前打工时脊柱受伤，现在算是一名残疾人，但是没有从工地老板处得到赔偿，政府也没有给他任何补助。因为受伤的原因，根本没办法干活，只能待在家里面做一些轻农活和家务。大儿子在自贡读大二，花钱多，小儿子在地震中遇难，全靠媳妇王嬢在政府里煮饭挣钱。因在地震中丧子，国家有给夫妻俩买社保，补贴 5 万元。地震过后在原地基处重新建房，仍有银行贷款未还。家里种地不多，没有喂猪。和老二家处于分家状态。目前家庭条件较艰苦。

张家老二——丧子再生家庭。

家庭成员简介：

---

❶ 两兄弟在震前已分家，震后房屋建在一起，仅一墙之隔，共用院子。

张家老二：40岁，地震之前就在跑车拉货，主要是帮人到成都调货。前后加起来跑了将近10年，每跑一次净赚600~700元。因为地震丧女曾一度很消沉，直到再次有了孩子才振作起来。现在有自己的货车，仍在拉货。

老二媳妇：今年冬月（农历11月）满31岁，嫁给张家老二的时候还不到20岁，外人评价比较要强。在张家老二的姐姐的理发店里当学徒时认识的，于2003年结婚，娘家在石坎。现在在小学门口开了个玩具店，放假的时候就关门休息，平时下午会夫麻将店打麻将。女儿和母亲在地震中丧生，比较愿意讲家里的事情，很坚强。会经常想念女儿，也爱现在的儿子。

儿子松松（化名）：4岁，2009年5月1日生，顺产。读幼儿园，长得很结实，很顽皮，妈妈说儿子不太听话。很喜欢哥哥姐姐，和老大的大儿子关系特别亲，天天挂念，知道自己还有姐姐，会体恤母亲。

女儿：6岁，地震中遇难，当时读幼儿园，很可爱又听话。

张家父亲：现年70多岁，和老二一家一起住。身体不太好，患有痛风、高血压、酒精肝等多种疾病，但这两个月还比较精神，能够自己活动，要抽烟。老伴在2009年因病去世。

其他亲戚：

男方：张父，张家老大一家。

老大家：父亲，姐姐，姐夫，姐姐的女儿；母亲在地震中遇难，情况很惨，由姐夫帮忙掩埋。

家庭概况：

老二家经济较好，和父亲一起住。男主人地震之前就在跑车拉货，2008年1月买了原来车主的车开始自己跑车，车花了2万元，前后加起来跑了将近10年。每跑一次净赚600~700元，好的时候如果拉药材可以挣1000多元。每月好的时候有七八趟，最差的时候只有一两趟，每跑一次可挣将近1000元。地震的时候在外面跑车，第二天下午才翻山回来。开始对于女儿的死很消沉，每天喝四次酒，也不愿意出去跑车，说挣钱已经没有意思，知道妻子怀上了第二个孩子，才又振作起来。妻子开始经常抱着女儿的照片哭，老二就把照片藏起来，直到妻子产下第二个孩子才把照片拿出来。地震后有过外遇，对象是妻子的好朋友，还因此和妻子离婚，之后为了孩子又复婚。没有想过要出去打工，主要是自己一直在家里做事，出去什么也做不了，家里孩子还小，又要照顾生病的父亲。觉得自己年龄太大了，等到儿子大了读书要用钱的时候已经没有能力挣钱了，就花了大笔钱给儿子买了新华阳光保险，交够 5 年，每年 1.1 万元，也就是 5.5 万元，到 18 岁就可以拿钱，一共可以拿 17 万元，觉得算起来还挺划得来的，一次性买了好多份。

老二媳妇在南坝小学外开了一个文具店，生意不错，放假的时候就关门，在家里带孩子，有时会去打牌。女儿遇难时 6 岁，很痛心。小儿子今年 4 岁，很顽皮。房子也是贷款修的，当时贷了 5 万元，利息都还了差不多 1 万元了。家里电脑的桌面都用的是女儿和儿子的照片。没有想过要出去打工和以后要做什么，就是把店开着，把孩子带大。地震后两个月就怀上了第二个孩子。当时一直觉得自己怀的是个儿子，家人也想要生个儿子，但生出来之后又非常想要个女儿。以前很瘦，生第二个孩子的时候奶水很少，吃了很多补品都没用，反而自己长胖了。地震后因为丈夫有外遇，离家几个月，后为了孩子又回来了，但其在接受访谈时并未提及这点。现在夫妻关系和睦。

图 1 为张家兄弟关系图。

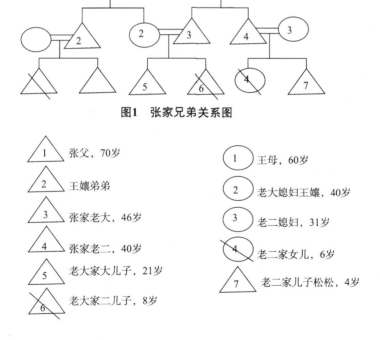

图1　张家兄弟关系图

△ 1　张父，70岁

△ 2　王嬢弟弟

△ 3　张家老大，46岁

△ 4　张家老二，40岁

△ 5　老大家大儿子，21岁

△ 6　老大家二儿子，8岁

○ 1　王母，60岁

○ 2　老大媳妇王嬢，40岁

○ 3　老二媳妇，31岁

○ 4　老二家女儿，6岁

△ 7　老二家儿子松松，4岁

1. 生育观念

老大家有两个儿子，大儿子现在 21 岁，在自贡读大二。老二在地震中丧生，当时 8 岁，就读于南坝小学。在震后第一天就被挖出来，挖出来时已经面目全非，因为老大家媳妇在外地打工还未回家，老大也没在现场，弟媳妇怕哥哥承受不住，先拿床单将孩子包了起来。在地震后，老大家并没有再生小孩。在我们访谈时，老大只是含糊地表达丧子这个意思，不大愿意正面回忆这件事情。谈起其他丧子家庭，表示说年纪大了或是原先家里已经有一个，就没再要孩子。

> 原来家里还有一个。有的年龄太大了，就不会生了。（张家老大）

老二家原先家里是一个女儿，当时 6 岁，就读于南坝小学的幼儿园。在震后第三天才被挖出来，母亲表示她的孩子挖出来时还是很漂亮的，一点伤都没有，只是脖子断了。在地震后两个月，怀上了现在的小儿子，这个儿子是在 2009 年 5 月 1 号生的，很是调皮。但是这个孩子，让每天要喝四顿酒的父亲、每天想到女儿就以泪洗面的母亲鼓起勇气重新过日子。

> 每过两个月，就去医院检查，医生就劝我不要怄气，自己放宽心，不然对孩子不好，我就想已经走了一个了，这个孩子生下来一定要让他健康，就慢慢想开了。

> 人家喊他去跑车他说不想去了，他说我挣了钱做什么，我不挣，挣了一点意思都没有。地震都差不多两个多月了，我怀上了这个孩子，就劝他，他还是就想通了，他就去跑车，我每天跟着他一起。（老二媳妇）

2. 震后生计方式的改变

张家老大在地震前就残疾了，干不了重活，只是在家煮煮饭。而媳妇王嬢在地震前一直在外地打工，据弟媳介绍，地震时，嫂子不在南坝，还离得蛮远的。地震后，因为丧子，丈夫又残疾，政府给了补助，并且买了社保，又让她在政府部门帮忙做饭，平时回家比较方便。王嬢成了这个家唯一的经济支柱，平时除了做饭，还要照料家里的几分地和几只鸡，因为老大身体残疾，没有力气养猪，只能养鸡。但是地震重建房子的贷款一直没还完，连利息都还不起，又有一个儿子在读大学，都需要花钱，现在这家人只能寄希望于儿子，等他毕业后，希望家里的境况可以改善。

张家老二在地震前就一直在帮人跑车，2008 年 1 月份才跟人买了现在的这个二手车，换成自己跑车。而老二媳妇在地震前，一直专心在家带着自己的女儿，所以女儿的逝世对她的打击特别大。地震发生不久后，需要拉救灾物资、拉材料，很好赚钱，但因为女儿在地震中遇难，张家老二不愿意去挣钱了，觉得自己挣钱失去了意义。后来因为妻子怀了现在这个小儿子，在妻子的劝说下，张家老二才重新振作起来，有了赚钱的欲望。夫妇俩在地震后一块跑车。在生了小儿子后，老二媳妇就在南坝小学门口开了一个玩具店，有学生上学的时候开，放假时就关掉。家中也有几分地，并且养有猪。虽然家中境遇比起老大家好了很多，但是老二媳妇说，这两年跑车的钱也不好赚了，特别是今年暴雨，一个月都跑不了两趟。我们提及镇上有许多人出去打工，问是否有过这个念头，老二媳妇说，暂时没想过，毕竟年纪大了，而且帮人打工也挣不了几个钱，家中还有老人、小孩需要照顾。

（注：Q 为笔者，A 为受访者，下同）

Q：叔叔说不想出去打工，主要是没什么好做的还是说舍不得你们呢？

A：还有个原因是孩子还太小，老人又有那么大年龄了，也有那个原因。我们这个老人又有很多病，特别是这两年，病得很厉害。他走了之后，我一个人又要弄孩子又要弄老人，照顾不过来。他出去跑车，早上出去，晚上就回来了，我就在家里带孩子。

3. 教育观念

张家老大家的儿子现在在自贡读大二，张家老大说，自己的小孩只有没钱了才会打电话回家，跟一般的大学生差不多，在学校没做什么兼职，害怕热，受不了兼职那份苦。而弟媳妇和邻居家说老大家的小孩很孝顺，就是比较腼腆，说几句话就脸红，但还是听话。

Q：那儿子平时出去上学，是你们打电话给他还是他打电话给你？

A：他没钱了就给我们打电话。

Q：那老大家的老大多久打一次电话回来？

A：还是经常打，他们家老大很懂事，就像女孩子性格，话少比较腼腆。不认识的人多说几句话，脸都要红了，他很听话的。

老二家媳妇在地震前，专门在家照顾女儿，现在在小学门口开了一个玩具店。小儿子松松今年四岁，正在读幼儿园，很调皮，母亲并没有让他参加暑假班。考虑到夫妻俩年纪已经大了，将来小孩读大学正要钱时，自己已经年纪大了挣不到钱，于是帮儿子购买了保险。虽然这导致家里偿还贷款的进度减慢，但为了长远考虑，一定要坚持交钱。

> 我们给他买了新华阳光保险，交够 5 年，每年 1.1 万元，也就是 5.5 万元，到 18 岁就可以拿钱，一共可以拿 17 万元，算起来还挺划得来的，一次性买了好多份。他爸觉得自己年纪太大了，已经 40 岁了，就想着等到孩子像你们这么大，20 来岁上大学的时候，正花钱，他再供十多年二十年就 60 岁了，也找不到钱，也是为了孩子。贷款就放在那里没还，就多给一点利息。今年保险已经给够了钱，不用交他的保险钱，就会好一些了。（老二媳妇）

4. 震后家庭结构的改变

张家老父亲现在是跟着张家老二住的，老大、老二两家人虽然在地震前就分家了，但是关系还是一直很好的。在地震刚发生那段时间，一直是同吃同住。直到现在，有时也会一起吃饭，彼此在生活上的东西不会计较太多。而在我们回访的时候，遇到对张家比较熟悉的邻居，邻居说老二在小儿子出生后不久，和老二媳妇最要好的朋友好上了，两个人因此闹离婚，老二媳妇离家出走，老二一个人忙不过来，那段时间，一直是哥哥嫂嫂在帮忙照顾孩子。老大家小儿子在地震中丧生，在地震后并未再生小孩，现在只剩在读大二的大儿子。老大的身体情况每况愈下，今年已经开始有点小便失禁，全家都靠着媳妇王孃一个人撑着。王孃心地善良、任劳任怨，弟媳说，嫂嫂还是会经常想起已经过世的小儿子。

老二家的女儿在地震中丧生，老二媳妇的妈妈也在地震中被石头砸死。震后新生的小儿子，给这家人带来了新的希望。老二媳妇说自己还是很坚强的，死了女儿又死了妈，还是挺了过来。但是说有的时候想想还是会很恼火，"我都 31 岁了，我的儿子才 4 岁。之前的女儿那么乖，那么好，现在这个实在是太调皮了。虽然有的时候又会觉得他特别地懂事，懂得照顾自己"。

我们问他二哥哥❶，他就说我二哥哥和我姐姐一起去了，我二哥哥也死了，我姐姐也死了，他们都到天上去了。他以前问，我们就告诉他，姐姐去天上了，所以他就记住了。他还是很照顾我，有的时候，我和他爸吵架，他就说，爸爸你不要骂妈妈，有的时候还是觉得他特别懂事，但是还是太调皮了。（老二媳妇）

5. 震后生活压力、生活质量及精神生活

老大的儿子在读大学，上学要交学费，平时吃穿都要用钱；家里只有很少的地，粮食和菜大部分靠买，日常开销还是挺大的。而家里能赚钱的人只有媳妇王孃，一家人的经济状况颇为窘迫。在访谈的时候，张家老大一直摆弄着一副长牌，但是老大说自己没事就在家看看电视，不会出去玩长牌，因为玩长牌是要赌钱的，没有钱就不参加了。虽然家中境况很差，王孃倒是从来都没有抱怨过，张家老大也知道自己媳妇好，夫妇俩从来没吵过架，很是和睦。

Q：那张家还在种地吗？

A：没有多少，老大没法做，那年还摔了一跤，我们都去看了的，拄了个拐杖，现在已经不怎么能活动了，以后老了恐怕要瘫痪，从今年开始连尿都憋不住了，他还好年轻，才四十多岁。

Q：那他老婆岂不是还要照顾他？

A：是啊，就是给他洗东西，饭是他自己在屋里煮着吃，煮饭他还可以，就只是帮着他洗。这个媳妇还是好，要是换作别人，早就嫌弃他了，人家这么多年，任劳任怨，从来不抱怨，脾气好得很。

张家老二因为做的是跑车生意，在刚地震那段时间，生意很是不错，但是这几年，因为镇上的人都外出打工，特别是今年天气又不好，拉货的需求减少，生意越来越不好做。老二特别喜欢做饭，平时家里的饭都是老二在做。跑车回来时，就帮忙照顾下家里。老二媳妇的玩具店只在学生上学的时候开，放假没事就会去附近打打麻将。这两年，因为帮儿子买了保险，所以偿还贷款的进度变缓，但这家人总体上的生活压力还是比老大家轻些。

6. 震后心理变化、价值观、人生态度的改变及心理解脱

张家老大在接受我们的访谈时话很少，基本上是问一句答一句，且表现得

---

❶ 指老大家的老二。

不太自然，比较被动，对自己家里的状况，不太愿意提及。只是半开玩笑地跟我们说，家里什么都不多，就是贷款多。他对政府不满意，觉得当时平武受灾严重，虽然国家政策很好，但是当地当官的不行。

张家老二在地震刚发生时，消沉了一段时间，老二每天要喝四顿酒，不愿意出去跑车，觉得女儿死了，自己赚钱也没什么意思了。媳妇每天看着女儿的照片就要掉眼泪，甚至在刚怀上小儿子时，还是很难过无法释怀。医生一直劝着她为了小孩，不要跟自己怄气。慢慢地想通了，夫妇俩才振作起来，一起去跑车。一开始，周围的人都说再生一胎怀个儿子就好了，老二媳妇自己也觉得这个想法不错，并且一直相信自己肚子里是个儿子。后来生出来后，确实是个儿子，却发现自己最想要的还是女儿，丈夫也说要是个女儿就好了。

7. 情感缺失及家人扶持

刚地震后的困难时期，老大老二这一大家子人一起住在自己搭建的过渡房里。两家遇难的两个小孩也是埋在一块的，每年过年、孩子生日时，他们都会一同上山祭奠这两个小孩，给他们带点玩具、鞭炮。

> 地震之后那两个月，我们这住了很多人。我们两家合在一起有七八个，还有他们舅舅那一家，也住在这里，有十多个人，每天都在一起吃饭。
>
> 女儿过生日的时候，我们就要去那山上给她买点东西，买点吃的、玩具，还有过年的时候，买些鞭炮、烟花那些孩子玩的东西给她烧。这么多年了，走到那里去，眼泪还是止不住地往下流，还是给她砌了一个小坟。
>
> 我们两家的孩子是单独埋的，没有和那些小孩一起。和哥哥的孩子一起，他们两兄妹埋在一起。（老二媳妇）

张家老大的小儿子在地震第一天就挖了出来，已经不成人形。弟媳妇怕哥哥看了受不了，便先用被单包起来。张家老大的瘫痪情况越来越严重，但是媳妇王孃一直毫无怨言地照顾这个家。王孃的妈妈心疼女儿，会经常过来看望并帮忙干活。

> 当天下午就把老二找到了，想到当时那个场景，真的是好恼火啊。掏出来的时候，我在那里，哥哥还没来，嫂子在外面打工。嫂嫂那阵不在家，还挺远的，只有哥哥在，哥哥那阵没在跟前，等到哥哥去的时候，我已经用被子那些把老二包起来了。孩子的样子很惨，脸都变形了，偏向了

一边，已经不像个人样了。我看着好心痛，就用布把他包了起来，心想哥哥来了肯定会更心痛。（老二媳妇）

发生地震时，张家老二那天刚好出去跑车，不在南坝。而女儿是在第三天才挖出来的，当时老二家媳妇想着女儿没了，自己的丈夫出去跑车在路上肯定也是没了的，整个人已经处于绝望状态。幸好，老二那天所在的地方地震并不严重，老二走山路回了南坝，路上遇到熟人，就托他们先告诉媳妇说自己没事。得知丈夫还活着，老二媳妇顿时宽慰了许多。

老公都是第二天下午才走路回来的，他把车子停在松花里，从对面那个山上翻回来的。他还没走到家，看到了熟人，就给熟人说回来一定要找到我，给我说一声他没事，我心里当时就松了一些了。我就想女儿没有了，他还在。（老二媳妇）

老二家的女儿乖巧懂事，女儿死后，老二家媳妇看着女儿照片就掉眼泪，为了不让妻子再伤心，便把女儿的照片藏起来，直到第二个孩子生下来才又把照片拿出来。但其实他自己心里也不好受，那段时间极为消沉，每天在家喝四顿酒，也不愿意出去跑车，觉得自己赚钱失去了意义。媳妇看着很心疼，但却找不到办法来安慰他，只好放任他一直喝酒。老二以前当兵时的战友会经常来看望他，陪他喝酒开导他。重新怀上小孩后，老二觉得应该为了孩子考虑，在妻子的劝说下才继续出去跑车。为了给丈夫更多的支持，媳妇和丈夫一起去跑车，她也劝慰自己要让自己肚子里的宝宝健康，不能再怄气。

刚开始那几天真的很恼火，每天就抱着女儿的照片哭。老公就很生气，就把照片抢走藏起来，我一直都没找到，直到生了这个小孩，他才把照片拿出来。地震都差不多两个多月了，我怀上了这个孩子，就劝他，他还是想通了，就去跑车，我每天跟着他一起。（老二媳妇）

8. 对今后的打算

老大一直很沉默，对家里的事情不愿意多讲。

老二家可能因为新生了一个小孩，倒是对未来有了一定的打算。考虑到自己年纪大了，等儿子长大要用钱的时候自己却已经挣不到钱了，于是就先帮小儿子买了保险，预备将来读大学时用。其余的倒是没多想，就想着把孩子抚养大点，做什么事情也会方便些。

现在就想着等他大一点，我就先把我的小生意做着，把孩子带好。想做大点的生意也不行，想出去打工也不可能，还能做什么？只有先这样。（老二媳妇）

（四）地震后无人员伤亡家庭典型案例——张孃家

家庭成员简介：

张孃：家庭主妇，原来住在沟里，地震后全家搬到后坪上。家中有种的地，每天在家照顾患有帕金森的85岁老母，但对母亲的态度不是很好。一般下午会去打麻将，对给过自己帮助的人评价很高，很希望能和女儿在一起。

李叔叔：在新疆打工，5月出门的，11月左右会回，入赘到张孃家，父母都健在，七十多岁。

大女儿李燕（化名）：1993年4月生，现在在上海打工，已有两年。在电子厂车间工作，会经常打钱回家，开始每月只能挣1000多元，现在有3000多元，妹妹今年读书的学费是她给的。上班两班倒，每年过年回家。

小女儿张丽（化名）：1997年腊月生，地震时在小学，被压在教学楼下幸免于难，受伤在医院躺了将近3个月，现在说起地震还是很怕。很懂事，今年中考没有考上平武中学，便去绵阳读职业学校，现在在绵阳打暑假工。

张母：85岁，地震前就患有帕金森，地震后越发严重，但头脑清楚，很喜欢和外孙女一般大的孩子。

家庭概况：

张孃家原来住在沟里，是地震之后搬到后坪上买别人的地基修的房子，贷了款，丈夫和大女儿都在外打工，但挣的钱不够还贷款，只好先欠着。母亲得了帕金森，所以张孃留在家里照顾老人没有外出打工。丈夫是上门女婿，在家任劳任怨。大女儿在上海打工，会经常打钱回家，很关心家里和妹妹的情况。二女儿在地震中幸免于难，但有心理阴影，很懂事，会经常安慰父母不要担心钱的事情。中考没有考上高中，报了绵阳的职高，职高的老师给找了暑假工，现在在绵阳打工。

1. 地震后生计方式的改变

在地震之前，张孃和丈夫在南坝小学后面的瓦场工作维持家庭生计。地震后，因为老家房屋垮塌，迫使张孃一家从原先住的沟里搬到后坪上，在地震后经济窘迫的情况下，购买别人的地基并且修建房子。张孃的母亲因为患有帕金森综合征需要长期服药，这让他们的经济变得比震前更拮据。这种情况下，张孃的丈夫李叔叔在震后第二年到新疆打工，以帮人烧电焊为主。但因为新疆地区冬季十分寒冷没法工作，所以李叔叔一般在五月份出发，在十一二月份回家；大女儿李燕在震后第三年外出上海打工，在上海一家电子厂，最开始工资是1000多元，现在已经涨到3000多元。这份工作很累，李燕有换工作的想法。但是张孃安慰她说工作难找，不要轻易辞工，但是又希望女儿能离家近些，就告诉李燕如果实在不行，就回到四川工作，彼此近些，回家也方便。

> 一年才回来几天，前年回来过年，没有火车票就买的机票，1700多呢，一个月的工资就又差不多了，但是想回来也没有办法，回来过个年就又去了。我就说，如果明年那边不好做，就直接回成都来，回来要近些。
> （张孃）

张孃本人因为需要照料生病的母亲，无法外出打工，只在地震后去新疆摘过一次棉花，挣了600元买了一台电视机。虽然家中老大和老公都外出打工，两人每月轮流往家里面寄钱，但是钱还只是刚刚够用，目前也只能偿还贷款的利息，连本金都还不上。今年的暑假，刚刚初中毕业的张家老二张丽也在老师的帮助下到绵阳打暑假工挣钱。

2. 教育观念

地震时，李燕和张丽分别为南坝中学、南坝小学的学生。李燕在地震那年刚好是初三，学校的教学楼垮了，李燕当年连毕业试都没考，去绵阳读了两年书后，包分配进了上海的电子厂工作。张丽是今年初三毕业，因为考不上南坝中学，选择去绵阳一家设计学校读书。据张孃介绍，这家设计学校要求一次性交完三年学费2000元，之后每年会返还1500元，毕业后还会包分配。这所学校分三年和五年制的，五年制出来后就是大专文凭，爸爸希望张丽可以读五年制的，但是张丽自己报的名，张孃也不清楚孩子最后的选择。其实一开始张孃希望张丽读的是另外一所学校，毕业之后会直接分配进邮局工作，比较轻松，但张丽自己选择上的设计学校。

在这里，要提及一个小插曲，在张丽没考上南坝中学后，张孃想过让李燕帮张丽在上海的厂里找一份工作，但因为张丽年纪太小，对方不敢接收才作罢。张孃说现在让张丽继续读书，只是为了把年纪混大，以后还是会让她去打工。

3. 地震后生活压力、生活质量及精神生活

> 地震的时候什么东西都没有了，烂的烂，没的没，就好像是重新建了一个家。（张孃）

地震之后，重新修建了现在居住的房子，张孃留在家里照顾母亲，丈夫就外出去了新疆打工。张孃觉得地震后，家里经济条件比地震前更加困难。因为银行的贷款利息很高，家里一开始全靠丈夫在挣钱，还有一个孩子在读书，母亲的病也需要吃药，加上平时走人户、送人情，开销不小。虽然现在李燕也能赚钱了，和丈夫两个人轮流往家里寄钱，但还是远远不够，钱只是刚刚够花，每年只能偿还利息，连本金都还不上。而这个还利息也是有讲究的，到了一定的年限，就要去转一次，不转的话，利息会升高，升到九厘多，是高利息；转一次的话，就会是五厘多，是低利息。但是要转的话，需要先把利息还清，所以张孃家陷入只能一直还利息的怪圈。

张孃平时除了照顾母亲，闲着没事就会去麻将馆打麻将，或者在家里看看电视。地震似乎没有给张孃留下太多的阴影，张孃在三八妇女节时，还跟队里的妇女们在队上的组织下去看了新北川，也会看《唐山大地震》的电影。但是张丽是受不了的，张孃说，张丽一看到跟地震有关的东西，就会走开。

4. 地震后亲属关系

张孃家两个女儿，在地震前就已经非常懂事听话。据张孃介绍，两个孩子在地震之后，更加懂事，会主动为家庭考虑。张丽虽然刚刚初中毕业，但是已经会主动宽慰母亲不必过分忧虑贷款的事情，她常常说，等自己和姐姐能赚钱了，就可以偿还贷款。并且在生活方面，会主动为家庭省钱，若是张孃给她10块钱，一般她花个一两块就足矣。但是，她会主动地要求为母亲花钱，并且对自己开始能赚钱后的生活充满期待，希望自己能赚钱后，可以为家庭分忧，让自己的母亲享福。

李燕在上海打工，妹妹上学的学费就是她寄回来的。因为路途遥远，李燕一年只能在过年的时候回家，今年因为买不到火车票，只能乘坐飞机回家，虽然花去了将近一个月的工资，但是张孃说多贵都得回一趟家，甚至希望李燕可以回到四川工作，即使工资比上海的低，但是离家近，来回比较方便。张孃因为需要照顾家中患有帕金森综合征的母亲，没办法外出打工，只能在家里面待

着，一方面希望自己的家人外出打工可以挣到更多钱偿还贷款；另外一方面又希望家庭团圆，希望女儿留在自己身边。

5. 地震后心理变化、价值观、人生态度的改变及心理解脱

张丽是在地震当天晚上的 7：00 挖出来的，一开始，张孃只在张丽的位子上挖到她的书本，可是找不到人，整个人已经绝望，想着自己的小女儿肯定没了。后来是丈夫先找到张丽，两个人没有工具，靠双手慢慢地掏，把张丽从死了的孩子中间扯出来，张丽才有了第二次生命。刚地震，路断了，夫妻两人被兵哥哥带着绕山路去绵阳城里治疗。张丽每天都需要电疗，因为实在太痛，到后来看到医生就害怕。医生劝张孃夫妇带张丽去重庆治疗，效果会好些，但是张孃不敢，医生又说，那你就不要不忍心。张孃夫妇在绵阳城里照顾张丽将近三个月，才重新回到南坝。

刚开始，张丽很敏感，不敢一个人睡，每晚都需要跟着张孃一起睡，这两年好些了，但还是很敏感，见不得任何与地震有关的东西。在我们采访张孃的一个多月前，当地曾经有过一次小地震，张孃本人根本没发现，但是张丽突然在二楼喊着妈妈地震了，然后跑出了房子。

6. 情感缺失及家人扶持

张丽在地震中死里逃生，虽然生理上的病痛在绵阳三个月的治疗之后已经基本上好了，但是心理上的坎一直迈不过去。张孃说，在最开始的几个月，因为余震不断，张丽晚上完全不敢一个人睡觉，一点风吹草动就惊醒。回到学校后，发现班里很多同学在地震中遇难，关系好的同学死了两个。因为张丽从小每年六一都参加跳舞，看着以前的照片，想到遇难的同学，就会掉眼泪。张孃不想让她压力太大，就把这些照片藏起来，还常常带着她出去玩，转移注意力，让她不要想太多。现在张丽的心理状况已经恢复得差不多，但依然对与地震有关的东西很抗拒。

7. 社会支持

地震刚刚发生时，因为路断了，南坝镇成了孤岛，外面的救援力量进不来，许多村民展开了自救。尤其是南坝小学垮塌，镇上许多人自发前去小学的废墟帮忙，不管有没有自己的小孩子在里面。第二天，开始有部队进驻南坝，因为路还没修好，大型器械进不来，这些兵哥哥都只能徒手挖，家里没垮塌的村民又跑回家取了钢钎和锤子帮忙。在一个星期后，兵哥哥开始搭军用帐篷给村民居住，因为路还是没通，物资和搬运伤员都是用滑竿抬着走山路。

　　Q：小学是解放军去挖的，还是家长自己去的？

　　A：家长也去挖，第二天那些当兵的来了也去。

　　Q：当时有大型的机械吗？

　　A：没有，怎么可能会有大型的机器呢？机器都开不过来，只有那些家里房子没倒的，跑回去取些锤子、钢钎去撬。我当时都快急昏了，又要急大的又要急小的，初中那个还不知道是什么情况，我一跑出来就去学校里面看，很多地方的路都断了，那些要去绵阳的人就只有走山路，就拿些滑竿把伤员抬出去。那些当兵的很辛苦，那么大的太阳还要连着做，那些当兵的孩子在家里面也是娇生惯养的，扫把倒了都不会扶一下，任务来了没办法，那些孩子的脚都走红走肿了。不仅是走还要抬那么重的东西，他们还要把帐篷、吃的送到家里去，背上一大包，很累。

张丽在绵阳住院期间，有志愿者前去看望张丽，一直陪着张丽、鼓励她，带她出去玩，给她买东西，直到现在双方依然有联系。在张丽住院期间，一切治疗都是免费的，并且有食物免费供应给张嬢，在我们访问时，张嬢一直在说，现在的政府还是好，那么大的灾难，人都蒙了，政府还是好。

　　这些孩子都很好。地震的时候，张丽在绵阳治病，那个时候来看她的学生现在他们都还有联系，现在还在网上聊天，张丽喊她梅姐，叫付红梅，两个人好得不得了，把她当亲姐姐一样。那天过六一，几个学生带她出去玩，给她买汉堡包还有好多东西，在饭店里面炒的肉，把瘦肉都挑给她。她们到现在都还在聊天。我们张丽在绵阳住院住了多久，她们就陪了多久，走的时候都很舍不得，比亲姊妹还要好。她们那时候写的日记都还在，现在拿出来看都会流眼泪。张丽读书的时候，周一至周五在学校，周六回来的时候两个人就在Q上聊天。现在这些女孩子都很好，我们张丽最喜欢和这些结拜姐姐玩。那个付红梅是1991年的，比我们李燕大不了多少。（张嬢）

8. 对今后的打算

对于今后的生活期望，张嬢像无数朴素的母亲一样，希望自己的女儿可以找份好工作，找个好归宿。张嬢希望自己的女婿是四川的，离家近些，平时往来会比较方便。其至觉得如果是上门女婿，那会更好，母亲总是希望孩子能一直留在自己身边。但是因为贷款的压力，自己的老公、女儿不得不外出打工偿还贷款，张孃在说时语气也其是矛盾，后面又豁达地说，没办法想那么多了，日子先过着吧。

四、影响综合分析

（一）社会支持

2008 年"5·12"汶川大地震是自新中国成立以来有历史记录的最大一次地震，直接严重受灾地区达 10 万平方公里，直接受灾人群达到 4000 万。地震发生后，从中央政府到地方基层全力以赴地为灾区人民尽可能多地提供帮助和支持；同时，民间的公益组织、志愿团体纷纷赶赴灾区，为灾区人民提供支持和援助。灾区群众也动用自己的亲属、朋友、邻居等社会网络关系来获得支持。这些帮助、支持和援助均可被称为社会支持，其定义为一种"满足个人需要的资源或具有资源提供功能的社会关系"（Caplan，1974）。由政府、学校、企业、社区和非营利组织等团体提供的支持被划分为正式支持关系，而基于血缘、亲缘、业缘、地缘和私人关系提供的社会支持称为非正式支持（Jacobson，1986）。这些社会支持的获得对于灾区群众的灾后恢复起到非常关键的作用。下面就南坝镇社会支持形式及其在灾民家庭功能恢复中所起的作用进行分析。

1. 南坝镇政府层面的正式支持

（1）通过政策提供资金支持。

第一，社会保障制度方面的支持有新型农村合作医疗保险（后简称新农合）、低保户救济制度、新型农村社会养老保险（后简称新农保）和社保制度。其中低保户按照家庭经济情况给予补助（仅居民有）；新农合基本上每户都有，由村民自己交部分钱，剩余由国家补贴；新农保和社保由村民自愿购买。

新农保基金由个人缴费、集体补助、政府补贴构成。按照规定，新农保缴费标准设为每年 100 元、200 元、300 元、400 元、500 元 5 个档次，参保人自主选择档次，多缴多得；有条件的村集体应当对参保人给予补助；政府对符合领取条件的参保人全额支付新农保基础养老金，其中，中央财政对中西部地区按中央确定的基础养老金标准给予全额补助，对东部地区给予50%的补助。地方政府应当对参保人缴费给予补贴，补贴标准不低于每人每年30元。中央确定的基础养老金标准为每人每月55元。年满60周岁、未享受城镇职工基本养老保险待遇的农村有户籍的老年人，可以按月领取养老金。社保一次性买断3.8万元。

农村现有的社会保障制度让农民得到了切实的帮助，使他们渡过生活的艰难期，获得基本的生存保障。但是，就地震灾区农村现实而言，其覆盖面窄、救助力度弱，仅能满足其基本的生存所需，无法改变他们的贫困处境。很多村民反映，新农合的费用报销是有医院等级限制的，在镇上的医院住院，可以报销90%，越往等级高的医院，比如县医院或者江油、绵阳的大医院，报销比例大大减少。而且，镇上的医院连稍微严重一点的小感冒都治不好，很多药都没有，对于村民们来说，购买新农合，只是为了"保平安"。镇上药店生意普遍不错，一家天诚大药房的店主告诉我们说，看门诊虽然药费可以报销，只用很少的钱，但是挂号费不能报，有的村民觉得去医院看病挂号费比药费都贵很不划算，如果只是寻常小病，都愿意到药店买药。

第二，地震后临时性政策支持有灾后农房重建补助、农房重建贷款、灾区临时生活补助、遇难家属赔偿等。在南坝镇，按照有关规定，根据人口数为重建户提供灾后农房重建补助，1~3人1.6万元，4~5人1.9万元，6人及以上2.2万元；农房重建贷款，最开始可以贷5万元，后期只能贷3万元；灾区临时困难生活补助金每人每天10元（共发放了3个月）。政府给予遇难家属的赔偿，遇难成人每户赔偿6000元，遇难孩子每户5万，还给小孩的父母买了社保，使他们老有所养。这在一定程度上减轻了遇难者家属经济上的负担，有利于家庭功能的恢复。灾后针对灾区的政策支持在帮助农民房屋重建方面发挥了重要的作用，使得灾民能够渡过灾害后的特殊困难期，并能尽快启动农房重建，确保灾民尽快住进安全、牢固的新房，避免再次遭受余震的影响。

然而在获得支持后，村民们又陷入了另外的困境——所谓的农房重建贷款，按照政策应该是国家补贴利息，老百姓只用还清本金，但是在南坝镇，贷款却有相当高的利息。几乎每家都会抱怨贷款利息的问题，地震已经五年，新房建好入住也有三年了，但是大多数灾民都说，现在还在还利息，本金丝毫没还。看似永远也还不完的贷款利息，成为灾区人民最为担心的事情之一。除此之外，地方政府在提供建房资金支持和实物支持的同时，还规定了建房的标准、规格和时间。比如，统一规划了西南民居的三种样式，修建时只能从中选取；必须是钢筋混凝土结构；只有在房屋建成入住后才能获得足额的支持资金。灾民为了得到更多的资金和实物支持，他们的建房行为出现了积极迎合政策规定的倾向，当然更多的是迫不得已。地方政府在提供资金和实物支持的同时，引荐了外地建筑老板为当地村民建房，也是出于方便群众考虑。古龙村后坪组是灾后农房重建首批示范点，却因为建房原材料价格上涨超过了预算，政府监管不力而出现建房老板弃工逃跑的现象。尽管政府成立了专门的调查协调小组，但由此引发的纠纷，在震后五年的今天依然没有解决。从访谈中不难看出，补助政策的一些附加规定，使得政府的补助在灾后特殊时期的物价提升下显得作用甚微。

（2）通过政策提供物质和情感支持。

地震后，南坝镇有大量的救灾物资输入，如帐篷、方便面、矿泉水、罐头、饼干、粮油、衣物、棉被及其他日常生活用品等。救灾物资特别是帐篷的援助，在南坝镇特别是靠近中学的后坪组显得非常及时和必要，解决了紧急情况下村民的住宿问题。后坪组地势较为开阔，政府在中学操场和后坪的空地上搭建了板房，供场镇居民和石坎等山区的乡民居住，而后坪组村民没有分到板房，只有依靠民政部门分发的帐篷和篷布，自己搭建临时过渡房，一大家人住在一起，他们就在这样简陋的环境下居住了一年甚至更长时间，直到新房修建完毕。条件虽然艰苦，却也因此加深了彼此的感情，这对于震后家庭的恢复极为有利。

据村民们介绍，每家都多少会存有粮食，除了刚地震那两天，因为极度的恐慌不敢到处去找吃的饿了几天肚子。但是对于农村人来说，温饱问题基本都能解决，不管是自家做饭还是几家人凑在一起吃大锅饭。后来的一些生活物资，如方便面、罐头、粮油等的发放，对于灾民来说更多的是一种情感上的支持，感觉自己被政府和社会各界关注到，心存感激。

对于遇难者家庭来说，亲人的离去、家庭成员的缺失和家庭结构的不健全才是他们最难以接受的事实。针对这种情况，国家在地震后出台了再生育政策，为符合再生育条件的遇难者家庭提供了政策支持。5月底，国务院抗震救灾总指挥部要求受灾地区政府要按照有关人口与计划生育地方性法规规定，对有子女在震灾中死亡或伤残的家庭，给予再生育政策照顾。随后，国务院办公厅发出了《关于进一步做好地震灾区学生伤亡有关善后工作的通知》，国家人口计生委制发了《国家人口计生委关于做好地震灾区子女成员伤亡家庭有关扶助工作的通知》，四川省人大常委会做出了《关于汶川特大地震中有成员伤亡家庭再生育的决定》，四川省政府办公厅下发了《关于做好汶川特大地震中有成员伤亡家庭再生育技术服务工作的通知》，要求人口计生部门免费为符合再生育条件的家庭提供生育咨询和技术服务。为此，四川省及时启动了再生育全程服务行动，为符合政策拟再生育夫妇提供孕前、孕期和分娩三个阶段的再生育全程技术服务，帮助服务对象实现再生育一个健康孩子的愿望，重建幸福家庭。令人高兴的是，到目前为止，南坝镇一些遇难学生家庭已经成功再生育或者即将再生育。新生命的降临为这些残缺家庭重新开始灾后生活带来新希望，在家庭恢复正常生活上起到不可忽视的作用。

（3）通过政策进行对口援建和帮扶。

南坝场镇（古龙村）前临涪江，河对岸是何家坝村，地震前只有一艘小船来往两岸（明月渡）。地震之后，单靠这艘船满足灾后救援工作和物资分发运输工作是远远不够的。首先赶到的解放军搭建了一座铁索桥（爱民桥），这座桥成了连接南坝场镇和外界的生命线，方便了救援，方便了村民，一直沿用至今。

2008年6月11日，震后30天，国务院《汶川地震灾后恢复重建对口支援方案》正式出台；震后4个月，灾后重建总体规划正式发布，中国政府提出"三年基本恢复，五年发展振兴，十年全面小康"的灾后恢复重建总体目标。"一省帮一重灾县，举全国之力，加快恢复重建"。中国开始了有史以来最大规模的灾后援建行动。南坝镇被确立为河北唐山对口援建对象。曾经遭受过大地震的唐山人民对四川地震灾情感同身受。唐山的震后重建曾经得到了全国人民的支援，唐山人民将怀着一颗感恩的心，无私支援四川地震灾区重建家园。"南坝需要什么，唐山就全力提供什么！"为促使南坝可持续发展，援建人员充分挖掘南坝镇悠久的蜀汉历史，在规划建设上注重把蜀汉文化与旅游业发展有机结合。为打好江油关这张牌，唐山市援建者在南坝场镇广场上修建起高20米的蜀汉风格江油关城楼，现已被四川省旅游局确定为从成都到九寨沟黄金旅游线上的一个旅游驻留景点。傍晚的南坝安宁祥和，这时的南坝人喜欢到中学操场运动，喜欢到连心广场散步跳舞，喜欢在刻有"蜀汉江油关，冀川新南坝"的关楼前驻足。有了文化广场，有了唐山大道，南坝人有了和以往不同的生活方式。河北唐山的对口援建，使得南坝镇有了一批新的设施，让村民有了新的娱乐生活方式，并且有了公共活动空间方便村民之间感情的联系，震后受到的创伤也有了倾诉渠道，让村民可以尽快走出这种困境，让村民在大环境下有归属感，增强安全感。大群体的安全感增强，也有利于个体家庭恢复。

地震后，原来在村里开办农家乐和在本地务工的村民不得不面临着灾后再就业的问题。村民们说："政府对我们也够意思了，发钱发米发油的，后头的日子关键还是要靠自己，自己要找事情做才行。"在灾后重建中，政府考虑到灾区群众的再就业需求，也为他们提供了一些就业支持并实施了一些就业援助，开发了一些公益性岗位（环境清理、物资搬运、后勤服务、废墟清理等）安排给灾区群众来帮助他们就业。平武县政府为村民组织了岗前就业培训和专业技能培训，并为他们提供了一些就业岗位，介绍他们到北京、重庆、成都等地工作，河北援建方还专门为南坝灾区群众提供就业援助，组织了大型的招聘会为灾区外出务工人员提供岗位，帮助他们就业。有了工作，在一定程度上减轻了家庭的经济压力，对于家庭的恢复特别是在刚地震后经济能力极度匮乏的关键时期十分有益。村民外出务工需要重新适应新的环境，重新建立人际关系，对这些事情的担忧，可以起到淡化伤口的作用，在一定程度上促进生活回到正轨。据笔者了解，地震初期，南坝镇很少有灾民选择外出打工，一方面是由于灾后村里住房的重建同样需要大批的劳动力，另一方面则是由于村民外出务工需要重新适应新的环境，包括重新建立人与人之间的关系，有的村民进入到陌生的新环境，还难以适应，村民们表示他们还是倾向于在本地务工，外出打工都是重建基本完成后，当地没有什么事可做，出于无奈才去的。

2. NGO 的社会工作支持

南坝镇是灾后重建的典型场镇，社会力量的介入较多。据笔者了解，早在2009 年 3 月，四川省民政厅在绵阳地震灾区北川县擂鼓镇、平武县南坝镇和安县桑枣镇设立了 3 个社会工作服务站，驻站社工运用专业知识服务灾区群众，在灾后心理恢复、家园重建、社区建设等方面对灾区人民给予帮助。但是当笔者提及社工站时，几乎所有村民都表示不知道有这样的组织。他们提的最多的就是各种志愿者和外来捐助。由此可以推断，对南坝镇的灾民来说，外来救助力量的影响远大于社工的影响。

（1）经济和物质的支持。

笔者在走访的过程中，留意到有些农户门前挂着"澳门'川澳同心委员会'捐助"的牌子，有些却没有。知情人士告诉笔者，这是澳门"同心委员会"向中华慈善委员会捐赠的，用来在四川地震灾区修建一座以澳门相关名义命名的村庄，在南坝镇，只有农村户口的家庭才能拿到这笔钱。这笔钱虽然不多，但对于他们来说，也是一种心理的抚慰。除了这种大范围的捐助，村民告诉笔者，还有一些外地的私人或企业，会资助一些贫困的家庭或学生。对于有这种特殊待遇的情况，很多村民表示很羡慕。大量的救灾物资，不仅仅是由政府提供，还有很多是来自红十字会和其他慈善组织的。地震刚发生的半个月内，因为缺乏物资，很多热心民众带上救灾物资自发进入灾区进行救助。在开始的一段时间，对于极度恐慌的灾民来说，受到外界的关注是很大的安慰。

（2）情感支持。

"一方有难，八方支援"，地震之后，大批志愿者涌入灾区进行志愿服务，对于志愿者们的行为，大多数灾民表示赞赏。志愿者们和救灾人员一起抢救伤员，帮灾民们找东西、运物资、搭建过渡房，并在必要时对有需要的灾民进行心理疏导。不少村民表示曾经受到过志愿者的帮助，有的家庭和志愿者建立了深厚的友谊，到现在都还保持联系。村民们告诉笔者，每年都会有像我们这样的调研团队或者志愿者来到南坝，消息可以很快传遍整个场镇，几乎所有人都会知道又有一群大学生过来了（这是笔者的亲身经历）。他们说，无论志愿者能够做多少事，地震过去这么久还能被记住，真是不容易。看来，在大灾难之后，灾区人民需要的不只是短期即时的帮助，长期的心理安慰更有助于他们的恢复。

（3）实际的和工具性的支持。

笔者一行人在调研期间，不少村民告诉我们说，北京某高校的大学生正在水观乡（平武县辖独立乡，与南坝紧邻）支教，他们很支持这种支教活动。有村民还问笔者一行为什么不做支教，自己孩子的成绩不好很希望有人能辅导，笔者只好解释说因为项目的原因，我们只做调研。因为对口援建，河北人提出，小学生和初中生可以去河北学习一年，初中以上学生可以去河北免费读技校，包分配工作，并且给青壮年提供了很多外出打工的机会。各种灾后重建项目的招工，也在一定程度上解决了很多当地人的就业问题。这使得灾民们在灾后恢复的关键时期有了收入来源，无论是在解决温饱还是新修住房方面，都有了一定的保障。

3. 社区组织的工作支持

地震后重建工作的进行，加快了南坝镇城市化的进程，南坝场镇出现了地震前没有的文化广场和娱乐设施。居委会利用文化广场的地理优势，和老年活动中心一起，组织乡亲们在广场上跳坝坝舞，还专门购买了音响设备等，平时由居委会统一管理。参与跳舞的大多是场镇上的中老年妇女，村民们说这都是地震之后才有的现象。2009 年、2010 年都还没有，那个时候都忙于重建，各种心情也还没恢复好，没有时间和精力去干其他事情。重建完成了，才开始有了业余的生活，随着时间的推移，人们逐渐从痛苦中走出来。平武县邮政储蓄每年会联合一些企业到各乡镇进行义演，地方也可以组织表演节目，叫作"文化下乡"。在南坝镇，社区组织（居委会）的主要工作就是为老百姓的日常生活增加更多丰富的元素，使他们更多地接触新鲜事物，丰富日常生活，精神有所寄托。大部分村民都表示，喜欢参与集体活动，觉得很新鲜。

（二）非正式的社会支持

1. 配偶间的相互支持

（1）经济支持。

在南坝镇，大部分妇女和老人留守在家里，从事繁重的农业劳动和烦琐的家务劳动。灾区农房重建完成后，大多数家庭处于贫困状态，男性迫于无奈出门打工，成为家里主要的经济来源。

在走访中，笔者发现像张孃一样在家单纯操持家务的家庭主妇占大部分，家中收入大部分由丈夫提供。丈夫愿意为其妻子提供经济和物质的帮助，他们认为这是理所当然的，很情愿承担经济的责任。但是也有例外的情况，即存在夫妻共同承担家庭经济和妻子为丈夫提供经济来源的例子。有不少像刘亮家和文大妈家的情况，妻子在家中除了做家务，还养猪开店等做点副业补贴家用，丈夫在外面打工挣的钱主要用来还债。这样一种夫妻共同挣钱，收入派上不同的用处的模式，使家庭收支井然有序，相对于只有丈夫在外打工的家庭来说，经济压力会减轻很多。但是还有少数如张家老大那样的家庭，丈夫因为在地震中受伤或者其他原因丧失了劳动能力，只能由妻子承担起家里经济的重任。但是毕竟妇女的劳动能力和承受压力的能力比不上同龄的男性，收入固然不会很多。经济条件的缺失，对于家庭的恢复是极为不利的。

（2）情感支持。

在访谈中笔者发现，灾区群众都比较依赖夫妻间的情感支持，但是这种依赖在妇女中更为明显，她们普遍表示，当遇到困难的时候最喜欢向丈夫倾诉，特别是在地震后那段心理极其脆弱的时期，更加依赖丈夫的安慰和引导。丈夫在这个时候也表现出了作为男人应有的一面，他们懂得怎样去安慰妻子，帮她们走出困境。这一点在失去孩子和丈夫外出打工的家庭表现得尤为明显。妻子拿着遇难孩子的照片哭，丈夫会想方设法把照片藏起来；妻子在家带孩子很孤单，丈夫便会每天打电话回来关心家里、报平安。这种情感支持是对等的，妻子因为失去孩子而伤心，丈夫也会因此而痛苦、消沉。张家老二就是很好的例子，女儿的遇难，让他觉得挣钱已经没有意思，整日喝酒成了他排解痛苦的方式。这个时候，妻子的安慰在丈夫及家庭的恢复中就起着至关重要的作用。

2. 亲属的支持

中国素有强调人伦社会关系的文化传统，个人的人际关系网络在社会生活中一向有着重要的作用，而靠血缘和婚姻连接起来的家庭关系仍然是人们社会网络中最重要的关系。亲情是人们最为朴素、本真的情感，家庭则是人们获得情感支持的主要来源。

（1）经济和物质上的支持。

灾后亲属在经济和物质上的支持在家庭恢复中发挥了重要作用。笔者访问到的每一户家庭几乎都会提到：重建新房钱不够，就会找亲戚朋友借，东拼西凑勉强能盖好房子。刚地震的时候没有吃的，全靠亲戚们凑在一起，吃住都在一起。物质和经济上的支持可以帮助彼此渡过最艰难的时期，也加深了相互的感情。

（2）情感支持。

亲属的支持是灾区群众获得情感支持的重要来源，他们很需要亲属为其提供指导和支持，这种支持网络是基于血缘关系的信赖而产生的。基于他们对于亲属网络中成员的熟悉度和对他们的长期判断，当面临困难时，他们会很清楚从哪些网络成员那里寻求资源。在和笔者的谈话中，不少灾民提到，有什么难题疑惑会去找什么伯伯孃孃或者读过书的亲戚帮忙，因为觉得他们懂得比较多，他们的建议很重要。刚地震那段时间，不少人选择和亲人们住在一起，他们都说，就算死也要死在一起才好。从中可以看出，亲属的支持在灾区群众克服困难、完成家庭功能恢复中发挥了重要的作用。

（3）实际和工具性的支持。

亲属的实际支持在受灾群众家庭恢复过程中发挥着不可替代的作用。笔者在访谈中发现，由亲属提供实际的支持是很常见的。就像刘阿姨说的那样，亲戚们都在一起，有什么事都可以互相帮衬一下，自己有时上山干活，就会把孩子交给亲戚照顾。甚至很多父母选择生两个孩子，都是考虑到"以后孩子大了可以互相帮衬"。从基于血缘关系的亲属那里获得帮助，经常是自然的事情，没有太多的考虑，认为这是其关系的一部分，这种支持对他们来说是相对确定的，双方都是认可和接受的，正是"血浓于水"的亲情的体现。这种支持在家庭功能恢复中是其他形式取代不了的，一旦亲属中有人出现意外或去世，就会严重影响到家庭的恢复。

3. 代际支持

在南坝镇，代际支持存在长辈和晚辈双向的支持，在不同家庭有着不同的情况。

（1）经济和物质上的支持。

农村不同于城市，很多老人没有正式工作，一直靠务农生活，所以他们在年纪大了无法再进行农业生产后没有"退休金"。也就是说，农村老人大多一生务农，人到老年，随着体力的衰退，慢慢地丧失种地的能力，在目前农村社会保障体系不健全的情况下，老人的经济来源也就全部终止，他们的经济开支都要依赖晚辈的支持。在某种意义上说，灾后老人的生活状态很大程度上取决于晚辈的支持状况，然而老人能否从晚辈那里顺利得到这种支持存在很大的不确定性。南坝镇有很多年轻人都外出打工了，留下老人和妻儿在家中。这些留守人员告诉笔者，外出打工的人挣的钱除了自己的生活费，其余的会全部寄回来供家里用。在家的年轻人也纷纷表示会赡养老人，不住在一起的儿女看望父母的时候通常会给他们一些生活费。有经济来源的长辈，他们又会对自己的晚辈在经济上有所支持。比如文大妈一家，儿子在外打工把钱寄回家，自己又会想着存钱给儿子娶媳妇还贷款。还有不少长辈特别是独生子女的长辈表示，愿意为孩子提供经济和物质上的支持，毕竟只有那么一个孩子，自己不疼就没人疼了。这种相互的经济支持将有助于家庭功能的快速恢复。

（2）情感支持。

代际间的情感支持主要存在于晚辈对长辈，其在家庭恢复中的作用相当于或高于其他的亲属支持。无论是家里失去了大人还是小孩，新生命的出现总会缓解失去亲人的痛苦。文大妈失去了女儿，但是二女儿的孩子却让她有所慰藉；张家老二失去了女儿，自己因此消沉，小儿子的诞生让他重新看到了希望，老二媳妇说，自己的孩子虽然很顽皮，但是很照顾自己，觉得欣慰；张丽在地震中幸免于难，如今非常懂事，让张嬢一家觉得很幸运；刘阿姨也表示，"有了孩子，房子也修好了，就高兴"。由此笔者认为，代际间的情感支持在家庭功能恢复中起到决定性的作用。

（3）实际的和工具性的支持。

通过访谈和观察发现，在南坝镇，代际支持特别是老年人为其子女提供的支持，是灾区群众获得实际的和工具性的支持的重要来源。青壮年的男性外出打工，留下妻儿和老人在家里，女人在家里要承担大量的家务劳动。在访谈和观察中笔者发现，很多60岁以上的老人还承担着繁重的家务劳动和田间劳作。他们为其子女提供实际的和工具性的支持，特别是女性老人帮助照顾孩子、洗衣做饭是最主要的形式。在访问一些带孩子的老年妇女的时候，她们表示非常想带孩子，很希望能够把孩子照顾大，她们在这个过程中也得到幸福感和满足感。文大妈甚至表示，为了让子女过得好一点，自己可以再回去山里种地或者帮媳妇带孩子。孩子的母亲也很希望和放心孩子能有老人来带，这样她们就有时间去经营庄稼，或者和丈夫一起出去打工，以减轻震后家庭的经济压力。同时她们认为，一个人带孩子是一件非常辛苦的事，有老人帮忙就不会那么辛苦。在访谈中有两位妯娌，都已结婚多年，但表示不想生孩子，因为家里没有老人帮忙，觉得压力太大。由此可见，代际的实际支持特别是老人对子女的支持在家庭恢复中显得格外重要，有了老人的帮助，年轻人会觉得压力减轻，老人也从对子女的支持中获得满足感。

4. 邻居支持

以地域靠近为前提的邻里或熟人，由于突发的地震，使得这种地域载体不复存在，邻里关系也丧失了原有的意义，邻里之间的资源互补因为地震的破坏而削弱，尽管社会上有许多人关注灾区民众的生活，在一定程度上给予他们支持，但由于中国仍是一个以"差序格局"为重要特质的熟人社会，在遇到重大的社会压力事件时，依赖自身的社会关系网络仍然是许多人的理性选择。尤其是在灾后重建过程中，原有邻里支持非常重要。然而灾难中人员的伤亡使得许多人缺少了邻里（熟人）的相互支持，灾难使原本所依靠的家庭、家族、邻里等社会支持系统变得残缺不全甚至瓦解。众多研究显示，社会支持对处于压力状态下的个人、家庭和群体具有预防、舒缓和治疗的功能，社会支持在处理生活压力和应付各种危机变迁过程中的作用很重要（Caplan，1974；Hirsch，1980；ladewiget. 等，1990）。

（1）经济和物质上的支持。

南坝镇的村民在生活艰难的时候，也会寻求一些邻里的经济帮助，这种帮助类似于亲属间的帮助。不少村民提到，重建房子钱不够，都会向关系亲近的邻居借钱。另外一种方式是寻求一些邻里中的商业性网络帮助，这种帮助是以地缘为基础的，基于相互间的熟悉、信任或是同情，它为灾民们的经济消费提供一定的支持——赊欠。在访谈中有村民提到，自己修房子钱不够，就在建材店老板那里赊账，水泥、砂石什么的都是后来有钱了才结清的。老板知道他们没钱，本来不想赊给他们的，后来又看在是乡亲的份上还是帮忙了。

（2）情感支持。

在走访和观察中发现，在南坝镇，从邻里间获得情感支持在女性村民中显得尤为突出，而男性因为外出挣钱或干活，很少在邻里间走动。邻居是灾区妇女获得情感支持的重要来源。妇女们闲时常带着孩子到关系好的邻居家串门、聊天、看电视，或者凑在一起打麻将，常常是一坐半天，笔者在走访时，就经常碰到在一起聊天、打麻将的妇女们，和很多人一起聊天，可以得到更多的信息。包括张家老二媳妇在内的不少妇女提到，每逢佛家重要节日，牛心山上的寺庙开庙会的时候，她们都会上去帮忙，在一起洗菜做饭。虽然没有工资，但大家都很乐意去，既是做好事，也是消遣。她们聊的话题很多，几乎覆盖了日常生活的方方面面，比如救灾物资发放情况、建房情况、婆媳关系、夫妻关系、子女养育、洗衣做饭等。这是她们获得情感支持、建议等的重要方式，也使得其生活中的困难在一定程度上得以解决，同时也是她们休闲的重要方式。特别是丈夫出门在外的妇女，因为缺少倾诉对象，更容易把自己的心事讲给要好的邻居听。在访谈中，有些话受访者不愿意和笔者说，但是从邻居那里，我们可以得到很多有用的信息。

虽然经历了生死离别，但大灾却让村民们变得更加坚强。朋友之间、邻居之间的关系更加亲密，邻里间互相帮助，村民间相处融洽，大家都很珍惜这份来之不易的同乡情。笔者认为，邻里之间关系的亲密融洽有助于村民们尽快走出灾难的阴影，对于他们恢复人际交往和正常的生产生活起到了良好的作用。

（3）实际和工具性的支持。

南坝镇的灾民获得实际支持的另外一个重要来源是邻里，特别是邻居家的妇女，能为其提供更多的支持。灾后重建工作繁忙，更加凸显了邻居间相互照应的重要性和必要性。在灾后重建时，邻居的妇女们会互相帮助做饭、帮忙干杂活、照顾小孩。她们的这种行为好似自发的，没有计划和安排，形成一种"契约"，在相同场景下，彼此都会付出这种行动。在访谈中，笔者总能看到她们相互帮助的情形，就算是在地震已经过去五年的今天，如果有哪家办酒席需要人手的时候，邻居们也会去帮忙。这种相互的实际支持，在灾后重建的艰难时期，起到十分重要的作用。

从走访的村民情况来看，只有少数村民认为邻里关系并没什么变化，这主要是村民自身性格的原因，他们在地震前与其他村民的沟通不是很多，所以地震后感觉村民之间关系没什么变化；另有极少村民认为地震后邻里关系疏远了，相互间沟通得少了，原因是地震导致一些家庭的成员不幸遇难，村民之间沟通有所顾忌，特别是村民与遇难者家属之间的沟通，他们害怕触及对方的伤痛而导致沟通变少，关系疏远了；但大多数村民更倾向于"地震后村民关系、邻里关系更亲密，沟通得更多了"。这些村民认为地震拉近了村民之间、邻里之间的关系，他们在地震后改变了之前的一些想法，重新审视人生价值，更愿意去帮助别人，在搭建过渡房和修建新房时都相互帮助，相互体谅，村民之间很团结。可以看出，人们更容易就灾害中的义务与规范达成共识，把帮助他人的利他行为定义为一种行为规范，这些规范与共识会成为受灾社区的一种宏观社会资本，推动着人们的合作和集体行动，使人们能够更快更好地消除灾害的影响，恢复正常生活。这是灾区群众最可信赖的"社会资本"，也是他们灾后重建精神支持的力量源泉。

在灾后社会支持的研究方面，学者们研究了"5·12"地震后四川灾区群众的社会支持系统，并与几乎同一时间遭受飓风自然灾害的温州地区群众的社会支持做了比较，结果发现：第一，灾区的社会支持系统可以划分为正式支持和非正式支持，即人情支持（家人、亲戚、朋友、邻里）和公共支持（基层、中央、外地、民间）；第二，在灾难后，四川灾区的群众更依赖于公共支持，而温州地区群众更依赖于人情支持。总的来说，除了与温州地区一样都依赖于人情支持外，四川灾区群众更依赖于公共支持，尤其是中央政府的支持，并且公共支持有助于缓解受灾群众的消极情绪（辛玖岭，吴胜涛，吴坎坎，王文忠，张建新，2009）。但通过在南坝镇对多个案例走访之后笔者发现，不同社会支持在不同时间段所起的作用是不同的。在刚地震的恐慌时期和灾后物质重建的关键时期，灾民们更依赖正式的社会支持所提供的资金和物质上的援助，这些援助在一定程度上可以减轻灾后重建的压力；但是在重建后期甚至更长的时间，来自亲属、邻里的非正式支持起到更大的作用，这种作用是持续而长久的，在家庭功能的持续恢复中的作用是公共支持无法取代的。

五、家庭结构和功能变化分析

（一）南坝灾后家庭结构的变动

1. 不同家庭结构受地震冲击的程度不同

灾害发生会对不同结构的家庭产生不同程度的冲击。比如对于核心家庭，如果因灾夫妇双亡，那么此家庭便会成为孤儿家庭，若无孩子那么此家庭消失；若夫妇一方因灾死亡，该核心家庭解体。但总体说来，结构简单的家庭比结构复杂的家庭受灾害冲击严重（郭强，2002）。在笔者走访的案例中，也有同样的表现。张家老二家原本是一家四口（一个老人，一个小孩），但是地震带走了家中唯一的女儿，使家庭的教育和抚养功能完全丧失。夫妻两人因接受不了失独的现实，一度陷入悲痛的情绪中不能自拔，甚至是放弃了经济生产。同样在地震中丧子的刘阿姨家在震后成为一家三口的核心家庭。儿子的去世给家庭带来巨大的悲痛，但因为家中仍存活了一个小孩，加上破损的住房亟待重建，夫妻俩并没有出现消极处世的现象，在经济生产上还是一如既往地勤勤恳恳。张家老大家和文大妈家同为在地震中丧子（女）的家庭，因为夫妇年纪较大及其他一些原因，均没有再生，即地震使二者的家庭结构中均失去一个孩子。对于前者，震前是属于一家四口（两个儿子）的核心家庭模式。地震中死亡的小儿子虽然并没有转变核心家庭的模式，但是孩子的丧失对于这个小家庭来说毕竟是件重大的事故。在访谈中，张家老大仍很忌讳谈及儿子的死，弟媳也反映说嫂嫂常说晚上又梦见了去世的儿子。失去孩子对于这个家庭已经造成了长期持续的影响。对于后者，夫妇俩都已经年过半百，育有三个孩子。二女儿婚后在地震中不幸遇难，大女儿和小儿子都已工作，其中大女儿已婚已生育。相对前面的案例来说这是一个大家庭，人口多，还包括原生家庭之外的小家庭。提起女儿的死，夫妇虽仍会难过，但都已接受这个事实。剩下的两个孩子经济已经独立并经常给予夫妇二人物质、情感的支持，也使得他们心中安慰许多。对于类似于文大妈家这种原生家庭来说，地震造成的家庭结构失衡的影响相对张家是比较小的。

2. 地震冲击家庭结构的表现

灾害冲击家庭结构而导致的后果有两种表现形式。一是极端形式，即家庭结构完全遭受破坏的形式。比如1976年唐山地震致十分之一的家庭解体消失。这种遭受灾害冲击的极端形式也是灾后无法补救的。二是一般形式，即家庭结构受到冲击而导致家庭结构不完整，形成缺员的破损家庭。一般说来，家庭结构不完整在一定程度上是可以恢复的，比如夫妇一方因灾遇难，灾后可以通过幸存者再婚而重组家庭，从而形成完整的家庭结构。灾害对家庭结构的冲击，既表现为即时冲击，还表现为长期影响；既表现为直接（显在）冲击，又表现为间接（潜在）影响。比如一个家庭在灾害发生时其成员遇难，使家庭结构遭到破坏，这是灾害对家庭结构的直接冲击；灾后家庭结构破坏而引起的家庭长期缺员比如因灾孩子死亡，但父母已失去生育能力或领养能力而致的家庭长期缺员状态，便成为灾害对家庭结构的长期持续影响。对家庭结构大量潜在的或间接的影响也是存在的。比如一对夫妇灾时双方致残，灾后无力抚养孩子而把孩子送给他人抚育，此时的家庭结构变化就是灾害对家庭结构的潜在影响或间接冲击（郭强，2002）。

南坝镇在2008年汶川地震中伤亡最惨重的地方就包括南坝小学。背景部分提到，南坝镇死亡1364人，占全县因灾死亡人数的45.2%，仅南坝小学（含幼儿园）就死亡172人。如果夫妻双方仍有再生育能力，加之其他条件也许可，从我们在南坝场镇和后坪走访获得的信息来看，地震造成家庭破损的情况居多，但大部分家庭还是愿意选择再生来重建家庭结构。南坝镇后坪组有一户家庭在政策的扶持下，成功孕育了一个试管婴儿。在我们挑选分析的典型案例中，有四个丧子（女）家庭，其中有两个丧子（女）再生家庭。家庭结构的重建对家庭成员来说，涉及对逝去生命的延续这层意义，使精神和情感得到安慰，这对新生活的继续有着重大意义。

（二）南坝灾后家庭功能的调整

1. 家庭结构破损对家庭功能的影响

家庭的三大类功能包括固有功能、基本功能和派生功能。有什么样的结构就有什么样的功能，有什么样的功能就要求有什么样的结构与之适应，结构变化，功能也随之发生变化，这是"结构功能主义"最核心的基本观点。在现代社会，家庭的有些功能丧失了，有些功能衰退了，但有些功能却强化了（F. R. 艾络特，1992）。灾害对家庭最严重的直接冲击就是造成家庭成员失踪或死亡，破坏家庭结构。家庭结构的任何变化都会直接影响到家庭功能的存在及发挥状况。

根据家庭功能存在同家庭成员相联系的密切程度，可以把家庭功能分为两大类。一是普遍功能，即不因某一个家庭成员的离去而丧失或中断的功能，其特点是具有普遍性，它是由家庭所有成员维系以及家庭成员互动而发挥作用的一种功能。二是特定功能，即由某一个家庭成员维系的功能，它可以因某一个家庭成员的离去而丧失或中断，比如，有了夫妻才有性的功能和生殖功能，有了孩子才有抚养功能（郭强，2002）。再者，家庭结构模式与家庭保障功能之间存在着密切的相关关系。在人均收入和保障成本不变的情况下，家庭保障功能随家庭体系的拓展不断得到强化，随家庭体系的解体不断趋于弱化（熊金才，2006）。无论一个家庭的结构因灾发生什么样的变化，都会对家庭的经济、情感、教育等功能产生程度不同的影响。这种影响的程度会因死亡成员在家庭中担任的角色和地位不同而有所不同。比如有固定工资收入并担任供养角色的家庭成员因灾死亡，那么这个家庭就会因此减少工资收入或断绝供养来源，其家庭的生产功能将会遭到极大的破坏，家庭的生存就会出现危机。再者，家庭中无论处于什么地位的成员因灾死亡，给其他成员带来的情感打击都是巨大的。灾后因亲人死亡，许多幸存者表现出麻木、眩晕和失助，头脑混乱、感觉奇特、情感平淡而无反应，常常失去对工作、活动和交友的兴趣；有时甚至会陷入亲人死亡的追忆中并产生死亡恐惧和幸存负罪感（皮特·马斯科特，1993）；同时有些幸存者因亲人死亡而易心惊，注意力不集中，易激惹，产生幸存者综合征（陈仲庚，1985）。这些心理情感障碍需要社会支持来帮助缓解。其中，有研究发现，家庭灾后情感功能的强化和亲本感情的上升有助于幸存的家庭成员克服情感障碍。灾后"不仅家庭在自然灾害的考验下更坚牢，而且这种团结还伸展到亲戚与朋友"（T. E. Drabek，1984）。这在笔者走访的案例中有充分的体现。因为心疼自己的女儿一人肩负家中经济重担，做母亲的会经常过来帮忙；刚地震那会儿因失去至亲而消沉的村民，得到了亲戚朋友的理解和经常的陪同；再怀上小孩后的夫妻相互劝慰，重拾开始新生活的动力；

有些村民因为要干活而无法顾及孩子，就把孩子交给邻居或附近的亲戚帮忙看管，这样便可安心地出门。灾后家庭成员的离去更强化了家庭的情感功能和亲本感情，这对遭受地震重创后的家庭恢复具有重要意义。

2. 家庭结构完整情况下家庭功能的变化

在灾害冲击下家庭结构的变化会引起家庭功能的变化。但是还有一种情况就是在灾害的冲击下即使家庭结构没有什么变化，但家庭功能也会受到灾害影响而发生种种变化。有的功能中断，有的功能衰退，但有的功能强化。张嬢家在地震中无人员死亡，但是由于小女儿死里逃生以及遭受地震的经历，张嬢和女儿的关系更加密切了。她经常会开导小女儿，排解她的不良情绪。两个女儿也都很懂事地挣钱贴补家用，减轻父母的压力。家庭的情感功能得到强化，家庭内部更加团结了。

由于个人和家庭生存条件的恶化，比如灾害造成的断水停电，住房的毁损，财产的损失，次生灾害不断发生所带来的新的危险，即使家中无人死亡，也会使家庭生活极其困难，家庭功能也会受到冲击。比如对于家庭的生产功能来说，由于灾害毁坏生产工具和生产资料，破坏农田或家庭、工厂、厂房设备，此时家庭的生产功能就会中断。以文大妈家为例，地震时的泥石流使其房屋损毁，无法居住，且大片农田被埋，无法耕种。传统的生计方式受到威胁，文大妈家不得不搬到场镇，在步行街靠开服装店来获得微薄的收入。不幸地，今年7月份的四川暴雨使得南坝镇的农田受灾严重，大部分面临绝收，这对靠种地过活的家庭的生产造成了巨大损失。

3. 经济状况

家庭经济状况是指个人、家庭劳动所得报酬或其他经济收入和生活消费支出情况，通常分为六类：极度贫穷、贫穷、温饱、小康、富有和极度富有。家庭的经济状况是一个家庭发展的基础，对于本研究来说，则是震后家庭恢复的基础。

王东明在2011年的《汶川地震灾区农村家庭生活恢复研究》中探究了家庭生活恢复的主要影响因子，其中得出了两点对我们有重要启发意义的结论：①灾前的家庭经济水平对灾后生活恢复的影响。灾前经济生活水平较高的家庭，其灾后生活更容易得到恢复。这个结果体现了资产建设理论所揭示的事实：家庭资产的积累不仅对风险防范有缓冲和抵御作用（比如，有关我国农村家庭的病贫关系的研究发现，家庭的资产是防止家庭因病致贫的最有效保障），更对家庭在各种社会和自然灾害后的生活恢复起着重要的促进作用。②家庭收入对灾后生活恢复的作用。家庭人均劳动收入对灾后生活的恢复起到了显著的积极作用。家庭人均转移性收入对灾后生活的恢复呈负面作用，但在5%的检验水平上并不显著。

这表明灾后家庭人均收入的提高并不一定会促进生活的恢复，只有通过劳动挣取的家庭收入得到提高，才能真正促进灾后生活的恢复。在灾后重建恢复中，政府提供的住房重建、修复等补贴资金的作用主要体现在对广大灾区群众的重建积极性的激励，生活常态的真正恢复仍然依靠灾区居民通过自身努力增加收入来完成。

从中可以看出，家庭经济状况确实是遭受地震灾害后的家庭恢复的重要影响因素。经济状况为家庭的物质建设提供保障，对家庭功能的发挥也提供了更多的可能性。下面我们就从灾前家庭生活水平和灾后家庭收入两个方面寻找其影响震后家庭恢复的一些表现。

（1）灾前家庭生活水平。

灾前经济生活水平较高的家庭，其灾后生活更容易得到恢复。这或许是因为灾前经济生活状况较好的家庭，一般都是有不止一个主要劳动力，有多方面的家庭收入来源，家庭经济系统稳定性更强；还有一定的资本积累可以保障家庭生活在应急情况下能正常运行。而灾前经济水平较差的家庭普遍存在劳动力少、成员患病或残疾等问题，这些问题在家庭受灾后只会更加突出、更加严重。再者，这些问题或许还会妨碍他们在灾后重建恢复中有效表达自己的利益和需求，这些灾前的经济弱者在灾后依然受到忽视（Wisner，B.，1998）。他们的生活恢复也比其他家庭更为困难。张家老大家是我们走访的家庭中经济最为紧张的一家，他在震前不幸因工伤导致残疾，震后还不小心摔过一跤，身上的病痛加剧。虽然正值壮年，但其劳动力已经不足以用来谋生了。这个震前一家四口的核心家庭从震前几年就一直靠着家中唯一的女性——老大的妻子王嬢——在外的活计获得经济收入来养活家中残疾的丈夫和两个正在上学的儿子，生活是相当不易的，更不用说是家庭的资本积累。但是地震造成的住房损毁、土地破坏基本上是每个家庭都经历了的，他们也不例外，加上家中还有一个大学生要负担，这也使得他们对震后的家庭恢复相对缓慢，特别是家庭经济压力大，经济生产功能很是薄弱。而我们接触的另一个家庭，某村村主任却截然不同。村主任除了公职,还有副业作为经济来源,他们在震前的资本积累足够帮助渡过这个意外灾难。随着住房重建的完成,灾后生活水准也在几年内便恢复过来了。

(2) 灾后家庭收入。

研究发现,家庭人均劳动收入对灾后生活的恢复起到了显著的积极作用。然而,政府补贴等转移性收入对居民生活恢复并没有显著效果。由此可见,灾后家庭生活恢复的主体是灾区居民自己,恢复的过程主要依靠家庭的积累(存量)和收入创造(流量)(王东明,2011)。笔者赞同灾后家庭重建的主体是居民本身这个观点,毕竟政府、社会组织等提供的各种支持都是外源性的、阶段性的、短暂的,而一个家庭的恢复和发展是长期的,只有家庭成员本身的内源性的创造才是细水长流的、最本质的,或者说是最符合可持续发展的理念的。

① 经济压力。村民们的生活压力很大程度上来自经济压力。总结灾后居民的经济压力来源,主要有以下四点。

一是重建新房的贷款,分为政府贷款和私人借贷。汶川特大地震造成大量房屋严重破坏甚至倒塌。房屋重建成为灾区重建中的一个重要组成部分,尤其是村镇房屋的重建(刘金想,2009)。灾区居民在国家贷款扶持下,在震后一两年间,基本都建立了自己的住房,生活中最基本的房子的问题得到了解决。然而,住房的重建给本来就在地震中遭受了巨大经济损失的家庭带来了不小的经济压力。虽然地震已经过去五年,但是几乎每个家庭仍有大量贷款尚未还清,有的还存在私人借贷关系,实际上家庭的经济状况不但远算不上小康反而很紧张。很多村民还反映,银行的贷款利息一年比一年高,这也拖慢了还贷进度,加重了家庭的经济负担。

二是小孩的教育。一个家庭结构中很重要的组成部分就是孩子,特别是对于发展中期的家庭来说。孩子的存在使得家庭内部的结构更加稳定了,家庭的教育、抚养等功能得到发挥。现今中国已经普及九年制义务教育,南坝镇的小孩基本上都会修完初中的学业。前几期的报告也提到,南坝镇的居民们普遍很重视教育,加上现在的社会竞争激烈,知识和技能是就业的敲门砖,即使孩子没能考上高中,很多家庭也会让孩子读完中专再出去工作。这样,家中小孩的教育也是很主要的一笔开支。张家老二就为自己还在上幼儿园的儿子买了好几份新华阳光保险,为孩子以后的教育花销提前做好准备。张家老大家经济来源单一，生活很节俭，主要的开支就是正在上大学的儿子的学费和生活费。在孩子毕业之前，教育的花费不会减少。夫妻俩只盼着儿子两年后毕业，找个好工作，才能有指望还清贷款，生活才会好起来。

三是老人的赡养问题。老年人失去了劳动能力，还多多少少有一些病痛，生活费和医药费一般是一个家庭少不了的开支。"上有老下有小"的家庭的经济负担想必是最重的。

经济压力的来源还包括日常生活开销。南坝场镇逢单日赶场，南坝后坪、对岸何家坝和其他周边的村民们都会过来购置各种生活必需品。2008 年以来，除了物价水平的提高，不少村民表示，这些年走人户送人情的礼金也增加不少。

② 家庭生计来源。新建的房屋为新生活的开始提供了基础，新生命的到来重新燃起了生活的希望和动力。为了养家还有还贷，家庭的经济支柱们，或是延续以往的谋生方式，或是改变生计模式外出打工，都积极地寻找出路赚钱。

南坝镇是地震重灾区，震后几年重建工作紧锣密鼓地进行，支援重建人员的大量迁入使得场镇的经济繁荣了一段时间。有一技之长的村民在那段时间都接了很多的活，有自己开货车帮场镇的商店进货的，一星期能跑好几趟，收入很可观；镇上人多，猪肉好卖，有的夫妻就干起了夫妻档，靠杀猪挣了不少钱；食品店、服装店顾客络绎不绝；甚至磨刀卖药的生意都很好做……但是随着重建工作结束，外来人员大量撤离，南坝场镇的生意大不如前。房屋建好后，考虑到本地生意难做、活计难找，还有一系列经济负担，不少家庭的主要劳动力都纷纷外出打工。有在震后重新去外面打工的，原来在南坝小学后面的瓦厂工作的叔叔在地震两年后也去新疆找工作；广告店的叔叔也不干广告生意了，和兄弟一起去北京找活……近些年青壮年都外出打工了，这样一来，人又少了，本地生意也更难做了。也有村民继续留在镇上挣钱，一家村民一直在开货车帮人调货，访谈中他们抱怨说跑车的钱也不好赚了，特别是今年暴雨，一个月都跑不了两趟。但考虑到自己家有货车可以自己拉货，比起帮别人打工挣得还是多一些，夫妻俩都没有外出打工的打算。其实，南坝人的乡土观念还是很重的，外出打工的许多年轻人大都是迫于家庭的经济压力才出去的，无非是因为现阶段家里需要钱，而外面的工作赚得多一些。若是南坝本地的经济复苏、就业机会增多，很多人还是会倾向于在本地就业的。

一般而言，家中经济主力都是男性，除了这个主要的收入来源，其他家庭成员也通过各种方式帮补家用。比如，震前是单纯的家庭主妇，只是在家带孩子、照顾老人的媳妇，现在在场镇开了小店，收入用来贴补家用；不少女性村民在家中除了带小孩，还会种地养猪，打算在过年的时候卖个好价钱；家中年轻人外出打工，老人在家里也不闲着，会找各种活来做赚点生活费，打工的工钱就凑起来还贷款；还有不少还在读书的小孩也趁着假期打暑假工挣些零用钱……其实，不论是转变生计模式外出打工、留在本地干老本行，还是全体家庭成员的同心同德，最终的目的都是获得更多的经济收入，使得家庭生活更有保障，为每个成员的发展提供更多的支持。这样，震后家庭的恢复也会更加顺利和迅速。

六、结　语

突如其来的地震夺去了亲人和家园，家庭恢复成为灾后重建的重要部分，只有家庭功能恢复才能让灾区人民的心灵得到平复。在震后家庭恢复的不同阶段，来自外部的社会支持以及家庭内部因为结构变化、功能变化而带来的支持起的作用不同。在震后初期，对家庭恢复起主要作用的是来自外部的社会支持。刚刚经历过天灾，四川地区人民的生命安全以及财产安全都受到毁灭性打击，并且这种打击是普遍性的，震区人民极度缺乏安全感、惶恐不安，亟须寻求归属感以及安全感。此时，家庭作为社会上小的组织要素并不足以承担如此大的功能，而来自外部的社会支持力量更能够稳定人心。一方面，军队前往灾区救灾，并且往灾区输送救灾物资，满足家庭恢复的物质需求；另一方面，专业医疗人员开始进行心理干预，对灾区人民进行心理辅导，打好家庭恢复的精神基础。更重要的是，全社会对震区的关注，让震区人民有了归属感以及安全感。在震后中后期，此时对家庭恢复起主要作用的是家庭内部的力量，经历过初期的恢复，此时更重要的是家庭内部的状态。因为外部力量的介入只能帮一时，而不可能帮一世，家庭恢复的中坚力量、最本质的力量还是要靠各个家庭本身。部分家庭的家庭结构重新完整起来，因家庭这个单位的存在需要的物质基础而带来的经济压力以及家人亲属之间的互相扶持，都大大影响了家庭的恢复速度。

据我们的调研情况来看，震区的家庭恢复状况还是比较良好的，大部分家庭看起来都已经基本摆脱地震的阴影，面对新生活。但是在受过地震的打击后，震区还是有一些特有的问题。第一，震后修房而带来的经济压力，迫使当地许多家庭核心成员外出打工，基本都是老人小孩留守，并且随着打工人员的增加，镇上劳动力缺失、消费力下降，经济较为疲软，加剧外出打工的现象使家庭成员难以团圆，影响家庭恢复。第二，地震后新生儿与父母巨大的年龄差距，使新生儿的体质较差容易生病，加重家庭的经济负担。更重要的是，巨大的年龄差距给父母带来很大的精神压力，因为在新生儿还未长大时，其父母可能已到达退休年龄，难以再承担家庭的经济功能，这种年龄差距带来的一系列问题也给家庭恢复蒙上阴影。

今年是汶川地震第五年，震后家庭的恢复也迈向第五年，回首今年在中国发生的雅安地震以及甘肃地震，我们希望通过探索震后家庭恢复的影响因素，可以给其他地震灾区带来借鉴。五年，也许不足以完全抹去心灵的阴影，却为倒塌的家装上通往幸福的门，为受伤的心打开了能透过微风和阳光的窗；五年，也许不足以完全恢复往日的宁静，却也为生活的繁荣打好物质的基础；五年，对口支援的"硬指标"基本完成，温暖的脚步不会停止，因为需要重建的，不止一个城市、一个乡村，还有一颗颗充满爱的心灵。也希望此报告所反映的汶川地震灾区家庭恢复依然存在的问题，可以得到解决。

参考文献

［1］林南. 社会资本：关于社会结构与行动的理论［M］. 上海：上海人民出版社，2005.

［2］辛玖岭，吴胜涛，吴坎坎，等. 四川灾区群众社会支持系统现状及其与主观幸福观的关系［J］. 心理科学进展，2009，17（3）：532－536.

［3］王海洋. 5·12 地震灾区农村妇女社会支持研究［D］. 兰州：兰州大学社会学硕士论文，2010.

［4］BERREN, BEIGEL, BARK. A topolog for the classification of disaster［J］. Implication for Intervention Community Meatal Heath Journal，Sum. Vol. 1982，18（2）：120－134.

［5］潘允康. 家庭社会学［M］. 重庆：重庆出版社，1986.

［6］艾略特. 家庭：变革还是继续［M］. 何世念，译. 北京：中国人民大学出版社，1992.

［7］王东明. 汶川地震灾区农村家庭生活恢复研究［J］. 四川师范大学学报（社会科学版），2011（3）：58－63.

震后"婴儿潮"背景下的南坝镇家庭养育模式调查报告（第七届）[*]

韩　燕　郭梦菲

一、研究背景

2008 年汶川特大地震中，位于四川省绵阳市平武县的南坝镇受灾严重，由河北省唐山市负责对口进行统规统建，场镇及周边落河盖、桐子梁等村小组被征地，除周围的后坪、何家坝村外，附近人口大多也都实现了"农转非"。在基础设施和房屋质量上，将南坝镇向前推进了 50 年。但灾后重建的热潮一过，越来越多的问题被暴露出来：南坝本地的工业基础十分薄弱，再加上人们生计模式的改变、房贷的压力，进一步引发了经济增长动力不足、外出务工人口激增等一系列复杂社会问题的出现。与此同时，灾后人们与外界的交流更加频繁，生活方式与观念都逐渐向城市靠拢。但总体而言，人们的思想观念变化还是明显滞后于物质生活水平的更新速度。

图 1　南坝镇全景图

---

* 本文写于 2015 年。

地震中，位于场镇的南坝小学宿舍楼变成一片废墟，172 名学生遇难。灾后重建工作告一段落后，居民开始逐渐从灾难的阴影中走出，重回安宁平静的生活。在此背景下，大约从 2010 年起，南坝镇迎来了补偿性生育的大规模"婴儿潮"，人口的迁入与自然增长使得场镇经济迎来了短期的繁荣。然而近两年来，一方面，南坝镇经济状况的不景气使得家庭中的青壮年外出务工现象日益增多，如今已经成为绝大多数当地家庭的经济来源；另一方面，有较好经济条件的家庭往往都选择举家向外迁出，人口流失十分严重的同时，留守儿童以及在地震引发的一系列变化影响下的家庭养育现状，成为新型城镇化背景下事关灾后重建模式反思以及乡村地区可持续发展问题中值得重点关注的重要命题。

二、研究方法

调研小组于 2015 年 7 月 11 日下午到达位于绵阳市平武县南坝镇的调研站点，由此对场镇及周边的古龙村、何家坝村范围内进行为期 10 天的田野调查。12 日，实地走访和了解调研范围，对预先制订的调研计划进行了调整，明确了调研主题，最终以"南坝镇震后婴儿潮背景下的家庭养育模式"作为调研主题展开调查，通过文献搜集、半结构式访谈与实地参与观察的方法，在对调研区内家庭人口和经济概况、教育机构分布现状等背景资料获得基本了解后，以与幼年子女成长历程息息相关的各主体——家长、教师、相关经营者等为调研对象，着重了解震后一批新生儿童家庭养育行为在观念态度、心理效应、方式选择等方面的主要变化特征，由此深层透视与南坝镇儿童成长历程密切相关的各项社会问题。

三、研究结果分析

（一）南坝镇养育模式现状分析

调研小组分别以来自南坝镇及周边村落地区（包括古龙村的后坪、落河盖、桐子梁及何家坝村）的家长、教师、儿童日常用品店铺经营者及相关公职人员四个群体为对象进行了总计 27 组访谈，并对何家坝村支书、计生办主任、古龙村后坪大队队长分别进行访谈。访谈内容从养育人家庭经济状况、家庭养育投资、营养和卫生安全保障、生养观念、教养方式、教育观念以及情感状况共计 7 个方面入手，由此得出的各项内容基本状况如下。

1. 家庭经济状况

南坝镇地处经济欠发达的乡村地区，经济状况普遍较差。本地工业基础十分薄弱，城镇化和工业化水平均较低，村民仍以农业生产活动作为经济收入的主要来源。

此次地震是南坝镇发展历程中一个重要的转折点。地震中大多数居民的房屋受到损坏，不得不通过向农村信用社贷款进行房屋的修缮和新家具的购置；此外，政府对场镇及周边乡村的部分地区征地进行"统规统建"，耕地面积的减少使得人们的生计模式不得不发生改变；再加上南坝镇本地产业发展与就业环境的不容乐观，使得外出务工现象开始急剧增多。

南坝镇的核心区为场镇地区，是各类商铺、公共空间与服务设施集中分布的区段。历经政府征地建设后，场镇的城镇化水平显著高于周边村落地区，居民收入水平相对较高，收入来源也增多，外出务工和租金收入为最主要的两类，临近街道的住户会在房屋一层自营饭店、服装店、日用品点、文具店等商铺。而周边农村地区，外出务工已经成为最普遍的生计方式，这里的居民相对面临着更加突出的经济负担。

2. 家庭养育投资

家庭在养育幼年子女方面的开支主要体现在饮食、穿戴、娱乐、教育等方面。经过调研发现，调研地的家长对子女的日常生活开支的态度表现出两种倾向：一种会更倾向于满足子女的意愿与偏好，另一种则会更加倾向于注重质量。这两种差异主要根源于家长这一人群的不同。

经过实地调研发现，持前一种态度的，很大一部分都是家庭内养育留守儿童的老人，这一类家长对子女的养育观念往往还停留在物质资料贫乏、观念较为保守的年代，对当今社会讲求科学、注重质量的教养方式所知甚少。可以说，在他们眼中，将孩子健健康康地养大是身为祖辈的家长最重要的任务。

此外值得注意的是，一些在地震中有子女遇难、后又进行补偿性生育的家长也往往认同这一观念。再次生养孩子时，这些家长的年龄一般已到中年，农村往往成家立业更早，在同龄人已经有了孙辈时，他们却不得不重新养育年幼的孩子。在这段养育过程中，往往会无时无刻不渗透着对先前失去子女经历的痛苦总结。实地访谈中我们也发现，由于生育年龄偏晚造成生育质量下降，部分家庭的新生子女自小体弱。两种因素的作用下，家长对子女快乐成长的愿望便会更加强烈。

周周幼儿园老师：补偿性生育的孩子与正常育龄父母的孩子在养育方面会有很大区别。比如年轻父母，肯定会要求孩子饭前便后要洗手，对孩子要求也很严格。像我妈妈那么大年纪的，如果再生一个孩子，她可能不会那么注重这些很小的细节。然后，他们对孩子也会更宠爱一点，宠到那种我觉得不可理喻的地步，会特别纵容自己的孩子做任何事情。而且他们生孩子，属于"失而复得"。

在南坝，对于在正常生命周期中诞生的子女，父母往往比较年轻，更加容易接受新的观念与生活方式的影响。因此，在为子女选购相关生活用品时会更加注重质量，饮食上也更加注重营养的均衡摄入，对子女的饮食习惯会有一定的限制和规范。

图2　随处可见的婴幼儿用品店

图3　父母为儿童购置的电动车

中国电信业主：孩子到现在都一直在喝奶粉，只能说是在逐渐减少，但一直没断过。也喜欢喝酸奶、QQ星、未来星什么的，电视上打广告的嘛。小时候喝奶粉喝到 10 个月大，三百多一罐，在江油、绵阳那边的专卖店买的，没在南坝镇买过，因为它不能保证质量，原因是奶粉到南坝镇有个运输的过程，生产日期可能比较旧。还有就是，这也是我们这边的人思想上的问题，会觉得，农村这边的东西始终没有城市的好。其实东西都是差不多的，只是农村这边的价钱贵个几十块钱。有的在江油、绵阳那边卖五百块，可能弄上来卖要八九百。也有网购过，德国进口的，四百多一罐。

平时给孩子买了大概有一万块钱的玩具。买个电动车都是一千多的，给孩子骑的自行车就有五个。还有那种踏板的，脚踩在上面滑的那种，有两三个。孩子一是有攀比心理，看到别人有，自己也会想要嘛！第二个家长也不想亏了孩子。家长看到别的小孩有，自己家小孩没有，自己家小孩儿去找人家说：姐姐，我想要一下，姐姐不给他要，你肯定心里头也不舒服嘛！现在在屋里头堆了有几大箱玩具！他一时兴趣，耍两天就不兴了。上次给他买了个可以用来学习、打算盘、画画的学习桌，700 多元。只要家里面赚到的钱小孩想要都会给他买。这里的人想法很单纯，挣的钱几乎全部用在小孩儿身上。如果一个月挣一万，大概有五千块钱是花在小孩身上。因为自己平常花不了多少钱，买一套衣服一两百块钱，孩子那么小，一套衣服至少也都是几百的，比较注重质量。还有小孩儿长身体比较快，他一岁以后穿的那鞋子，都穿不了几个月，就送人了或扔了。

场镇儿童用品商铺老板：地震完一两年后，生意最好，现在做生意的多了，多了很多商店，生意不行，儿童车存货还是很多，卖不出去。很多人回去网上买。很宠孩子，但是和城市里面宠的不太一样，经济条件不一样。自行车两三百，中等价位，电动车最贵的有一千多，根据经济条件买玩具。地震前生意好。现在一个月玩具营业额不足一千，利润比较少。

3. 营养与卫生安全保障

对学龄前的儿童来说，幼儿园是他们习得日常生活习惯和培养安全意识的重要场所，而父母则承担起子女日常消费以及发挥生活中的示范作用，对幼年子女的营养和安全保障的重视和影响力度均较以前有显著提升。

在营养方面，更加注重孩子日常摄入营养的均衡，注重卫生条件，因而更加倾向于在大型店面购买知名品牌甚至海外进口的儿童食品，如奶粉、零食等；安全保障方面，则表现在避免儿童发生意外伤害（如跌倒、烫伤、机械伤、腰伤等）以及对学龄前儿童早期教育、卫生习惯、健康状况的重视程度上等；据了解，每个学龄前儿童在进入小学前的疫苗注射都会登记入册，但为子女每年进行健康体检习惯的比例还比较低；另外，经济状况良好的不少家庭，家长为儿童购买保险是比较普遍的行为。

4. 生养观念

经调查了解到，过去在南坝镇家庭生养多个子女是十分普遍的现象，但是现在，尽管南坝计划生育政策允许生养两个子女，但在家庭的实际选择中，除了震后补偿性生育行为，生养一个孩子成为更加普遍的倾向。究其原因，其一，最主要的因素在于震后家庭经济压力的突然增大，养育孩子的成本上升；其二，城市化的观念与生活方式的进入，使得家长主观上也开始更加注重养育孩子的"质量"；其三是在文化因素方面，南坝镇当地文化中罕见地不存在中国其他地区所根深蒂固的"重男轻女"观念，生计模式的转变更使得家长在养育孩子的选择上一视同仁，对生养孩子的性别不存在很深的执念；而其在子女婚嫁中特有的"抱儿子"（即男方入赘至女方家庭）文化在南坝镇当地相当普遍，这在一定程度上缓冲了固有的"养儿防老"压力。

据我们调查了解，当地家庭欲生养多个子女时，存在 4 年间隔期的要求。考虑到"婴儿潮"在家园重建基本完成的 2011 年之后进入高峰期，到现在为止时间较短，因此生养观念是否会随着家庭经济状况以及抚养能力而改变，还需要后续的调查支撑才能得出结论。

5. 教养方式

根据调查了解到，家长对陪伴幼年子女成长阶段较以往更为重视。总体趋势上，越来越多的家长更加注重子女的全面发展，以培养孩子的兴趣爱好、重视孩子的性格养成为主要的体现。

但现实中，为了维持生计而外出务工是更加普遍而无奈的选择。综合权衡之下，许多家庭的男性外出打工，女性则留守家中照顾行动能力较弱的老人与孩子。但对于经济状况很差、父母不得不双双外出打工的家庭，家中老人则成为承担孩子日常教养任务的主要人选。而另一方面，远离家园的父母出于补偿未陪伴子女成长的缺失，往往会更倾向于用物质来弥补对子女精神关怀的缺位。此外，由于儿童的年龄尚小，其教养过程存在与一般家庭相类似的共性问题：社会发展日新月异与观念的更新之下，父辈的严格与祖辈的宽松体现了不同时代教养理念的差异；现今"打骂教育"已经无法适应新时期的新形式。

6. 教育观念

（1）教育机构现状。

①学前教育机构。2008 年震后出生的一批新生儿，目前大多处于上幼儿园的阶段。据了解，南坝目前有共有两家私立幼儿园，分别是"周周幼儿园"与"小博士幼儿园"，吸纳了南坝场镇及周边村落的绝大多数学龄前儿童。两所幼儿园分布在场镇的东、西不同区段，由于在师资、硬件设施、教学质量上基本相当，所以家庭对幼儿园的选择表现出明显的按片区分布的特征。

周边农村地区同样是两所幼儿园的重要生源地。由于家长多外出务工，再加上路途相对较远，很多孩子平时上学的时候都由爷爷奶奶带着在场镇租房子照顾，放假的时候则会回家。

> 周周幼儿园退休女教师："周周幼儿园是地震前的。办得不怎么样，教师少，环境差，老师都是周围无业女性。小博士幼儿园是地震后的，办得最好，在县里都比较有名。老师都是专业幼师毕业的。节日活动节目办得很好。2012 年开始办，260 个学生，十几个老师……学生住校费用700 元每学期，学费 1000 多元，住校生生活费 350 元。住校的一般都是乡下家里父母外出打工，婆婆爷爷养的，或者家里比较忙的，土地多的。住校相当划算。家长可以做事。还有些家庭条件好的孩子不住校，在这边租房子。1000 多元一年，一个月 100 元，很便宜。"

图 4　小博士幼儿园

② 公立教育机构。场镇的公立教育机构主要包括南坝小学和南坝中学两个。两所学校在 2008 年地震后均经历重建，设施得到很大程度的完善，宿舍楼、体育场、电子设备配备充足。两所学校的教师多来自外地，经统一招考聘用而来。虽然硬件设施十分完备，但教学质量与周边市县比仍有较大差距，因此在此上学的相当比例的学生都来自周边的乡村，而在场镇，凡是家庭条件允许的学生都会被送至平武县城、邻近的江油市以及绵阳市区的寄宿学校。再加上南坝中学不设有高中部，家庭经济状况不佳者一般会选择平武县城的高中就读，经济状况较好的家庭则会从孩子很小时就将其送至更远的江油、绵阳的贵族学校就读，包括江油外国语学校、绵阳外国语学校等。

> 文阿姨："镇上的娃儿少，大部分背铺盖的都是乡下的。家长抱有一定希望的学生。镇上的学习成绩一般的也有在这里读书的，成绩好的，家庭条件还不错的，都到下面读书去了，绵阳、江油。从幼儿园都在底下读，有钱的人都上得起，没钱的人都在这儿读。"

图 5　灾后重建的南坝小学及中学

③ 兴趣特长培训班。起点文化艺术中心是南坝场镇唯一的一处较具规模的儿童课内外兴趣特长培训班，实地访谈当日正好是培训中心的"小升初"辅导班开始报名的日子，可以看到培训中心门口挤满了前来报名的众多家长和学生（图 6）。除了课内辅导，也开设舞蹈、美术、跆拳道等兴趣特长班。

> 据了解，来场镇参加特长培训班的少年儿童大部分来源于周边农村地区，来自场镇本地的反而很少。根据前来为孩子报名的文阿姨的介绍，"（起点文化艺术中心）只有 3~4 个老师，特别少。这里是山区，老师很缺乏。一个老师教很多门课程，但是娃儿有学的总比没学的好，这里的价钱可以接受。小的来上幼儿园的，培训舞蹈，跆拳道，大的来上学的，小升初学习文化课。"

图6　起点文化艺术培训学校

（2）教育期待。

实地调查发现，当地家庭的父母对子女的教育重视程度有显著提高，普遍认识到"知识改变命运"的道理，希望孩子可以通过读书"走出去"，追求更加丰富美好的城市生活。但是经过进一步细化的分析可以发现，家庭经济状况对教育期待有着巨大的相关性。对于背负巨额房贷、经济拮据的边缘村落的家庭，供孩子完成中学阶段的教育已非易事，对孩子的期望也只能是在其上完学后可以尽快加入外出务工的队伍分担家庭的经济压力。而对于替代外出务工的孩子父母承担孩子养育责任的祖父母，他们对孩子的教育理解往往十分片面，将孩子的优秀与否简单粗暴地等同于分数和学习成绩。而对于经济有富余的家庭，往往会在中学乃至小学阶段就将孩子送至江油、绵阳的"贵族学校"，在更为宽松和优越的环境中对子女进行培养，并以接受高等教育、进入大城市生活为理想目标。

问：您觉得南坝的教育条件能满足孩子的需求吗？

场镇的付女士："娃儿肯定不能满足噻，都想有条件送到更好的学校去。现在（绵阳）市里的学校一年都得4万元，我们工资只有2000多元，根本不允许，还要供房贷是不是嘛。绵阳按片划分的学校，你晓得，也跟这里的学校差不多。私立学校稍微好点，公立学校跟这里的学校差不多，都是我们这些老师教出来的你晓得嘛，老师的实力都差不多。城里面学校的老师也都是这些乡村的老师考进去的。

镇里没有高中，县里有平武高中。这边山区一个多小时就不远了，它人少就只能去平武上了。成绩好的，就去市里面的贵族中学读，再稍微好点的，就到江油的贵中读，考不好的，考不起的就在平武的读，再考不好的考不起的家里穷就不读，就出去挣钱，学手艺。很少有人回来。经济不行，回来做生意一年挣不了多少钱。"

此外，值得注意的一个群体是南坝小学、南坝中学的教师们。由于自身从事文教工作，在教育孩子的方式方法上往往更加科学，这使得他们成为南坝镇持先进教育理念人群的主要组成部分，而实地调研也发现，由教师家庭培养出的孩子无论在学习、性格、礼仪还是兴趣爱好方面，表现也更加优秀，眼光也更为长远。

7. 情感状况

本项调研内容以学龄前的留守儿童为主要对象，通过对其父母以及幼儿园老师进行采访，了解到当前幼年子女普遍存在情感需求缺失状况。本是在最需要父母亲力亲为引导孩子未来世界观与价值观形成的重要阶段，但是精神关怀的相对缺位往往导致了孩子普遍存在的任性、以自我为中心、缺乏感恩心态。

不可否认"婴儿潮"中诞生的这批孩子年龄尚幼，将其性格上的不成熟理解为儿童天性所致也无可厚非，然而生身父母对孩子的影响往往是深远的、潜移默化的。即使现在看来自我意识尚未完全觉醒，但长此以往缺少父母的关爱与引导，势必会严重影响孩子性格的养成，从而产生自卑、自私、敏感、偏执等不利倾向。

（二）南坝镇养育模式的特点及案例分析

和中国广大乡村地区一样，南坝镇存在着城镇化背景下留守儿童等中国乡村普遍问题，但是由于地震中学校坍塌造成不少学生遇难的经历，以及震后当地人生活方式与观念全方位的快速转变，使得南坝镇的养育模式显著有别于其他乡镇地区，同时又在地震后出现的"婴儿潮"一代身上得到了集中的体现。经过对上述 7 方面调研内容的综合分析，可以归纳出南坝镇在教育模式上存在的以下主要特点，下面将结合案例进行具体分析。

1. 场镇与乡村养育方式和观念差异明显

养育方式、养育观念和家庭经济状况及父母文化程度有着较大关系，由于南坝镇中心和周围乡村经济水平存在明显差异，因而在孩子的养育观念上也存在差别。在南坝镇中心，经济条件较好的家庭往往会将孩子送往邻近的江油、绵阳等地去读书，经济条件差一些的也让孩子在南坝镇上读书，且很多父母都表示不愿意外出打工，更希望留下来陪着孩子。在镇周围的村子中，村民比较理想的养育方式是，当孩子还比较小的时候，父母双方一方（一般是母亲）留下来照顾孩子，等到孩子比较大了，父母双方再出去打工。因此，在场镇上留守儿童的比例要小于周围乡村。同时，场镇中的父母的教育理念也与城市的教育理念更为相似，而农村中父母仍是比较传统的教育观念。

个案 1：科创大药房的老板

药房位于南坝镇一条略偏的街道，老板是一个二十多岁的姐姐，丈夫在南坝镇中心医院上班，自己经营着这家药店。地震后贷款三十多万修房子，现在还有十几万的贷款没有还完。现在有一个 7 个月的宝宝。孩子还小，主要喝奶粉，吃一些水果。姐姐很注重对孩子身体的保护，很少在网上给孩子买衣服，因为看不见东西，不太放心。也不太让孩子玩玩具，怕玩具材质有问题，会伤着孩子。孩子的姨会从江油买一些材质比较健康、即使啃咬都没有问题的玩具带给孩子玩玩。姐姐说自己不喜欢外国进口奶粉，因为不知道是否真的是外国进口，不过镇上现在家里有点条件的都买进口奶粉了。很多人一种奶粉吃一阵就会换一个牌子，问及孩子打疫苗的状况，姐姐说打疫苗有的疫苗免费，有的收钱。国家规定收费的也是必须打，但是可以根据家庭经济状况，选择进口的还是国产的。因为自己是医生，因此对这方面格外注意，往往给孩子选择最贵的疫苗，孩子打过最贵的疫苗是 198 一针。现在在家中有买有声挂图，用来教孩子说话。被问及养孩子什么最重要，姐姐表示养孩子最重要的是身体。

个案 2：何家坝村的一户村民

郑阿姨是何家坝村人，家里总共五口人，他们家是地震后的一个重组家庭。丈夫在外打工，女儿 10 岁，在南坝镇小学上五年级，小儿子 2 岁，女儿住校，一周回来一次。大儿子读到初二就不上了，在浙江学厨。大儿子的收入只够勉强维持自己生活。家里主要是靠父亲在外扣工，好的时候一个月可以往家里寄两三千，现在整个经济形势都不好，我们访谈的时候郑阿姨的丈夫刚好从新疆打工回来，因为在外边也赚不到什么钱。现在花费还是挺高，主要花费是给孩子，孩子学费并不算贵，一学期一百多，生活费每月一百多，衣服是随时买。小儿子现在不吃奶粉了。以前吃过好多种奶粉，因为家里经济条件不太好，一般吃雀巢的比较多，一罐一百多，这已经算是比较低档的奶粉了，阿姨粗略估算一个月花在孩子身上大约要一千多。郑阿姨也给孩子买了医保，新农合，一年90元，因为现在的孩子一般都有医保。在如何教育孩子的方面，郑阿姨说孩子犯错（把她）气着了也会打。尽管江油和绵阳的教育水平要高过南坝镇，但是家里经济状况不允许孩子去外面上学。以后还是让孩子在南坝，没有打算去外面。尽管常年在外，一家人的关系却很是融洽，父亲外出打工会每天给孩子打电话，虽然孩子小，但也都要说几句，和爸爸很亲。父亲在外打一些临时工，母亲在家每天送孩子去上学。对于孩子哪方面最重要，父亲表示不好说，郑阿姨则说孩子最重要的是成绩，她对孩子的学习抱有期望，希望孩子将来能上大学。

2. 孩子物质支持大于精神支持

在南坝镇，家庭的养育开支中，给孩子的物质支出（如玩具）的比重远远大于精神支出（如书籍）。一方面，由于孩子比较小，现阶段的物质需求要高于精神需求；另一方面，家长很少能意识到这些精神需求的重要性，尤其是在爷爷奶奶带孩子的情况下。家长给孩子买的课外书就比较少，但是对于一些贵重玩具，电子产品方面就十分舍得花钱。在南坝镇上如价值千元的电动遥控儿童车并不算少见，在周围乡镇中也有。但也有例外，在南坝镇的教师群体中，由于文化程度较高，他们往往会更加注重对孩子精神方面的教育。一些从外地回到村中的人，由于接触到和了解到比较多城市中的教育理念和教育方式，对待孩子也会更加耐心，注重孩子的个性发展。

个案：

付女士今年32岁，绵阳师范学院毕业，她和丈夫都是南坝中学的教师，平常会帮着父亲照看一家文具店和一家电教产品店。有一个五岁的女儿。谈起店里的生意，付女士说，其实来到这儿可以遇到很多很"奇葩"的人。这儿的孩子家长文化素质都不是很高，而且很多都出去打工了，孩子都是老年人在带。如果推荐一些孩子买课外读物，家长就会说："你买这些干什么？你买这些没的用！"孩子刚上一年级，就跟孩子说："你回去做题！"他们的教育，就很跟不上，他们就觉得做作业最重要，别的都没的意义。跟他们解释太累了。付女士给自己家的孩子在邮局订了《幼儿画报》，每月一期三本，252元一年。自己和丈夫轮流给孩子讲故事。

在这里订书的就三个人，还都是她的同事。问及店中辅导书的销售情况，付女士说老师要求的才会有家长来给孩子买。老师没有要求的，比方说那些古诗词啊，英语辅导书啊，就永远都卖不出去。只有那些在绵阳上学的孩子的家长才上来买。很少有孩子自己会过来买书，喜欢看书的孩子也有，但是少之又少。还有给家长推荐给孩子买一些书的时候，他们好多都会说："怎么这么贵，不如用这十几块钱来给娃儿买点吃的！"这种真的大有人在。这些一般都是爷爷奶奶。这些爷爷奶奶一般都觉得孩子学这些课程外的琴棋书画没有意义，他就觉得不用钱、读书成绩好、以后回来挣钱就对了。有的管你读不读书呢，只要挣了钱就可以。他们觉得只要把娃儿养大就可以了，他的任务就完成了。因为他们接受的教育就是这样一个程度。现在很多家庭压力很大，家长在外打工也是很辛苦，在大城市深有体会，就会觉得努力学习文化知识很重要。对于自己的孩子，付女士则认为孩子性格最重要，同时也根据孩子的兴趣送孩子去学钢琴、舞蹈。在南坝镇，送孩子去这些兴趣班，父母往往有一方是外地来的教师。

3. 重视孩子，舍得为孩子花钱，甚至于溺爱孩子

南坝镇当地居民重视孩子，在孩子身上舍得花钱。以奶粉为例，几乎家庭条件稍微好一些的都会让孩子吃进口奶粉，即使吃国产的也是在200到600价位的奶粉。一方面，因为在地震中经历过或目睹过失去孩子的痛苦，因此对孩子十分重视。这不仅表现在物质上愿意花钱，几乎每个家庭对孩子上学都会早晚接送，即使家离学校很近。用后坪大队张队长的话来说就是，孩子上学必须有一个人陪他上学。另一方面，地震也使得人们对钱财的态度有所改变，不再那么重视身外之物。尤其是地震中失去孩子的家庭，对于后来补偿性生育生下的孩子，总怀有愧疚的心情，竭尽全力给孩子最好的物质条件，弥补对前一个孩子不好的遗憾，因此不免有些溺爱。除此之外，这里也有重视孩子的传统，一个年轻的家长就对我们表示，这里幼儿园没有出现过虐童事件，因为一旦出现这种状况，家长们肯定会去幼儿园闹，打老师。

个案1：

何家坝丁阿姨家中5口人，有一个1997年出生的孩子在地震中去世，现在家里有一个2007年出生的儿子和一个2009年出生的女儿，在访谈中

见到了儿子但没见到女儿，孩子的父亲在外打工，一周回来一次，家中还有一个老人。母亲开了一个零食店，每天的收入仅供两个孩子的零食。父亲在外面打工，是主要的经济来源。家中有贷款，现在又延了3年，家中有地，但是种的地不够自己吃。虽然自己也想出去打工，但是由于年纪比较大了，又没有一技之长，外出打工没有人要，打工很困难。原先有一个孩子，在地震中去世，因为穷，2007年才生了第二个，后来2009年又生了一个。大儿子在南坝镇小学上一年级，女儿在上幼儿园，马上上一年级。儿子没有住宿，每天接送，女儿中午在幼儿园吃一顿，因为有过失去孩子的阴影，非常怕失去孩子，所以早晚接送，对孩子比较娇惯，孩子要什么就给什么，因为第一个孩子没有给他好的生活条件，想起来觉得很对不起，于是对现在这个孩子就尽量满足。两个孩子的零食尽量不缺，愿意吃就让他们吃。两个孩子也会打架，做父母就是劝架。谈及现状，丁阿姨说，现在的目标就是还债和供孩子上学，两个孩子上学对家庭的经济压力很大。因为自己不识字，也没有办法很好地辅导孩子，大儿子有些调皮，但还是知道用功，暑假孩子有作业，并没有每天监督着做，孩子自己如果完不成也会在开学前赶一下。将来会尽量供他们读书，如果成绩不好也只能出外打工。现在的家长不给小孩吃零食，觉得不健康，是垃圾食品，容易得病，另外，孩子吃了零食就不吃饭了。

个案2：

蒲阿姨，四十多岁，在地震中去世的是个儿子，当时在上小学，要是儿子现在还在应该都二十几了。2010年又生了一个孩子，现在上幼儿园。没有要二胎，因为实在没有多养孩子的精力了。家庭收入来自孩子父亲在矿山打工赚钱，去年一天能挣两百多块钱，今年一天只能挣一百多了。自己的主要任务是带孩子，接送孩子上学，照顾孩子食宿。孩子的花费主要是上学和平常的零食玩具。孩子在小博士幼儿园，日托，午饭在学校吃，一个月生活费180元。现在不吃奶粉了，原来奶粉钱是一项比较大的花费，一桶二百多元，只够吃一个星期。因为孩子前一段时间得了全腹水，肚子胀了好大，去绵阳做了手术，也不知道是什么原因。在南坝的医院住了一阵子，半天也确定不了是什么原因，这让他们夫妇很害怕，去了绵阳的大医院才治好。蒲阿姨有些自责，觉得是因为自己生孩子的时候年龄大了才给孩子带来这些问题的。

蒲阿姨对孩子的健康格外重视，宁肯让孩子在家看电视也不是很愿意让他出来玩，因为小朋友玩的都是一些你打我、我打你的游戏，孩子出来玩也不放心。平时给孩子买零食，但花费不固定，有时候不会买，有时候一天就上百块。总体上还是控制得很好，毕竟孩子的肠胃也不太好，就没有让他自己去买。像冰激凌，他虽然要，但是从来都没给他买过。

4. 代际关系融洽

南坝镇中父母和孩子关系相对其他地区而言会更融洽一些。尽管父母可能长年在外打工，但是父母与孩子联系却都很紧密，父母一般会等到孩子大一些才外出打工，外出打工也基本上是每天都会给孩子打电话，回家后孩子对父母也都十分亲近。这种亲密关系的普遍存在与南坝镇重视孩子的观念密不可分。此外，在中国的一些农村地区，往往会有重男轻女的观念，但是在南坝镇并不存在这个现象，该地区生男生女都是宝，都会得到同样的重视，甚至有些家庭更喜欢女孩子。该地区将入赘称为抱儿子，在称呼上就可以看出，南坝镇地区对于入赘等方式不带有任何贬义或者歧视色彩。这种平等的性别观念会使得代际关系更加融洽。同时也不乏父母放弃外出打工而在家里陪孩子的例子。

个案：

场镇有一家中国电信的营业厅，是一对年轻夫妇在经营，家中有一个三岁的孩子。父亲当时在绵阳读高中的时候贪玩，翻墙、打老师、早恋。现在想起来颇为后悔，加上弟弟和妹妹在地震中残疾，使得他对孩子更为关注。原来在外面跑运输，现在不愿外出打工，因为不想让孩子变成留守儿童，留守儿童犯罪率太高。

5. 外来教育理念的融入，教育理念仍需提高

随着地震后灾区的重建，也带来了外界的生活方式和观念，从而改变了南坝人的一些养育模式和养育理念。在地震发生之前，这种转变也在进行，只是地震的到来加速了这种变化。在地震后，一些兴趣班悄然兴起，如跆拳道、舞蹈班等，在镇上送孩子去学这些技能的家庭比较多，在周围乡村相对而言就比

较少。同时为孩子买保险等方式也逐渐推广开来，让孩子的未来多一份保障。更多的父母表示这些改变力度还是有限的，而且多存在于父母都在孩子身边的家庭，对于那些留守儿童以及补偿性生育的家庭，爷爷奶奶带孩子则会出现那些惯常的问题。在南坝中学教书的付女士提到："每个家长教育孩子的方式都不同。乡村家长对孩子的学习不是很关心，这也没办法。南坝这里的学校，不像那些城里的学校，你成绩不好的话老师可以请家长。我们这里的娃儿成绩不好，只要你安安全全地读完书就行了，你不敢请家长。你打电话给家长，家长说：'哎呀，我也没读过书，你对我们娃儿费心点嘛，我们也在外面打工，来不到。'晓得嘛，根本不可能存在（请来家长的事情），所以我们从来不请家长。一般他（孩子）在学校不做那种太过分的事情（就不会去请家长），但有时候比如他把学生娃儿打伤了，你请家长，家长还会不高兴，他觉得学校出了事情是你老师的责任。成绩不好，你是不可能请家长的。此外，家长不是很重视，如果家长重视娃儿（的教育情况）会主动来找老师沟通，但是这种少之又少。就连老师叫孩子买一本书他都会问原因。"在调研中我们发现，在爷爷奶奶带孩子的家庭中，孩子的教育多多少少都是存在一些问题的，爷爷奶奶对孩子比父母更为宠溺，孩子有一些不当行为基本不会理会，也很少加以纠正；如果孩子的行为实在比较出格，往往也是采取比较简单粗暴的方式解决问题，面对孩子的哭闹，他们往往会不忍心，从而顺着孩子的要求。

6. 父母自身经历对养育观念的影响

父母的一些自身经历也会对如何教育孩子产生影响。有的父亲因为自己上学时没有人管，从而喝酒抽烟荒废了学业，因此在养育自己孩子的时候就特别注重对孩子的陪伴；有的家长因为受到自己父母的养育方式的影响，也会将自己父母养育自己的方式用到下一代身上。

四、反思与总结

（一）孩子的发展问题和养老问题

南坝镇在地震中有172个小学生遇难，这些家庭随后通过自然生育、人工受精等方法基本都有了孩子。但是生育"婴儿潮"的时候，这些父母大多已经四十岁左右，当孩子发展正需要用钱的时期父母也是正需要养老的时期，难免会造成家庭生活困难。为了解决这一问题，一些家庭选择给孩子买相应的保险来应对未来的风险。同时在地震后，国家也为这些失去孩子的父母购买了养老保险，解决了他们的后顾之忧。尽管如此，很多外出打工的父母由于年龄较大已经很难找到合适的工作，这种状况在周围乡村较为常见。加之今年全国经济形式并不好，南坝的物价居高不下，怎样发展本地产业，解决家庭经济问题的同时能够让父母陪伴在孩子身边，这是当地政府亟待解决的问题。

> 周周幼儿园老师："当初我们这边属于重灾区，整个小学都塌了，基本上八成的家庭都失去过至少一个孩子，父母三十多四十多都属于高龄产妇了，再生一个孩子肯定阻碍都很多。以后孩子二十多岁的时候成家立业正要用钱，父母却已经都老了，他们就都会很困难，生两个以后肯定更拿不出那个钱，所以很多人就都只要一个孩子了。另一方面，也是这个原因，好多人趁现在四十多岁还能劳动，拼了命地到外面打工挣钱。这种打工挣钱已经不能说是为了养老了，因为他们肯定等不到自己的孩子给自己养老，唯一的期望就是自己的孩子到二十岁、三十岁这个阶段，至少不会过得那么潦倒。"

（二）留守儿童问题

这个是中国乡村地区普遍存在的问题。这个问题由于地震的发生，相比其他地区而言并不是特别严重，父母即使出去打工也会等孩子大一些才出去，正如前文所言，南坝镇总体而言代际关系还是比较融洽的，但是也还是有一些这样的问题。儿童时期是人身心发育、知识积累的关键时期，家庭、学校和社会发挥着极其重要的作用。当前，由于家庭的不完整、父母在家庭功能中的缺位、农村学校教育管理的不健全以及农村基层组织功能的弱化使得农村留守儿童的健康成长受到严重影响。在南坝镇当地，有些孩子因为从小是由爷爷奶奶带，与父母关系并不十分亲密，不是特别依恋父母，更愿意自己玩；在学校的教育方面老师也纷纷表示难管，也难以让家长配合，很难达成良好的家校互动。

（三）孩子溺爱问题

由于重视孩子，在一些方面难免纵容过度。在一些家访的过程中，经常看见孩子有一些不太恰当的举动家长却不加以纠正，也许是顾忌有外人在场，但是见微知著，长此以往，难免会影响孩子的健康成长。经历过地震以后，对于孩子，他们往往有一种患得患失的感情，也更为重视孩子的身体健康和平安，把其他的一些事情都放在了一边。过于重视孩子的另一个后果就是容易造成攀比心理，不让孩子受委屈，给孩子最好的物质条件，父母的这种理念也容易带坏孩子，让孩子不自觉地产生攀比心理。

五、结　语

有人说，孩子是一个家庭的延续；还有人说，中国农村的希望，关键在于对孩子的教育。2008 年的一场地震，让一百多个家庭失去了已经步入小学阶段的孩子，然而对南坝养育观念及行为的影响，却远远不止于此。

从近处着眼，灾难使得南坝人更加体会到生命的可贵，也使得他们对孩子更加重视，2008 年"婴儿潮"后的这一代南坝儿童，得以享受父母更多的重视与更为优越的物质条件，但迫于家庭经济压力的残酷现实，父母无暇在子女精神层面给予足够的关注。尽管这一批孩子目前年龄尚幼，自我意识未充分觉醒，但长此以往父母在养育行为中的缺位，势必会对孩子人格的形成与性格的完善造成不可逆的影响。同时，父母应该重视提升孩子的精神层面，重视但不宠溺，多多给予孩子长远的启发与指引。

另一方面，南坝镇在地震中失去孩子的家庭数量众多，这对当地的影响已经远远不止于教养观念这一点。由于出现年龄断层，势必会牵涉出一系列复杂的家庭及社会问题。如何保障孩子的健康成长，解决未来必将形势严峻的家长的养老问题，首先必须要在社会及政策层面给予足够的深入研究和重视。

参考文献

[1] 周大鸣，詹虚致. "灾变"后的都市化："5·12"地震灾后重建研究之一 [J]. 民族学刊，2015（2）：26 - 33.

[2] 辜胜阻，易善策，李华. 城镇化进程中农村留守儿童问题及对策 [J]. 教育研究，2011（9）：29 - 33.

[3] 段成荣，吕利丹，郭静，等. 我国农村留守儿童生存和发展基本状况：基于第六次人口普查数据的分析 [J]. 人口学刊，2013（3）：37 - 49.

[4] 谭深. 中国农村留守儿童研究述评 [J]. 中国社会科学，2011（1）：138 - 150.

中国居家养老现状及问题研究

——四川省汶川县水磨镇为例（第九届）[*]

庄展博　李　烁　申　思　周　媛　吴　茜

林泳茵　谢文皓　李梦真　李云龙　邓思源

一、研究背景

　　当前，我国进入了老年型社会，根据第六次人口普查公布数据，2010 年，我国 60 岁及以上人口占总人口 13.3%，比 2000 年上升 2.93%，其中 65 岁及以上人口占总人口 8.9%，比 2000 年上升 1.9%。从最新统计数据来看，截至 2014 年年末，我国 60 周岁及以上人口数为 2.12 亿人，占总人口比重为 15.5%；65 周岁及以上人口数为 1.38 亿人，占比 10.1%，首次突破 10%，说明我国老龄化程度进一步加深。随之而来的相关问题也亟待解决，老年人需求与养老问题也逐渐成为社会关心的焦点话题。我国在《中国老龄事业发展"十五"计划纲要（2001—2005）》中就提出了建立养老保障体系的总目标，这个总目标严格遵照市场经济要求，并以此来指导建立城、乡各具特点的养老保障体系。

　　关于养老模式，被大部分学者所认可并为政府采纳的是家庭养老和社会养老两种基本形式。这两类养老模式目前普遍存在，是与当前有关老年人的监护制度中的要求基本相符的。经济社会的发展使得农村家庭向小型化方面发展，从而导致家庭的保障功能逐渐弱化，虽然各民族之间存在不同程度的差异，如文化传统差异、区域发展不平衡等，但均以子女养老为主要家庭养老模式。❷

---

　　* 本文写于 2017 年。

　　❷ 山国艳，张禧. 现行监护制度下少数民族地区农村养老模式的完善研究［J］. 贵州民族研究，2015，36（4）：17－20.

在上述大背景下，我国的居家养老服务工作有了长足的发展，卫生部于1985年出台了《卫生部关于加强我国老年医疗卫生工作的意见》，就老年病的防治、老年医学人才队伍的建设、老年医学研究等提出部门意见；1996年由第八届中华人民共和国全国人民代表大会常务委员会第二十一次会议通过施行《中华人民共和国老年人权益保障法》，是迄今为止我国历史上第一部针对老年人权益保障的法律；民政部门成为社区服务的重要推动者，老年人成为社区服务的主要对象；2000年国务院出台《中共中央、国务院关于加强老龄工作的决定》，极大促进了我国老龄事业的发展，推动了居家养老政策的出台，国家正式提出建立以家庭养老为基础、社区服务为依托、社会养老为补充的养老机制。❶

本次实践考察的地点为四川省阿坝州汶川县水磨镇。汶川县全境皆山，峰峦起伏，沟壑纵横，山脉大致以白什、外白为界，其西属岷山山脉，东属龙门山脉，最高点插旗山海拔4769米，最低点香水渡海拔540米，相对高差4229米。从其地理环境来说，一般情况下难以形成网格状或块状聚集区，多是以家庭为单位，养老模式为居家养老，现代意义上的社区养老模式并不普遍。本次调研地点——水磨镇是坐落在四川省汶川县南部的岷江支流寿溪河畔的一个小镇，早在商代便有"长寿之乡"的美誉，时称老人村。而在震后重建过程中，水磨镇开始着手发展其旅游业。水磨古镇旅游业发展不温不火，也使得前往镇上想通过旅游业赚钱的年轻人较少，他们更多地选择在外打工。通过对水磨社区书记的访谈了解到，整个水磨镇60岁以上的老人有1700多位，分布在水磨镇2个社区和18个高山村落中，水磨社区的老年人口更是占其总人口的32%左右。因此，政府所引导开展的居家养老服务就显得尤为重要。在调查中我们发现，当地有着传统的道德观，如养儿防老等观念；各家各户中挂着的"天地君亲师"祖先祭祀牌位等，暗示着大家庭等宗法观念依然存在；还包括当地的长寿文化和民族观念等因素促使老人更愿意守着根土生活。在这种文化背景下，老人们希望由子女照顾，而子女也自愿赡养老人。因此，水磨镇清静舒适的环境与当地传统养老的关联根深蒂固，使得居家养老中的家庭养老成为当地最为广泛接受的养老模式。

---

❶ 王莉莉. 中国居家养老政策发展历程分析 [J]. 西北人口，2013（2）：66-72.

二、文献回顾

(一) 居家养老

目前的养老模式主要有机构养老、家庭养老、社区养老和居家养老，具体划分标准多种多样，如陈友华就从养老资金来源、养老地点与养老服务供给三个基本维度划分出了社会养老、家庭养老、自我养老、居家养老与机构养老等基本类型。❶ 笔者综合前人的大量相关研究整理出以下表格：

表1　养老方式分类表

居住方式	养老模式		养老费用承担者	养老服务提供者
家庭	家庭养老	传统家庭养老	家庭	家庭
	社会养老	居家养老	家庭或自我 + 政府	家庭 + 社区 + 政府
		社区养老	家庭或自我	家庭 + 社区
机构		机构养老	家庭或自我	养老机构

居家养老是养老的一种主要模式，从定义上来说，它是从养老的居住方式角度而言，是相对于集中居住在各种机构养老的一种老年人分散在家庭居住的养老形式。❷ 目前，居家养老方式已经成为世界主要国家的养老方式，居家养老为什么会成为世界主流养老方式呢？郭竞成认为，从经济逻辑的角度分析，居家养老是一种最经济的公共消费和善用社会有限资源的办法。❸ 另外，从社会化和老人心理层面上讲，居家养老的方式有助于保持老人的适度社会化，减少代沟及与社会脱节等问题的出现，老人在自己家里这样一个熟悉的环境中居住也有助于保持心情的愉悦。东方传统的"落叶归根""养儿防老"思想，使得居家养老这种方式在老人中的接受度较高，国际上也希望老人能够留在社区和家庭中，《1982年维也纳老龄问题国际行动计划》强调：应该设法让年长者能够尽量在自己的家里和社区独立生活，并且建议，社会福利服务应该以社区为基础，向老年人提供各方面的服务。1992年，联合国通过的老龄问题宣言

---

❶ 陈友华. 居家养老及其相关的几个问题 [J]. 人口学刊，2012 (4)：51 – 59.
❷ 杨宗传. 居家养老与中国养老模式 [J]. 经济评论，2000 (3)：59 – 60，68.
❸ 郭竞成. 居家养老模式的国际比较与借鉴 [J]. 社会保障研究，2010 (1)：29 – 39.

强调：以社区为单位，让老人尽可能长期在家里居住。❶ 在世界老龄化程度越来越严重的情况下，无论是从经济效率、文化传统还是老年人心理健康方面，居家养老都是养老模式的最优选择。

虽然各国由于文化传统及社会保障制度发展程度的差异导致在运行机制、服务内容、资金来源方面有些不同（见表2），但是本质是一样的：老年人居住在家中，享受整个社会——从家庭到社区乃至政府提供的服务。

表2　各国居家养老方式对比❷

国家	运行机制	服务内容	资金来源
英国	福利国家 + 社区照顾	生活照料、物质支援、心理支持、整体关怀	政府出资
瑞典	福利国家 + 自治团体	生活照料、娱乐交流	国家财政 + 老人自费
新加坡	中央公积金制辅以社会参与	家庭成员提供的服务、托老所与托儿所联合管理、社区文化活动	中央公积金 + 政府投入
日本	家庭福利 + 护理保险	医疗保健、陪伴	医疗保险基金 + 家庭出资
美国	医疗照顾辅以社区服务	医疗相关内容	医疗保险、救助资金 + 老人自费 + 保险

由表2我们可以看出，社会福利化程度越高的国家，老年人在居家养老的资金上负担越小，享受到的服务越全面。这主要是由于这些国家在长期的历史发展中形成了较为完善的养老服务体系，有较为稳定的资金来源，由此可见，国家的经济发展水平和社会保障体系的完善程度与居家养老的推行效果有紧密联系。那么，中国作为一个老龄化水平已经超过世界平均水平，但是人均收入却远低于世界发达国家的这样一个"未富先老"问题突出的国家，在实际工作中居家养老模式又是怎样运行的呢？

（二）中国的居家养老服务

居家养老也是中国解决养老问题的方向。中国的"孝"文化千古流传，甚至在宪法中也有体现，《中华人民共和国宪法》第四十九条第三款即规定：

---

❶ 熊必俊. 保障老有所养的理论与实践［M］. 北京：经济管理出版社，1999.
❷ 郭竞成. 居家养老模式的国际比较与借鉴［J］. 社会保障研究，2010（1）：29 - 39.

"……成年子女有赡养扶助父母的义务"。但是，由于近年来家庭结构的变化，传统的大家庭数量不断下降，核心家庭的数量不断增加，家庭的小型化、核心化导致家庭对养老的支持力不断下降，养老功能的承担者也逐渐从家庭转向社会。另一方面，居家养老的居住地点仍是家庭，相比机构养老节省了住房和费用，又不像社区养老那样对社区的发展成熟度有着严格的要求，所以成为中国解决"未富先老"问题的主要方法。

居家养老在中国的运行机制主要是居家养老服务，它是政府和社会力量依托社区，为居家的老年人提供生活照料、家政服务、康复护理和精神慰藉等方面服务的一种服务形式。❶ 居家养老服务有狭义和广义之分。狭义的居家养老服务仅指上门入户服务。广义的居家养老服务包括入户服务与户外服务。其服务形式主要有两种：由经过专业培训的服务人员上门为老年人开展照料服务；在社区创办老年人日间照顾中心，为老年人提供日托服务。具体的分类可参见表 3。❷

表 3　中国居家养老服务分类表

分类		服务对象	服务费用来源
福利性居家养老服务	无偿的居家养老服务	经济困难的独居、孤寡、高龄老人	政府或第三方
	低偿的居家养老服务		服务对象 + 第三方
市场性居家养老服务	有偿的居家养老服务	所有老人	服务对象

从 2000 年开始，上海、北京、大连、南京、宁波等地就开始了居家养老服务的探索。2008 年 1 月 29 日，全国老龄工作委员会办公室等 10 个部委联合下发了《关于全面推进居家养老服务工作的意见》发展到现在已经明显呈现出政府主导、循序渐进、城镇优先的特点，故而在我国最为典型的就是政府买单的居家养老服务，其运行程序如图 1 所示。

---

❶ 李薇，丁建定. 中国居家养老服务的发展状况研究 [J]. 当代中国史研究，2014，21（1）：90 – 98，128.
❷ 陈友华. 居家养老及其相关的几个问题 [J]. 人口学刊，2012（4）：51 – 59.

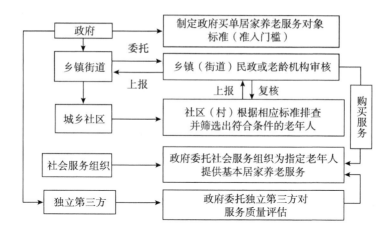

图1　政府买单的居家养老服务的运行程序❶

关于中国的居家养老服务的文献，大都是采用问卷调查的方法，从两个方向进行研究的：一是从老年人需求角度研究居家养老服务；二是研究居家养老服务过程中政府、社会组织、社区各部分的作用及问题。对于方向一，大量学者认为目前的居家养老在一定程度上满足了老年人的需求，但服务内容比较单一，仍停留在物质层面上，如孙泽宇认为居家养老服务没有切实满足老年人最急切的需求——医疗需求和精神慰藉。❷ 对于方向二，在政府方面，文献中提到的问题包括：资金薄弱，投入单一，不能满足提供多样化服务的需要；大包大揽，干扰社会组织的独立性；缺少相关的法律法规及评判标准。在社会组织方面，文献中提到的问题包括规模小、发展不成熟、工作人员专业素质低以及对政府的依赖性强。在社区方面，问题主要存在于社区人民公益观念不强，专业素养不够，缺少足够的人力和水平进行服务。研究得出的对策有：加大财政投入，机构运营市场化、产业化，投入多元化；提高服务人员的专业素养，鼓励社区居民积极参与，形成专业人员＋志愿者的服务队伍；丰富服务内容，形成居家养老与机构养老优势互补的良好局面；完善相关法律法规，量化评估指标，完善评估体制，建立中介性评估机构；政府要发挥主导作用，敢于放权，给社会组织足够的空间去成长，发挥其自主性和独立性，努力实现大社会小政府。

❶　陈友华. 居家养老及其相关的几个问题［J］. 人口学刊，2012（4）：51－59.
❷　孙泽宇. 关于我国城市社区居家养老服务问题与对策的思考［J］. 中国劳动关系学院学报，2007（1）：98－101.

（三）居家养老相关理论

自居家养老概念兴起，居家养老服务在中国蓬勃开展以来，有许多学者对其进行了理论阐释与分析。

首先，若侧重于居家养老的公共福利性质，那么适应其的主要理论为福利多元主义。福利多元主义源于西方福利国家，在经历了"市场失灵"与"政府失灵"后，在西方社会政策领域中，福利多元主义主要指福利的规则、筹资和提供由不同的部门共负责任，共同完成❶。其在居家养老服务中的应用，即政府、市场、社会、家庭都应该成为居家养老服务开展中的重要主体，不单独发挥作用，而是互相补充。❷

其次，若侧重于居家养老的政策性质，那么其体现了国家与社会关系的变化，相关理论主要为新公共服务理论。新公共服务理论内容丰富，其一核心原则为，"政府的职能是服务而非掌舵"❸，这突出了政府的服务性质，推动了政府向服务型政府转变。若将其适用于居家养老政策，则体现于政府重视公民及公共利益，政府承担提供公共服务的责任，把握好"有效政府"与"有限政府"的平衡❹，在购买服务的过程中，与社会组织充分协调，保证"政府承担、定向委托、合同管理、评估兑现"❺。

最后，若侧重于居家养老的服务性质，那么为服务对象做需求评估就十分重要，相关理论主要为马斯洛需求层次理论和"服务链"理论等。马斯洛需求层次理论反映了人的需求的层级，在当前物质条件相对改善的情况下，老人家对于精神慰藉的需求增大，因此发展居家养老此种兼顾家庭养老与社区养老

---

❶ 彭华民，黄叶青．福利多元主义：福利提供从国家到多元部门的转型［J］．南开学报，2006（6）：40-48．

❷ 丁建定．居家养老服务：认识误区、理性原则及完善对策［J］．中国人民大学学报，2013，27（2）：20-26；施巍巍，罗新录．我国养老服务政策的演变与国家角色的定位：福利多元主义视角［J］．理论探讨，2014（2）：169-172．

❸ 顾丽梅．新公共服务理论及其对我国公共服务改革之启示［J］．南京社会科学，2005（1）：38-45．

❹ 杨琦，罗遐．政府购买居家养老服务问题研究：基于新公共服务理论的视角［J］．长春大学学报，2014，24（5）：581-584．

❺ 张文礼，吴光芸．论服务型政府与公共服务的有效供给［J］．兰州大学学报（社会科学版），2007（3）：96-102．

的方式非常有必要。● 另外，亦有学者通过全面分析老人对于居家养老服务的需求、供给与利用情况，以"服务链"理论探讨各主体及各环节存在的问题，并提出相应对策。●

（四）与水磨镇相关的研究

目前，通过中国知网以"水磨镇"作为关键词搜索，相关论文主题主要与灾后重建、城市设计、文化旅游相关，但是以养老为主题的研究却很少。然而，这些研究却很好地展示了水磨镇的变迁，为队伍的调研提供了有力的支持。灾后重建是水磨镇发展的一个关键节点，水磨镇得到了大力度的财政支持，也由此转型为全国5A级风景区，为水磨镇居民及村民提供了更好的物质支持，丰富了他们的经济来源，也因此影响到水磨镇的人口分布和水磨人的家庭结构。●

具体来说，灾后重建及相关设施的建设，一方面促使高山村落的许多农民转向与脱贫及旅游业发展紧密相关的区域特产的种植，而由于老人家往往不具备掌握大规模种植技术的能力，因此在家庭中的地位下降；另一方面，促使更多村民向山下村落及社区搬迁，失去土地的青壮年大多外出打工，老人空巢化现象突出。因此，本项与水磨镇相关的研究，不仅契合了当下学术热点，更适应了水磨镇的具体情况，相较以往研究，在主题上有所创新，在内核上却有所传承。

三、研究目的

在中国步入老龄化社会，政府推行居家养老政策，老人晚年生活成为社会关注点的大背景下，我们队伍成员结合水磨镇当地情况、启创站社工给我们的相关服务内容以及前几届研究课题，本着人类学的关心他人的理念与社工的助人助己的情怀，开展了关于水磨镇养老问题的相关研究。

本篇以四川省阿坝州汶川县水磨镇老人为例，实例分析农村居家养老服务

● 杨晶晶. 农村居家养老服务的地方实践研究 [D]. 武汉：华中农业大学，2013.

● 王莉莉. 基于"服务链"理论的居家养老服务需求、供给与利用研究 [J]. 人口学刊，2013，35 (2)：49 - 59.

● 肖玲. 以农业旅游带动汶川县水磨镇经济发展策略探讨 [J]. 现代经济信息，2017 (12). 王田. 提升发展时期羌族地区新型城镇化调查：以汶川县水磨镇为例 [J]. 广西师范学院学报（哲学社会科学版），2016，37 (3)：113 - 116.

的地方实践经验、问题及其普适性问题，关注老人晚年生活质量以及内心世界，并在此基础上，尝试对农村居家养老服务的实况进行概括归纳分析和提出建议。希望以此为提升农村老年人生活质量，促进社会养老事业可持续发展做出贡献。

四、研究方法

本组采用质性研究的方法。研究对象集中于居家养老服务的服务主体和服务对象，进入水磨镇老年人的日常生活，通过与他们的实际互动来理解他们的老年生活、养老观念以及居家养老服务的推行现状，获得了大量的图影和文本资料。

总体而言，小组采用的是公开性参与式观察法、问卷调查、半结构式访谈以及文献分析法。

（1）公开性参与式观察法。

在调研中，本组走访了黑土坡村、大槽头村等八个村落和马家营社区，在老年协会与启创社工的帮助下拜访高龄老人，深入老年人的生活情境，观察他们的日常行为，并进行面对面访谈，了解居家养老服务的推行现状。在访谈身份上，本组将中山大学博雅项目调研团队以及启创志愿者的身份告知采访对象，并在取得同意的情况下对重要的访谈内容进行录音处理和文字记录。

（2）问卷调查。

为了收集老年人的基本信息、生活现状和养老观念，社工站设计了一份《老人个人档案》，并交由本组通过走访老人来完成问卷。在问卷中，需要填写的不仅有性别、年龄、身体状况、家庭结构等基本信息，还有经济收入、社会支持、赡养情况、养老观念等较深入的问题。考虑到老年人不方便阅读和填写问卷，本组根据问卷内容进行口头提问，得到回答后代为记录。通过问卷调查，本组对水磨镇老年人的老年生活与养老观念有了全面、深入、系统的了解。

（3）半结构式访谈。

居家养老服务从设计、执行到评估，涉及多个主体，各个主体有不同的特点和权责范围。为了还原服务全貌，本组访谈了不同环节的多个主体，并因应各个主体的特点设计了相应的访谈提纲。提纲以粗线条形式呈现，只对问题的范围做粗略的要求，至于问题的细节、提问的方式和顺序、记录访谈的方式等都根据具体情况做灵活处理。

（4）文献分析法。

本小组对与居家养老服务相关的现有文献进行了梳理和系统性分析，对学界的现有成果和研究空白有了较深入的了解，同时对前几届资料中与本次研究课题相关的内容进行归纳整理和更新，在此基础上开展本队伍的研究。

五、老人概况

（一）水磨老人调查基本情况

笔者在水磨镇采用问卷调查和半结构式访谈的形式，对生活在此的老人进行了调查，基本情况如下。

1. 地理分布

本次调查笔者走访了水磨镇的 11 个村落和 1 个社区，共有效调查了 34 名老人，其中黑土坡村 7 人，大槽头村 7 人，老人村一组青鸡坪 5 人，羌城 6 人，水磨社区 2 人，大岩洞村、牛塘沟村、连山坡村、陈家山村、高峰村、灯草坪村、茅坪子村均为 1 人。

2. 年龄情况

笔者将受访的 34 名老人的年龄统计制成表 4，可见 34 名老人中，70 岁以上占比超过 80%，即以高龄老人居多。

表 4　水磨镇老人年龄分布统计表（N = 34）

项目	60~69 岁	70~79 岁	80~89 岁	90 岁及以上
人数	6	9	15	4
比例	17.6%	26.5%	44.1%	11.8%

资料来源：问卷调查和访谈。

3. 性别情况

在调查的 34 名老人中，男性 18 人，占调查人数的 52.9%，而女性 16 人，占调查人数的 47.1%。

（二）水磨镇老人养老生活状况及特征

在行政规划上，水磨镇主要分为 18 个村落和 2 个社区，城镇化人口主要分布在水磨社区、吉祥社区和羌城，农村人口则主要分布在 18 个村落，与国内其他地区一样，城乡二元结构使得水磨镇的老人可以划分为高山村落型和城镇型两种类型，又因为羌城特殊的形成背景，居住在水磨社区和居住在羌城的老人在享受政策上、户籍性质上亦有所区别。下面笔者将从老人经济状况、老人居住状况、老人健康医疗状况和老人精神生活状况四个基本方面去描述和分析三种不同的老年群体的生活状况及其异同。

1. 老人经济状况

笔者对水磨镇老人的收入来源进行了数据统计，结果如表5所示。

表5　水磨镇老人收入来源统计表（N = 34）

项目	政府补贴	儿女赡养	兄弟赡养	种地	养殖	养老保险	医疗保险	退休工资	其他（打工、经商、租地）
选择数	18	14	2	13	5	4	4	1	3

资料来源：根据问卷调查和访谈制成，此项调查为多项选择。

从表5来看，被选择最多的三个选项分别是政府补贴、儿女赡养和种地，而选项的选择结果，也带有很强的地域性特征，与笔者所划分的老人类型相吻合，选择政府补贴、种地和养殖的多是生活在高山村落的老人，其主要原因是：其一，政府对高龄老人会发放相应的生活补贴，此外，高山村落中贫困户较多，受扶贫政策的影响，贫困老人多有政府相应的补助，比如"五保户"政策、精准扶贫政策等；其二，受传统自然经济的影响，农村家庭中有土地，只要老人身体健朗，都会选择自己去耕作劳动，或者发展小规模的农副业和养殖业，尤其是打工经济的兴起，更使得家庭中的青壮年劳动力外流，抑或是亲人因病而丧失劳动力，土地的管理权则落在了老人手中，但是传统自然经济的经济效益并不高，如种菜可供自给自足，偶尔有些剩余，就会趁"赶场"时，拿到市场上交换，换取些零钱，仍然不足以供养一家几口人。

个案1：

> LSY奶奶，女，61岁，居住在大槽头村花溪谷景区内，现为精准扶贫户。自身为残疾，全身无力，几乎无法行走和劳作，有一个儿子，也患有相同的疾病。两人的生活都无法自理，仅由老人的哥哥一人照顾，可以说三个人的生活都是极为的艰辛。还未走进奶奶家时，便觉他们家木质的干栏式房屋与周边的砖瓦房尤其显得格格不入，而走进去以后，更是被里

面的漆黑与简陋所震惊，家中也没有太多的电器和家具，唯有奶奶和她的儿子坐在家中看着的那一台小小的破旧的电视，是他们可以获得外界信息为数不多的一种途径。由于疾病，他们都不能较好地与我们完成交流，不过在只言片语中我们还是可以了解到他们家的生活现状，奶奶的哥哥每天的工作任务相当繁重，需要种地，照顾妹妹和侄子两人，前去赶场买菜和卖菜，为两人做饭。令人欣慰的是，他们讲到精准扶贫的政策、周遭人的帮助，在较大的程度上给予他们的生活许多支持。除了每月的经济补贴和油米补助外，花溪谷的工作人员会在上午工作后前往她家做饭，不时也会送来水果，也有医生会不定时地探望检查，带来止疼药等。走时，在社区书记的引导下，队伍成员还与老人的儿子添加了微信好友，并嘱咐我们，希望能将外面的世界拍给老人看。

LSY 奶奶和她的儿子是因病丧失劳动能力而导致贫困，她的生活既艰辛又令人同情，但也反映出政府的政策补贴在一定的程度上填补了失劳所带来的经济空白，因病而不能活动，给老人带来的不仅仅是物质上的缺失，也会让老人的社会支持网络难以构建，带来孤独感，从社区书记对笔者的期待中，反映出高龄失劳老人的养老，不仅仅有改善生活条件的需求，还有着精神慰藉的需求。

个案 2：

> LXF 奶奶，女，87 岁，老伴较早就去世了，现一人独居在大槽头村，仅有一个女儿居住在附近，有时会来看望她。老人身体不太好，腿脚有一些问题，曾去医院做过检查和治疗，但因年龄较大无法痊愈，但她非常勤劳，在拜访她时，她正在用耙铺开玉米，准备晒干。她家周围很大的一块玉米地都是她一个人管理，会种一点蔬菜，在房子旁还有她孙子为她搭建的鸡圈，里面养有几只鸡。她家的房屋是震后政府拨款两万重建的木质房子，从远处看去还较为整洁，但走进她的房子时，屋内其实非常杂乱和简陋。家具仅有一个柜子和床，这令屋子显得格外空荡。虽然她家被评定为精准扶贫户，但她仍需要通过较多的劳动，种点地来维持生活，近几年的腿脚不便更使她的劳动受到了较大的影响。除了与旁边邻居聊天，更多的时候只有一个人在家。

LXF 奶奶仅有的一个女儿不在自己身边，自己在种地，虽然是有政府的医疗补助和房屋重建拨款，而社工有时送来的油米补助也可以减少一部分的粮食支出，但是政策的需求评估环节依然存在着许多问题，老人养老的主要经济收入保障依然是种地和养殖，随着年龄的增长和身体的老化，劳动能力会逐步地减少甚至丧失，这也反映出政策实践与老人养老需求的不协调性。

高山村落的老人收入来源主要是政府补贴、种地和养殖，而选择养老保险和医疗保险的老人，大多居住在水磨社区、老人村、羌城。羌城是 2008 年震后新建的，其村民主要是因为政府征地修建阿坝师范高等专科学校而从马家营村搬迁过来，所以住在羌城的老人多是因征失地的农民。根据对老人的访谈可知，在搬迁的时候，政府有优惠补偿政策，有相对便宜的养老保险提供给搬迁的村民购买，若不是马家营村搬迁的村民，则不能享受这个政策，购买需要十几万花费。根据 2016 年中山大学团队在水磨镇的调查，社保政策是针对因征失地的人，年龄达到标准的，一次性缴 45000 元，男性是 60 岁开始补贴，女性是 55 岁。自己缴费 90%，县财政补贴 10%，拿到补贴时是 600～800 元/月。❶ 但是这笔钱需要一次性缴清，对于一些家庭来说依然是大数目，通过走访调研，笔者发现存在有贷款购买社保的现象。马家营老人因征失地，由农业户口转为城镇户口，其生计方式被迫发生转变，不能再从事农业生产，土地作为农民基本生活的保障已经没有了，政府提供的养老保险成为唯一的生活保障，但部分的老人囿于自身的经济状况而无法支付，但为了争取这唯一的生活保障，适应生计的强制变迁，故而采取贷款购买。然而，水磨社区的老人并不在羌城养老保险优惠政策的适用范围之内，水磨社区的老人多为自费或由子女购买较贵的养老保险，如在水磨禅寿老街经营早餐店的 Z 老板则为自己的父母购买了养老保险。当然，经济收入来源除了基本的养老保险补贴外，还有老人从事商业活动，像开店铺、小卖部等，或是打工，如环卫工人。

生计方式的不同与变迁，造成了高山村落和水磨城镇老人经济状况的差异性，但是其共性是收入来源均有来自子女或兄弟的经济支持。家庭的赡养，尤其是子女的赡养，在整个水磨地区发挥着重要的作用，这意味着家庭养老仍然非常重要，但是已然在发生改变，不同于传统意义上的家庭养老。

2. 老人居住状况

老人居住状况主要从居住环境和与子女的居住安排情况两方面体现。

---

❶ 参见上一届（2016）队员的调研报告《城镇化进程下移民安置之后失地农民生产生活状况研究——基于马家营、吉祥社区两地居民》。

居住在高山村落的老人居住环境相对简陋，而且具体情况参差不齐。根据走访调查，老人居住的房屋多为木质结构砖瓦房，通常厨房分布在房子两侧，中间是堂屋，多用作祭祀的场所，在正对门口的墙上贴有"天地君亲师"的红纸牌位，其中体现出"崇祖、尊亲"的文化，在其上所写的"神所惩依在德，我其悦意为寅"（段氏家）、"心置良田耕有余，善为珍宝用不尽"（王氏家）、"孝以顺为首，敬应礼当先"（罗氏家）等文字则是家训，规训着当地人的道德观念。这些房屋多为汶川5·12地震受灾后由红十字会援建的，居住条件好一点的，如黑土坡村的段氏老人两兄弟，哥哥DJF是五保户，住的是水泥房，弟弟DJZ家也是另外盖了一栋新的水泥房。再如享受扶贫政策，家庭走向脱贫正轨的W爷爷家，也是水泥房，而且家中也有电视等家电设备，而居住条件较为极端的，比如住在青鸡坪的一位爷爷，他居住的房子经历过两次地震仍未被修缮，只有在二楼被毁后自己加了一层隔板，再如前文所提的LSY奶奶和LXF奶奶的境况。

羌城老人的房屋是5·12地震后由佛山援建的羌族风格多层套间式公寓（见图3），购置时有一户多套和一户单套，能满足基本的住房需求，但是由于使用多年，也出现房顶漏水、楼道灯线路损坏不亮等问题，老人家中家电家具齐备，而像"天地君亲师"的牌位则减少摆放，而禅寿老街的房屋则是古色古香的木质结构房屋。

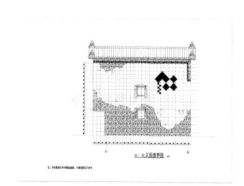

图3　羌城房屋立面设计图❶

居住环境上，水磨城镇的条件比高山村落相对较好，而对于与子女的居住

---

❶　参见 http：//ziliao.co188.com/d56876924.html.

安排情况，笔者根据调查结果，统计成表6。

表6　水磨镇老人与子女居住安排情况统计表　（N=34）

项目	与一个儿子同居	与多个儿子同居	与多个子女同居	与子女分居	与女儿同居	与兄弟、侄子同居	与父母同居
人数	14	1	2	10	3	3	1
比例	41.2%	2.9%	5.9%	29.4%	8.8%	8.8%	2.9%

资料来源：问卷调查和访谈。

从表6来看，与子女居住的老人有17人，占比50%，反映出传统的养儿防老观念依然很浓厚，但其中有3例是儿子身体残疾或患病而无法行使其赡养义务；与子女分居的老人有10人，占29.4%，接近1/3，主要是因为打工经济在当地的兴起，大多数青壮年劳动力外流，儿女在外工作成家，侧面反映了家庭养老功能的弱化。与传统的家庭养老模式相比，儿子在外，不与自己生活，只是会来看望自己，送钱回来，经济支持虽然变化不大，但是生活照料和精神慰藉的功能在减弱。但值得注意的是，部分老人与兄弟、侄子共居，由兄弟辈、侄子辈赡养，体现出基于血缘的共济互助，弥补一部分儿女缺失的空白。通过走访调查，笔者发现，虽然有的老人与子女同居，但是子女却赡养不周。

> 个案3：Z奶奶，女，78岁，在1982年"土地下户"的时候，她43岁，带着自己的女儿从丹巴来到青鸡坪，与这边一个有两个儿子的本地人重组家庭，但由于她的女儿与"哥哥"关系不和，所以她和女儿、女婿一起与夫家分居，住到了现在的地方。Z奶奶还有许多娘家的亲戚在丹巴，她有一个亲妹妹，不同于她自己一个女儿、两个孙子、两个曾孙的小家庭，妹妹家儿孙满堂，有四个儿子、四个女儿，孙子们已经可以坐上几桌，曾孙也已经有了五个。她回忆到，她的侄儿和侄女曾在结婚的时候用车把她接到他们家那边喝喜酒，还热牛奶给她喝，她在侄儿侄女家住的时候还长胖了。说到妹妹和侄子辈，Z奶奶都会换上亲切的语气，又透出一丝羡慕，然而说到自己的女儿，却说自己老了，不待见自己也是正常的。老人家说着激动地哭了出来，非常悲痛，她心情稍平复后，诉说到自己女儿有时会凶她和骂她，可是周围的人不会这样子对她，侄辈也是笑颜相对，恭恭敬敬。有时她自己生了病，腿脚风湿，也是自己到街上去抓药，女儿却不管。她也说，从前孙子还会每个月都给她一些钱，现在她的孙子

已经成家，有老婆和小孩要照顾，她也理解，自己也只是在家里跟着吃饭的人，还形容自己是一个看门的人。

Z奶奶的女儿和女婿都有养老保险，周围的老人家也有购买，可是因为养老保险非常贵，她的孙子也确实没有闲钱，所以没有再给她买了。她没有养老保险，每个月70元的生活补贴基本就是她全部的收入来源，她的侄子到了自家摆席时还会过来，给她送些钱，一般200元左右。她的腿脚有些风湿，所以不怎么干农活，平时会去赶场、摆龙门阵聊聊天、朝庙吃斋，没有参加老年协会，她说到去旅游要1000多块钱，她拿不出，她还感慨自己以前在丹巴还要唱山歌、跳舞，后来过来也不唱不跳了。

我们问她是否了解贫困户，她只是说我自己就是贫困户，又没有钱又没有能力赚钱。问她对于国家有没有什么期待，她突然认真地反问，是不是我们会反馈给国家？但她自己也说"想嘛，我也不好意思说"。这个银发稀疏，身体微胖的老人家，记得旧社会的艰辛，感激现在国家的补贴，虽然没有社工和政府人员来看望她这个还不是很年长又有子女赡养的老人家，但是她并没有流露出对政府的抱怨，只是觉得现在的生活有些委屈。

Z奶奶的生活不仅因为女儿的"排斥"而显得孤苦无援，而且也显得委屈和无奈。传统孝道的崩溃，让女儿疏离了她；迫于生活的压力，孙子也不再支持她，唯独想起的还有与妹妹、侄辈的亲情，但是又因长时间未见而断了联系，生活贫困，不仅是遭遇，更是心境，身体的退化让她不再歌舞欢唱，最热切的需求只是"钱"，一笔生活的补助。而这也反映了传统的道德观如孝道的改变，深刻地影响着老人的养老生活，孝道与家庭观念的缺失，使得原本强大的血缘纽带变得松散，甚至出现"互斥性"，使得老人失去子女这个重要的社会支持来源。

此外，笔者发现，所调查的34名老人，均有自己的住房，当笔者问到他们是否了解养老院并是否愿意去养老院，得到了不同的回答。羌城的W爷爷说到，太远了，不太了解。本来福利院是给五保户修建的，但是佛山援建的人走了，就被政府改成了福利大酒店。佛山不太满意，当地一些老人也不太满意。

汶川县现有的养老院是指绵虒的老人幸福院，针对无儿无女和无人赡养的老人，主要是五保户，而在2012年，汶川县水磨福利院援建完成，政府曾动员老人去养老院，但少有老人前去，之后2013年则被政府外包，改成福利大酒店。大槽头村 LXF 奶奶也表示不了解，因自己曾听说当地村民的老人在前去养老院并返回后急救无效病故的事情而不愿意去养老院。镇上的 Z 老板说到，不会考虑把自己的父母送入养老院，认为汶川的养老院性质与城市的不同，主要为残疾、五保和没有子女的老人服务，而且城市类型的养老院太过于昂贵。青鸡坪的 Z 奶奶说到，养老院就是一个"吃大锅饭、大锅菜"的地方，如果有钱就可以自己在里面买一些好吃的，如果没钱的话就只能吃那里的大锅饭了，而且养老院住的都是无儿无女的五保户，所以很多都要靠亲戚寄钱过去，因此，养老院都是逼于无奈才去的，自己还有女儿赡养就没必要去了。根据走访调查，老人不愿去养老院的原因归纳起来主要有四点：其一，路途遥远，不方便家人探望；其二，听闻养老院的负面消息而抱有怀疑；其三，自身条件不符合政策，而且经济有限；其四，自己有子女赡养，同时也担心自己去养老院的话，会被其他人笑话子女不孝。

总之，养老院在水磨镇的需求并不明显，老人更多的是希望居住在家，由自己的子女赡养。

3. 老人健康医疗状况

根据笔者的走访调查，发现高山村落高龄老人的身体健康状况较差，多见高血压、腿脚不便、消化系统疾病、白内障等老年易发病，并有 1~2 个老人是做过手术的，而水磨城镇老人的健康状况良好，多数老人自述健康，并无严重妨碍生活的病痛。在医疗保险方面，除了个别贫困老人外，高山村落的老人普遍没有参加医疗保险，贫困老人则因为享受相关的扶贫政策，而获得医疗的补助，像大槽头村的 LXF 奶奶，医疗费用报销全免，还会有医生定期通知老人去县中医院检查身体，再如 LSY 奶奶一家，也会有医生上门检查送药；水磨城镇的老人则大多数都购买了医疗保险。

4. 老人精神生活状况

老人精神生活状况的一个方面表现在闲暇时间的分配，通过走访调研，笔者发现高山村落老人在闲暇时间多数是闲坐家中，去与邻居"摆龙门阵"（聊天），或者去赶场，而水磨城镇的老人闲暇时间的生活较为丰富，主要有看电视、打牌、喝茶、写书法等，参加老年协会活动的积极性也会比高山村落的老人高。

老人精神生活状况的另一个方面则表现在情感支持。笔者发现，这个问题在独居老人方面尤其突出，主要表现为自身的孤独感。在访谈中，他们希望自己的孩子多来看望自己。根据马斯洛需求层次理论❶，当经济条件较为落后、基本生活需求尚未满足时，老人的精神生活需求则不会表现得十分明显，但是不论生活条件宽裕与否，老人的情感需求依然非常突出。

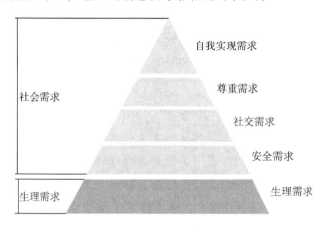

图 4　马斯洛需求层次理论模型图

当然，在满足基本的生理和安全需求后，个人会开始关注自身发展的需求，寻求自我的实现和超越。在不同的老人群体中，也不乏老年精英，他们互帮互助，发挥余热，起到了积极带头作用，L 爷爷和 R 爷爷是典型的两个例子。

个案 4：L 爷爷，男，75 岁，早年丧父，其母亲守寡 30 余年。他原是一名教师，1997 年退休。2005 年，L 爷爷创办了老年协会并成为其中的一员，2006 年又成立了老年学校，成为副校长。他非常鼓励学校和老师积极发展，让学校教师参与评奖，在讲到 R 爷爷被评为优秀教师时，脸上露出自豪的神情。他现在担任水磨当地老年协会的副会长，认为正会长不管事，能力差，几乎是自己在做整个协会的管理层工作，有"知我者谓我心忧，不知我者谓我何求"的心情体会。他还说到自己的身体还行，认为自己常参加社会活动，发挥余热，丰富自己的经历，提升自身素质和觉悟，对自己的身心也有好处，还能奉献社会。L 爷爷讲到了许多曾经举办过的活动，长短途旅游、组建文艺宣传队、接待救灾援军、重阳节

---

❶　MASLOW. A Theory of Human Motivation［J］. Psychological Review, 1943：370 – 396.

坝坝宴……在与社工合作的老人探访和"羌城亮灯计划"活动中，L爷爷作为志愿者亲力亲为，来到高山村落慰问贫困老人，宣传党和国家的政策；也亲自来到羌城楼道阴暗的人家中询问情况，遇到一户姐姐残疾、妹妹年幼的困难家庭，L爷爷直接说："这个娃是个好苗子，有什么困难就和爷爷说，爷爷会帮忙解决的。"他认为，无论是否是老年协会的会员，只要找到他，都会当场进行解决，若是无法立即解决，他会积极和政府汇报，反映情况。爷爷平时自学书法，自成一种风格，不为任何名家派别，也不张扬。

个案5：R爷爷，男，70多岁，1963年毕业，2006年从水磨镇卫生院退休。他以前是走遍各村的赤脚医生，现在是老年协会下属老年学校的校长，也是与县中医院联系举办活动的核心推动者。R爷爷主要是开办科普性的知识讲座，作为老人志愿者，参加了与社工合作的老人探访和"羌城亮灯计划"活动；在社区举办的"水磨镇中老年人养生知识讲座暨文艺汇演"活动中，他为老年协会的老人们讲解了关于癌症、风湿、慢性支气管炎等中老年易发常见病的防治知识。

L爷爷和R爷爷的热心推动从侧面也反映出在水磨镇也有老年人服务和精神生活的需求。R爷爷在讲座上还以Y爷爷写作的一段话作结：

生孩子是任务，养孩子是义务，指望孩子养老完全是错误。一副对联：上联，老子挣钱儿子花，欢欢喜喜是一家。下联，儿子挣钱爹要花，哭哭啼啼闹分家。横批，都怨他妈！我们这辈人的悲哀：长身体时伙食不行，上学校时教育不行，参加工作文化不行，正当年企业不行，混到退休工资不行，想去旅游经济不行，经济好点身体不行，身体好点孙子不行，孙子大点年龄不行。唉，年龄不饶人，时间不等人，不给自己放行，啥都不行！什么最累，看孩子；什么最苦，看孩子；什么最快乐，看孩子；什么最幸福，看自己孩子的孩子！

费孝通先生曾指出，中国子女与父母之间是一种"反哺模式"，即下一代对上一代的赡养。在传统的伦理文化中，子女具有赡养父母的义务，它体现了养儿防老的均衡互惠原则，成为维系家庭经济共同体的纽带。❶ Y爷爷的这段

---

❶ 唐咏. 居家养老的国内外研究回顾 [J]. 社会工作，2007（2）：12-14.

话，很好地印证了这一点，但也反映出在现代社会变迁的过程中，子女伦理道德观正悄然发生着改变，有些子女不再"反哺"履行赡养父母的义务。老人还感慨到自己这辈人现实与理想间的错位，唯有孩子、孙子是自己的最好的精神慰藉。

总之，从上述数据和资料来看，家庭养老在水磨镇依然处于重要地位，但是因青壮年劳动力外流而形成的家庭结构小型化和核心化以及传统文化观念的改变，使得家庭养老开始发生改变。不同于传统意义上的家庭养老，其生活照料和精神慰藉功能开始退化，已然无法满足老人的养老需求，同时社会和政府的养老保障开始发挥更大作用，因此老人在现代社会的养老需求需要一个新的养老模式去适应与满足，而水磨镇则开展了居家养老的服务模式。

六、居家养老服务

2006 年 2 月 9 日，政府出台了国务院办公厅文件❶，在文件中首次提倡居家养老。于是，根据党中央和国务院的指示与要求，2008 年 1 月 29 日，全国老龄工作委员会办公室等十部委❷下发了《关于全面推进居家养老服务工作的意见》（以下简称《意见》），《意见》要求发展居家养老服务要以科学发展观为统领，以构建社会主义和谐社会为目标，坚持政府主导和社会参与，不断加大工作力度，积极推动居家养老服务在城市和社区普遍展开，同时积极向农村地区推进。自此，居家养老服务在全国各省市全面铺开，在北京、上海、天津、江苏、广东等省市率先发展起来。❸ 同年 7 月 5 日，四川省老龄工作委员会办公室印发了《四川省关于贯彻〈关于全面推进居家养老服务工作的意见〉的通知》，通知提到：力争"十一五"末，城市 30% 的社区建成居家养老服务点，农村 10% 的社区依托乡镇敬老院、村级老年活动场所等现有设施资源，建成居家养老服务网点。

基于这一宏观的社会背景，四川省开始全面推行居家养老服务，建立公共

---

❶ 2006 年 2 月 9 日，国务院办公厅转发了全国老龄工作委员会办公室、国家发展和改革委员会、财政部、民政部、国家税务总局等十部委联合制定的《关于加快发展养老服务业的意见》，提出"逐步建立和完善以居家养老为基础、社区服务为依托、机构养老为补充的服务体系"。

❷ 十部委为全国老龄委办公室、国家发展改革委、民政部、教育部、劳动和社会保障部、财政部、建设部、卫生部、人口计生委、税务总局。

❸ 杨春. 对推进居家养老服务可持续发展的思考：以南京市为例 [J]. 人口学刊，2010（6）：42－47.

财政投入机制，建设居家养老服务队伍。但受 5·12 汶川地震的影响，2008
年后水磨镇政府的工作重心都放在抗震救灾和灾后重建上，直到 2014 年才开
始大力推进居家养老服务项目，至今已有 3 年。其间曾照搬全省的经验，推行
"一块送米""联通助力"等养老服务项目，然而群众认同感低，收效甚微。
因此，水磨镇政府决定推动居家养老服务项目的转型，逐渐发展起具有本土特
色、适应社区需求的服务内容，现在已经基本形成一个成熟、完善的居家养老
服务体系。结合队伍在水磨镇实地调研得到的信息，本章节将从服务主体、服
务过程两个维度对水磨镇的居家养老服务体系进行阐述和分析。

（一）服务主体

水磨镇的居家养老服务项目由水磨镇政府负责组织和管理，联动居家养老
服务协会、老年协会和启创社会工作服务中心提供服务，上述组织和机构都是
居家养老服务项目的实施主体，有明确的权责范围，在服务中承担着不同的角
色，形成了政府主导，多元主体协同参与的态势。本文将对各服务主体的特点
和服务范围进行逐一阐述。

1. 政府

居家养老服务作为一种准公共产品，具有社会保障的性质，政府作为公权
力的行使者与公共资源的所有者，在政策、资金、管理等方面有着不可推卸的
责任。❶ 因此，在居家养老服务项目中，水磨镇政府承担着政策宣传、提供资
金以及对项目运作予以规范和监督的职责。具体而言，水磨镇政府通过印发公
文传达四川省关于全面推进居家养老服务的要求，让高山村落和水磨社区的基
层公务人员了解并推进项目，由上而下对政策进行解读和宣讲，将政策解读到
群众中去。

在经费上，居家养老服务项目所覆盖的每一位老年人都享有一年 300 元的
服务经费，这一服务经费来自阿坝乡政府和水磨镇政府的共同拨款，主要用于
水磨社区居委会定期探访老人时所购买的物资。为了更好地实施居家养老服务
项目，汶川县民政局采用政府购买服务的模式，通过公开竞标将具体养老服务
转交给启创社会工作服务中心履行，对社工站负有资助、制定项目建设和服务

---

❶ 班涛. 社区主导、多元主体协同参与：转型期农村居家养老模式的路径探讨与完善对策 [J].
农村经济，2017（5）：91-96.

运营的法规标准、检查监督和绩效评估等职责。

2. 居家养老服务协会

居家养老服务协会创立于 2016 年 8 月，性质是社会团体组织，由水磨镇政府管辖。协会联结了提供养老服务的政府部门、社会团体和社区组织，其作用在于整合资源、凝聚力量，通过联结党员、学生、妇女主任、医生等群体，发挥各群体的优势为老年人提供志愿服务，助力项目的实施。其中，老年协会与养老服务协会之间的关系是共建单位；而社工站与养老服务协会之间的关系就是互助合作，为老年人举办社区活动时，由协会负责出经费和联络参与者，为活动提供经费支持和人力资源支持，而社工站则负责具体执行。

3. 老年协会

老年协会建立于 2005 年 5 月 10 日，主要为满足老年人的休闲娱乐需求而成立，旨在让老年人老有所乐、老有所为。老年协会的经费来源于会员每年上交的会费，每人每年上交 20 元会费，即可参加老年协会的活动。在成立初期，老年协会二度组织老年人出游，获得社区老人的热烈好评，吸引了越来越多老年人加入，逐渐出现花鼓队、腰鼓队等兴趣组织。现在老年协会下设理事会、文艺宣传队、棋牌队、书法队四个部门，每个部门都会举办季度性的活动，其中，文艺宣传队是老年协会的核心队伍，由花鼓队、腰鼓队、舞蹈队、合唱队等组成，多次在政府或社工站举办的社区活动中进行表演。此外，老年协会每年都会组织五次出游，两次短途旅行三次长途旅行。

政府对居家养老服务体系的资源投入保障了老年人的基本养老需求，但除了基本生活照料以外，老年人在精神慰藉与情感支持方面的需求同样需要得到重视。老年协会的活动极大地丰富了水磨镇老年人的晚年生活，满足了他们进行人际交往、获得社会支持的精神需求。

4. 启创社会工作服务中心

启创社工站承接水磨镇政府的居家养老服务项目，深深地扎根在水磨社区和高山村落的第一线，与水磨镇老年人形成最紧密的联结。首先，社工通过入户探访、问卷调查等多种途径，对水磨社区的养老现状、养老需求进行评估，并将评估结果反馈给政府，帮助政府统计老年人信息、了解养老需求。其次，居家养老服务的内容由政府设计和规划，由社工落实和履行，形成"社区搭台、社工唱戏"的组织形式，即政府与社区单位负责出资和提议，社工则负责策划和执行活动，通过联系群众、招募志愿者、筹备表演等，使活动得以正常运行。从这个角度看，社工连接着政府和社区老年人，是双方沟通的桥梁，推动居家养老服务从政府的顶层设计转化为切实的社区实践。

专业的社工组织在居家养老服务中有着特定功能，社工组织的介入，能够为居家养老服务注入社会工作的价值观、理论和介入方法，充分发掘老年人的潜能，利用非正式社会支持网络，丰富老年人的养老生活。因此，启创社工站使水磨镇的居家养老服务质量得到进一步提升。

（二）服务过程

1. 服务对象的分类与甄别

居家养老服务项目覆盖全体 60 岁以上的老年人，主要针对失能半失能老人、低保户、空巢老人。由于养老资源有限，服务主体会依据老年人的年龄和生活状况区别对待。其中，60 岁至 80 岁之间的失能半失能老人、低保户、空巢老人以及全体 80 岁及以上的老年人都是本项目的重点服务对象，服务主体会定期为他们提供多方位的服务；而对于 60 岁至 80 岁之间有子女赡养以及自理能力、经济条件较好的老年人，服务主体会减少关注，将服务向养老需求难以被满足的老年人群体倾斜。因此，居家养老服务项目对服务对象的甄别标准是服务对象是否有满足其养老需求的能力，并通过居委会和社工的入户访谈、问卷调查等途径了解老年人的信息，以确定重点服务对象的名单。

2. 服务内容的设计与制定

在实施居家养老服务项目的初期，水磨镇政府照搬全省的养老服务经验，推行"一块送米""联通助力"等服务，然而并不适应水磨镇老人的需求，收效甚微。后来通过进行需求评估和服务转型，在水磨镇逐渐发展起具有本土特色、适应社区需求的居家养老服务体系，具体可以分为常规服务与特色服务。

常规服务主要有探访服务、家庭纠纷调解以及政策服务三项。在探访服务中，水磨镇政府联动社区居委会、启创社工站对项目覆盖的对象进行全面探访，对重点服务对象进行定期探访，并在走访中送去米、油等生活物资。居委会在探访中发现，经历过物资匮乏时代的老年人对物质生活的要求不高，容易对政府的经济扶持感到满足，故相比起物质需求，他们往往更想要精神上的陪伴。因此，探访工作将辖区党员志愿者、大学生志愿者及其他志愿团队与老年人连接在一起，为老年人带去党和政府的关怀与精神慰藉，这也是居家养老服务的核心和精髓。家庭纠纷的调解服务由老年人服务队承担，该服务队设立在水磨镇老年大学下。由于老年人群体经历过同样的历史时代，有相似的人生经验，朋辈之间有更多的共同话题，更能相互理解，因此，利用朋辈群体对老年人提供支持，调解其与亲属间的矛盾将更有成效。这一服务旨在帮助老年人解决生活中的困难，让他们生活得更加舒心。在政策服务上，考虑到老年人对外界信息接触较少，且理解能力较弱，水磨镇居家养老服务协会安排专人为老年人讲解与养老相关的政策，帮助他们理解党和政府的政策内涵和针对老年人的福利，从而更好地为他们链接资源。

除了以上常规服务，居家养老服务体系还发展出"三合一计划"这一特色服务，即为了扩大居家养老服务的资源和力量，水磨镇将居家养老服务项目、老年协会、日间照料中心三者结合起来，一同为居家养老服务项目贡献力量。实施这一计划后，居家养老的老年人能够更便利地参与老年协会举办的活动，以及获取日间照料中心的资源和服务，使老年人在居家的同时享受到社区关怀和精神陪伴，实现居家为基础、社区为依托、机构为支撑的养老服务格局。此外，这一特色项目有利于水磨镇进行服务和经费的整合，减少社会服务过程中的服务重复和资源浪费现象，并增加经费的利用效率。其中，老年协会也开展许多文体类活动，在老年协会的结构组成中，分为文宣队、书法队等特色小队，按照政府的工作内容开展各项服务，组建秧歌队、腰鼓队、耍龙灯等文艺组织，丰富水磨社区老年人的精神文化生活。除此以外，老年协会也开展各种知识宣传讲座，如关于养生知识讲座等，为老人科普知识，加强健康教育。老年协会的性质是在党委政府领导下开展工作，从群众中来到群众中去，宣传相关政策，也及时向政府反映群众合理需求。老年协会与社工、社区联合起来一起为居家养老做出巨大贡献。

3. 服务质量与评估

老年人作为居家养老服务的亲身经历者，对服务具有主观感受，对服务满足其需求程度较为了解，更容易发现服务的优劣。因此，此项目的评估首先面向老年人，水磨社区居委会的工作人员会让老年人就服务满意程度填写问卷，有不满意、满意或非常满意等层次，据工作人员介绍，根据项目评估制度，只有当老年人选择非常满意时，服务才算达标。而且，在调研中，本队伍发现大部分老年人都对居家养老服务感到满意。多位被列为贫困户的老年人表示水磨镇政府每年都为他提供经济援助，缓解他经济困难的状况。经济条件较好的老年人也表示每到节日，水磨镇政府、居委会都会派人探访他们，赠送生活物资，他们认为这是党和国家对他们的关怀，为他们免却了老年生活的孤单，提供了精神上的慰藉与支持。总体而言，居家养老服务立足水磨镇老年人的养老需求，适应其特点，具有良好的服务质量。

就服务主体而言，居家养老服务项目的评估主要针对政府购买服务，即每年政府都会对启创社工站承接项目的效果进行考核与评估。这一套评估体系包括自我评估、政府评估以及第三方评估。❶ 其中，自我评估是指由启创社工站对居家养老服务整体情况进行评估，包括对服务方案的基本情况、具体的服务过程以及最终服务结果的评估。评估完成后，将评估结果报告给汶川县民政局；政府评估是汶川县民政局在启创社工站自评的基础上，核实自评的真实情况；第三方评估是由与这一购买服务没有任何利害关系的专业评估机构对水磨镇政府购买的居家养老服务进行评估。通过一系列的评估体系和考核标准，能够保障启创社工站提供居家养老服务的质量，并应评估结果对服务进行修正和提升。

七、问题及对策

(一) 现阶段水磨镇居家养老面临的问题

据第六次人口普查结果可知，我国已步入未富先老阶段，人口老龄化环境下养老问题格外严峻，在我们所调查研究的水磨古镇，老年人口所占比例高达百分之十几，共计 1198 人。加之青壮年外出务工等原因，常年居住在镇上的老人实际占常住人口的比例更大，在这样的情况下，以家庭养老为基础、社区服务为依托、社会养老为补充的居家养老机制在此处的发展也显得尤为迫切。然而水磨镇地理情况复杂，经济社会发展不平衡，居家养老面临一系列亟待解决的难题。本文基于对水磨镇居家养老现状长达 10 天的调研，列举该地居家养老面临的几大难题。

1. 资金困难导致居家养老服务实现效力有限

水磨镇所辖 2 个社区，18 个行政村分散分布在广大山区，经济发展普遍

---

❶ 胡光景. 政府购买社区居家养老服务质量评估体系研究〔J〕. 山东工商学院学报，2012, 26 (5)：99 – 104.

较为落后，多为贫困户。在经济社会发展落后的情况下：①政府财政支持力度有限。在有限的财政预算下，社区还需提供大量资金用于扶贫等方面，缺乏专门的政府资金用于购买居家养老服务。②家庭自身购买服务极其有限。居家养老以家庭养老为基础，然而水磨各村落经济社会发展相对落后，资金受限，几乎没有家庭购买居家养老服务。③社会力量参与性不强。水磨镇社会组织产生较晚，发展不成熟，基金会发挥的作用小，居家养老服务方面社会资金流入不足。

2. 未积极进行服务需求评估，服务内容单一化且不对口

水磨镇各村落依山而成，老人分散分布于山间，一定程度上阻碍了对其需求项目的评估调查。同时由于当地对日间照料中心所提供院舍养老服务需求不足，使得整个汶川县仅有一家居于全县中心地带的日间照料中心，其提供的服务存在缺乏多元化的缺陷。在与当地启创社工站合作探访老人完成老人基本信息登记时，平均每半天探访数量仅有 3～4 户，堪忧的效率也反映对其服务项目需求评估的难度系数。在有效需求评估缺乏的情况下受政府委托与水磨镇老年协会成员 L 爷爷等人以及启创社工站成员再次前往高山村落，在 200 余位老年人中选出 12 个经济条件困难户，为其送去牛奶饮品及问候，同时简要了解老人目前在生活中所遇困难。至此不难看出，政府购买服务，老年协会、社区以及社工三级联动针对特困老人开展居家养老服务，在预算受限的情况下首要挑选贫困户，体现出对服务对象选择的合理性，但与此同时，开展的服务活动即聊天对其精神上所带来的满足、购买物资所体现的生活上的照料，仅限于这两个板块，显然对其他诸如法律维权、失能照料及医疗保健方面提供的服务项目尚存在很大缺口，甚至除以上两种简要形式外，对其精神、物质上的满足也存在缺陷。所提供的服务项目作为居家养老的具体体现与依托显得尤为重要，正因如此，对此类未充分考虑到老人需求结构和特征，造成所提供的居家养老服务项目单一且不对口问题的解决尤为迫切。

3. 居家养老服务队伍问题突出

居家养老服务队伍处于服务链供给及输送阶段，包括居家养老服务管理部分以及提供服务阶段。通过对水磨镇社区以及高山村落的探访不难发现：①当地民政对口负责居家养老这一块，但与扶贫工作结合较为紧密，使得政府精力分散，对居家养老这一老龄事业关注度有待提高，在管理上存在一定缺陷。

②服务队伍中服务志愿者未接受过专业培训，专业水平有限，多是水磨镇当地老年协会成员、部分院校以及社会志愿者。服务模式、服务水平、服务内容不尽完善，难以科学合理地满足当地老人需求。

4. 大政府小社会，政府权责不明，社会力量参与程度低

水磨镇政府居家养老服务对政府依赖性强，在服务项目中政府权责不明、政策导向性明显、过度依赖政府的情况下，水磨镇居家养老事业缺乏市场竞争力。而此时在中国社会组织发展较晚，整体力量还相当薄弱，缺乏相应的价值基础和组织基础的情况下，水磨地区社会力量介入居家养老力量有限。❶

5. 服务筹备及过程缺乏公开性、透明性

在村落走访以及老人探访过程中，通过与老人交流发现老年人都享受到了一定的政策，涉及资金补助、物资补贴、精神慰问等，但提及此类活动的开展者甚至是享受者时，众多老人都表现出一定程度上的未知与不了解的态度。这从侧面反映出当地负责管理居家养老的政府有关部门在服务决策、筹备乃至执行过程中缺乏公开透明性以及必要的监督机制。同时，对居家养老基本概念及内容的政策宣传不到位也是群众对其服务存在疑虑的重要原因之一。

（二）水磨镇居家养老所面临问题的针对性对策

老龄化仍在继续，居家养老这一养老机制符合现阶段养老需求，对其服务需求日增。针对上文所述突出问题，以下将结合水磨镇村落特色，提出针对性对策以提供更加优质的服务。

1. 促进经济创新，实现资金引入多元化

中国广大农村地区居家养老服务的发展普遍面临资金困难这一问题。水磨镇各村落也不例外。要加大对居家养老服务事业的资金投入，就要促进当地经济的创新性发展，则：①整合政府资金，加强对居家养老服务的财政支持力度。加大国家财政投入，国家财政投入是发展居家养老服务的资金支持，特别是加大对农村社会弱势群体老年保障服务的资金支持。②充分利用农村集体资

---

❶ 王莉莉. 基于"服务链"理论的居家养老服务需求、供给与利用研究 [J]. 人口学刊, 2013, 35（2）：49－59.

源、社会慈善资源以及农村老年人土地财产权益等筹措服务发展资金。❶ 如依托当地特色旅游资源发展第三产业，以经济效益更高的林果等种植业取代传统农业种植等，促进当地经济发展，增加集体经济总量助力当地居家养老事业的发展；充分宣传动员，搭建社区平台，链接社会慈善资源；水磨镇老年人口多为具有部分土地使用权的农村人口，在老年人身体机能退化，自身无法在土地上劳作之时可将土地通过外包租出等形式获得受益，用于养老。

2. 进行有效的弹性需求评估，提供多元对口服务

不同居家养老服务项目对老年人需求满足来说，其强度是不同的，或者说其重要性、迫切性和不可或缺性是不同的，这个差异称为居家养老服务项目的需求弹性。需求弹性不同意味着不同的政策含义，政府部门推进居家养老工作时，在既定的预算约束下，应根据居家养老项目的弹性确定不同项目实施的轻重缓急，从满足老年人最迫切最重要的需求出发，稳步有序地推进居家养老工作。❷ 调查组与启创社工站合作前往高山村落探访老人，收集信息，完善表格。透过表格中所体现内容对老人居家养老服务项目需求进行有效评估，坚持以需求为导向，在此基础上有序满足老人居家养老服务各项目便是一种尝试。调查组对更好地有效满足老人对服务的多元化需求也有新的期待。

3. 进行服务队伍建设，吸引人才，培养本土专业人士

水磨镇居家养老服务队伍的建设具有其特殊性即老年协会在服务过程中起着协助政府参与居家养老服务项目活动。因此，应充分尊重地方居家养老服务发展实践。发展农村居家养老服务不仅需要政府自上而下的顶层推动，也需要充分尊重地方社区的创新实践，尊重农民的主体创造性。❸ 可利用水磨镇老年协会发展较为完备的优势，组织老年协会开展居家养老服务项目，使老年人发挥余热，老有所为。同时对养老服务人力资源进行整合，吸引人才，培养本土专业社工，提升居家养老服务水平。

---

❶ 袁雅沙. 农村居家养老服务发展的实践困境和优化路径［J］. 人文社会科学学报，2016（1）：98－102.

❷ 郭竞成. 农村居家养老服务的需求弹性与需求强度：基于浙江农村老年人问卷调查的研究［J］. 社会保障研究，2012（1）：47－51.

❸ 袁雅沙. 农村居家养老服务发展的困境和优化路径［J］. 人文社会科学学报，2016（1）：98－102.

4. 小政府大社会，明确政府在居家养老中的职责，充分动用社会力量

在"居家养老服务链"的构建过程当中，政府的职能定位是要为整个服务链的形成与发展提供良好的政策、制度环境；并且充当好监督评估的"裁判者"角色，以确保养老服务市场的健康发展；同时作为基本公共服务的主要承担者，政府还应该担负起保障所有居家老年人都能享有最基本养老服务的责任。在居家养老方面制定政策、完善制度、监督评估、外包服务等，❶ 厘清权限，明确职责。政府合理干预的同时，也要鼓励社会力量的参与，为其提供资金支持以及良好的环境。水磨镇老年协会便是当地自发组织的社会力量之一，发展至今，机构较为完善，在水磨镇开展过众多的活动，如唱歌、跳舞、下棋等极大丰富了老年人精神生活，当地政府要妥善运用这一资源；此外，借鉴老年协会成功发展这一案例，促进水磨镇其他组织的发展，更好地调动当地社会力量。水磨镇凭借其古镇资源发展旅游，且在震后有一定的关注度，吸引众多外地人前来旅游、调研，政府可抓住此机遇加强谋求与外界资源的链接。

5. 医疗保险、社会保障户籍制度协调改革

从居家养老服务项目弹性需求可知，医疗保险、社会保障等涉及民生问题的服务不可或缺。水磨镇老年人口较多，所占比重大。随着年龄的增长，老人身体机能逐渐退化，病痛缠身，医疗保险与社会保障应充分考虑老年人群体特征，更加关注老年人易患常患病痛的医疗保险；结合老年人群体普遍收入较低的现状，合理拟定购买社会保险所需费用。建立起既具有普遍性又充分考虑老年人群体特殊性的医疗卫生、社会保障以及户籍管理体系，促进居家养老事业的全面发展。

八、结语与反思

结合研究问题、调研结果和参考文献，我们提出以下三点研究结论：

（1）水磨社区的居家养老服务体系以政府为主导，联动启创社工站、老年协会、居家养老服务协会一同为项目助力，形成四位一体的服务体系，基本达到了以居家养老为形式、社区养老网络为基础的要求。然而家庭养老现阶段仍旧是养老模式的重心，传统文化观念的缺位与青壮年劳动力的大量外流，导

❶ 王莉莉. 基于"服务链"理论的居家养老服务需求、供给与利用研究 [J]. 人口学刊, 2013, 35（2）: 49–59.

致单纯家庭养老功能弱化，亟待社区养老与机构养老的补充。综上，结合家庭养老与社区养老的居家养老模式应该得到大力推广。

（2）农村老人对于医疗服务有很大的需求，但现今医疗保险与社会保险未能满足其需求，因此农村居家养老服务急需医疗服务的补充与户籍制度、社会保障制度、医疗保险制度的协调改革。与此同时，为了让居家养老服务获得可持续发展，应该建立更健全的评估机制，使居家养老服务能够与时俱进，得到可持续发展。

（3）地方政府应该因地制宜，充分结合当地经济特色与文化传统，实施开展居家养老服务，挖掘创新潜能，充分体现"老有所养，老有所医，老有所乐，老有所为"。

在本次为期十天的考察实践项目中，本组以水磨镇老人为主要访问对象进行个案分析，力图去了解农村居家养老模式推行实况，行政部门与社区网络管理以及养老模式之间关系的具体脉络，在来自经济、政策、交通等外界的力量迅速推着这个山中小镇进入现代市场的冲击下，家庭观念、养老文化的转变和传承。这是水磨镇老人生活的实况，同时在中国快速迈入老龄社会，而成为发达国家的经济发展方兴未艾之际，人口流动问题日益突出，相关政策不断出台，热点问题和养老矛盾层出不穷，这也是整个中国大多数农村老人的现状。最终时光追赢了白马，时光染白了鬓发，当年经历文化动荡，特色改革，下南洋东南飞的青壮年而今已入垂暮，时代速度更新太快，他们蹒跚着再也追赶不上。关于养老问题的探究，不仅是受中华民族自古以来孝文化的重视和关注，也是在现今情景下，人口红利减少，青壮年负担加重，道德伦理和生存压力产生的难以调和的矛盾，"父母在不远游"与"四海为家"相悖，如何推行养老模式等，成为一个亟待解决的问题。

在本次调研中，我们结合启创社工的服务内容和老年协会的相关活动，与当地老人面对面聊天，去其家中拜访以更加充分全面地了解老人的生活境遇；在与行政人员的访谈中了解到相关政策的实施。并且关于养老模式我们进行经纬式对比，将以水磨镇为代表的养老模式与其他社区养老模式进行社会性对比，与以往所采取的养老模式是否有继承和变化进行历史性对比。

当然，在调研中我们也存在很多不足之处：首先，关于养老这个主题的提出经过了小组成员的激烈探讨，但不能否认主题的创新性及理论意义较差，养老问题作为一个长期性复杂性的问题提出，在短短十天之内确实很难有一个完整的系统的结果出来。其次，资料收集中样本的选择性偏误。在走访中，我们忽略了家庭成员这个重要因素，基本上在老人在的情况下，只针对老人展开对话。所获得资料存在一定的缺漏。最后，我们调研的地点是水磨镇，对于其中所包含的民族因素和地理条件因素难以排除，而前几届关于这方面的内容或是没有涉及或是选择加入这个因素，但是在本队中存在不同意见，由于国家政策问题和旅游业的兴起，这种意识观念是否有真正成为重要因素也是众说纷纭。而由于时间原因，模糊因素的排查存在一定的难度。

参考文献

[1] 山国艳，张禧. 现行监护制度下少数民族地区农村养老模式的完善研究 [J]. 贵州民族研究，2015，36（4）：17－20.

[2] 王莉莉. 中国居家养老政策发展历程分析 [J]. 西北人口，2013（2）：66－72.

[3] 陈友华. 居家养老及其相关的几个问题 [J]. 人口学刊，2012（4）：51－59.

[4] 杨宗传. 居家养老与中国养老模式 [J]. 经济评论，2000（3）：59－60，68.

[5] 郭竞成. 居家养老模式的国际比较与借鉴 [J]. 社会保障研究，2010（1）：29－39.

[6] 熊必俊. 保障老有所养的理论与实践 [M]. 北京：经济管理出版社，1999.

[7] 中华人民共和国宪法 [EB/OL]. 中华人民共和国中央人民政府网站，http：//www. gov. cn/fffg/2012－12/28/content2305570. htm.

[8] 李薇，丁建定. 中国居家养老服务的发展状况研究 [J]. 当代中国史研究，2014，21（1）：90－98，128.

[9] 孙泽宇. 关于我国城市社区居家养老服务问题与对策的思考 [J]. 中国劳动关系学院学报，2007（1）：98－101.

[10] 彭华民，黄叶青. 福利多元主义：福利提供从国家到多元部门的转型 [J]. 南开学报，2006（6）：40－48.

[11] 丁建定. 居家养老服务：认识误区、理性原则及完善对策 [J]. 中国人民大学学报，2013，27（2）：20－26.

[12] 施巍巍，罗新录. 我国养老服务政策的演变与国家角色的定位：福利多元主义视角 [J]. 理论探讨，2014（2）：169－172.

[13] 顾丽梅. 新公共服务理论及其对我国公共服务改革之启示 [J]. 南京社会科学，2005（1）：38－45.

[14] 杨琦，罗遐. 政府购买居家养老服务问题研究：基于新公共服务理论的视角 [J]. 长春大学学报，2014，24（5）：581－584.

[15] 张文礼，吴光芸. 论服务型政府与公共服务的有效供给 [J]. 兰州大学学报（社会

科学版)，2007（3）：96－102.

[16] 杨晶晶. 农村居家养老服务的地方实践研究［D］. 武汉：华中农业大学，2013.

[17] 王莉莉. 基于"服务链"理论的居家养老服务需求、供给与利用研究［J］. 人口学刊，2013，35（2）：49－59.

[18] 肖玲. 以农业旅游带动汶川县水磨镇经济发展策略探讨［J］. 现代经济信息，2017，（12）.

[19] 王田. 提升发展时期羌族地区新型城镇化调查：以汶川县水磨镇为例［J］. 广西师范学院学报（哲学社会科学版），2016，37（3）：113－116.

[20] 中山大学团队. 城镇化进程下移民安置之后失地农民生产生活状况研究：基于马家营、吉祥社区两地居民［G］. 2016.

[21] MASLOW. A Theory of Human Motivation［J］. Psychological Review，1943：370－396.

[22] 唐咏. 居家养老的国内外研究回顾［J］. 社会工作，2007（2）：12－14.

[23] 杨春. 对推进居家养老服务可持续发展的思考：以南京市为例［J］. 人口学刊，2010（6）：42－47.

[24] 班涛. 社区主导、多元主体协同参与：转型期农村居家养老模式的路径探讨与完善对策［J］. 农村经济，2017（5）：91－96.

[25] 胡光景. 政府购买社区居家养老服务质量评估体系研究［J］. 山东工商学院学报，2012，26（5）：99－104.

[26] 袁雅沙. 农村居家养老服务发展的实践困境和优化路径［J］. 人文社会科学学报，2016（1）：98－102.

[27] 郭竞成. 农村居家养老服务的需求弹性与需求强度：基于浙江农村老年人问卷调查的研究［J］. 社会保障研究，2012（1）：47－51.

第三章

社区发展与文化变迁

四川南坝婚丧习俗调研报告（第七届）*

黄家安　　洪臻钊

一、研究背景

当下我国处于由传统社会和传统生活方式向现代社会和现代生活方式过渡的转型时期，植根于传统乡土社会的民俗文化在现代化浪潮的冲击下正发生着急剧变化。一方面，步入市场经济时代和信息时代以后，生活节奏不断加快，人际交往日益密切频繁，均促进人们思维方式和交往方式的更新，改变了传统习俗赖以存在的社会心理和文化空间。传统习俗显得不再适应现代社会，很多烦琐的仪式逐渐消解。但另一方面，包括传统习俗在内的传统文化作为一个国家和民族历史的见证，是人们生存和发展的精神根基；社会的可持续发展更离不开文化的支持，离不开对优秀传统文化的发扬和传承。

在南坝镇，改革开放后的经济发展提高了人们的消费能力和生活水平，外出务工人员增多，并将城市的生活方式和思想观念带回南坝，国家政策推动着移风易俗；汶川大地震后的重建加快了当地城镇化的步伐，改变了当地的闭塞状况，为现代文明的传入提供了极大便利。

以上这些因素无疑都加速了当地民俗文化的变迁，冲击了各种传统习俗。我们选择了南坝的婚丧习俗作为考察对象，希望能收集当地的特色婚丧习俗，见证民俗的变化，利用田野考察的机会为南坝民俗文化的现代变迁研究提供一些翔实的民俗志材料。同时，通过考察传统婚丧习俗的现状，记录下那些正在消失的习俗，唤起人们对传统习俗、传统文化的重视和保护。虽然在社会转型的大背景下，传统文化的变迁不可避免，但我们仍须承担起保护优秀传统文化

---

* 本文写于 2015 年。

的责任，以防传统文化在外来文化的冲击下被排挤或遗忘，甚至成为城镇化进程的牺牲品。

二、婚庆习俗的变迁

"男大当婚，女大当嫁"，婚庆自古以来就是人生仪礼中的重要大事。笔者查阅平武县县志等资料，在南坝场镇、何家坝、后坪村、落河盖、桐子梁等地走访了多户人家，对当地的婚嫁流程、婚庆习俗变迁做了详细的整理和记录。

据南坝的老人回忆，在过去，婚嫁仪式十分复杂烦琐。男女二人或是自己认识，或经媒人撮合，待双方父母同意结婚后，均须将八字写在一张纸上，请先生来看（有时候父母也可以看），选一个好日子结婚，此为订婚。

订婚后，即须准备礼金与嫁妆。南坝结婚礼金花费相对较少，过去的礼金为三四百元。嫁妆一般是木箱、木柜等，又统称"碗橱"，男女两家若是在礼金嫁妆的问题上有纠缠（多了或少了），这叫作"扯皮"。

成婚之日定好后，需通知远近的亲朋好友，大宴宾客。以后坪为例，只要是同一个生产队的，百来户人家无论亲疏，一样邀请。在南坝地区，到别人家做客，无论是红白喜事，都叫"走人户"。此外，宾客间的份子钱也有讲究，过去一般是几十元。假设张家和李家感情好，张家请客时李家随礼，李家请客时张家随的礼要比李家之前给的高，否则会被视为交情不深。

南坝婚礼的举办时间多在农历十月、冬月、腊月，主要是气温低，可以防止婚宴食物变质，农村地区也有因为此时为农闲的原因。因为好日子不多结婚又集中在冬春两季，所以有时候一天甚至会有三四户人家结婚，再加上结婚人家宴请宾客多、排场大，热闹盛况足以想象。婚宴在男方家进行，一般持续三天，分别唤作起棚、正婚、谢客。起棚是指在宾客吃饭的地方搭棚，搭棚是为了防风雨防尘，在冬季也比较暖和。

棚架是三面封闭一面进出，用红布封顶装饰，多搭在坝子地区（"坝子"为四川地区对平地的称呼）。若是家中庭院门前坝子位置不够，可以顺街道、

屋外坝子而摆。

家里在搭棚，新郎去迎亲。过去要求男方带着一百斤米，一百斤面，一百斤肉或一头猪，六套或十套衣服（给丈人和丈母娘）去迎亲，取双数求吉利。这些叫陪粮，因为东西太多，往往迎亲队伍有四五十人，由于东西太多，有一些人手是在中途轮换帮抬的。队伍一般会在第一天下午到达女方家。

迎亲的队伍到达后，会在女方家里吃饭，平武县志记载称之为女方家的"正酒"。

晚上不一定有地方睡觉，可能就打牌歇歇。第二天早上再把新娘带回男方家。新娘在出门前会有三个传统的仪式：上梳、磕头、哭嫁。上梳指的是请五行相生的亲人长辈为新娘子梳头，梳三下。磕头则是在出门之前，新娘在堂屋（大厅）给双亲磕三下头以示离别。最有意思的当数哭嫁，新娘子先不出来，哭嫁，哭嫁时唱的是地方相关山歌，男方不给红包就不停，往往是几个女性亲友一起陪哭，现在只剩下一些片段的歌词：我的娘娘哟，我的姑姑哟……

新中国成立前有钱的人家会骑马坐轿，一路唢呐吹奏，但是条件不够的人家只能走路。南坝四面环山，只有场镇及周边几个村落位于山谷平地，其他村子多坐落在山岭深处，若是山里的村子间嫁娶，或是嫁到场镇上，几十里路也照样走，即使是新娘子也只能跟着走路。

喜宴的三天里，要数第二天最热闹，第一天和第二天中午只是比平常丰富一点。第三天因为一些远来的客人走了，所以也比不上第二天。总之以第二天晚饭最为丰富，一桌有三十多个菜，每桌十个人。又叫作"十大碗""十大围"，会有鸡鸭鱼、蒸菜（叫烧白）、烧菜、猪头肉等，还会摆上苹果、红橘等水果。特色是会吃西瓜，据当地人说是为了解渴。因为隆重，一般会邀请全村的人一起吃。远方来的客人如果当天没走，主人家还要提供住宿。迎亲队伍没有地方住，一般会在院子里打牌聊天。现在的结婚场面依然很热闹，一条街都是搭好的棚，安排临时性的炉灶和锅，请专门的师傅。

在走访时，我们在镇上看见了一张婚礼上的职务名单，包括总管、知客师（接待）、写礼、管烟糖、厨房、掌盘、煮饭、

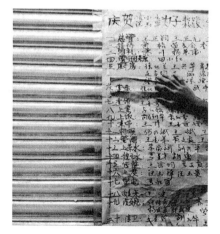

上菜、上饭、桌布、标筷、管酒、上茶水、烧开水、上炭、管电、娱乐、洗碗、传卫，共十九个职务。

在这些职务里，要单独谈总管和知客师。总管是负责调度整个婚礼的人，请多少人，备多少饭菜，各项工作都知道明了，一般都是由经验老到的人担任。

知客师则是专门负责接待的，亦是总管的副手。非巧舌如簧者不能胜任。每次婚庆会有两个知客师，在新娘接来时就开口说，最长可以说四五个小时，第一个人说完一句第二个接口，不能停。两个知客师之间还会有竞争，叫"比输赢"，看哪个更能说。说的话叫"七字韵"，即七个字的押韵古话。手上还会拿着酒，说上一段喝一口酒。介绍不同的人、请客人进茶用餐娱乐都会有对应的语言。知客师有专门的书，代代相传，可惜在走访期间未能一见。他们在旧社会中也会在红帮中接人待物（红帮是指解放前四川地区的为官者，上至省长下至镇长，可以说都在红帮的范围内。红帮选择也有讲究，不收三教九流中下九流的人）。我们在调研期间有幸在街上遇见一位刘姓知客师，让他即兴为我们说了两段七字韵，记录整理如下：

　　一眼齐整把话秉，惊动远近众路亲，主家今日成婚喜，巍巍上家到此行，一对鸳鸯成双对，三月桃花正逢春，请来客人远和近，翻山越岭到寒宾，不怕山高路途远，又受风寒费君心，自古仁义礼智信，有仁有义才门登，来自五湖和四海，礼节不恭未远迎，远来客人要尊敬，近客要陪远客亲，客人到家主高兴，莫得好菜来待承，花费客人众礼品，主家感谢众路亲，地方远着客受冷，受了委屈莫传明。

　　一眼齐整把话谈，惊动众亲站堂前，主家今日新事先，巍巍上家到毛岸，亲朋好友把亲赶，家亲内戚把香添，帮忙的亲戚是关键，辛苦的还是炊事员，传菜斗火把饭添，一天到晚心不闲，厨官师，巧安排，做的饭菜美味鲜，亲戚路人都夸奖，主家感谢到西天，二回各待欣喜现，隔墙挑土慢慢还，欢迎一杯撇托点。（撇托＝耿直方便）

敬酒。新人会向来宾敬酒，但是人太多往往叫不出名字，可叫叔叔阿姨，也会出现敬不完的情况，被敬酒者会给新人红包，新人也会给小孩红包（一般是2、3、6元）。另外，南坝还会请有名望的人帮新人铺床，让小孩在新床上压滚一下，然后撒上花生等有生育寓意的食物。闹洞房的习俗在南坝不是很吃香，笔者访谈到的民众都说不怎么闹洞房。

新娘出嫁三天后，必须回一趟娘家，叫"三天回门"。与县城不同，平武县城是婚后第九天回门，女在娘家住足九日方回，又叫"耍九"。但是南坝只是吃一个午饭就离开了。有出嫁则必有入赘，南坝这里的入赘叫作"抱儿子"，入赘的姑爷也要三天回门。入赘家庭的孩子一般跟女方姓，也有跟回男方姓的，如果有两个孩子则第一个跟母姓，第二个跟父姓。在"文化大革命"中，男女青年举行革命婚礼，红宝书、最高指示等都会出现在婚礼之中；旧社会的一些习俗被取缔，婚礼仪式和宴席都比之前简化了。

改革开放之后，随着生活水平的提高，婚庆宴席又重新隆重起来。所不同的是，外出务工的南坝人增多了，城市的思想观念也带进南坝。新式、西式的婚礼逐渐在南坝流行开来。在地震之后，由于贷款压力的影响，生计方式发生转变，外出打工的年轻人更多，而且交通的逐步通达、基础设施建设的完善也使信息交流打破了过去相对封闭的状态。人们的选择更加多元，在小小的场镇上，婚庆公司应运而生。我们对南坝现有的两家婚庆公司做了深度访谈，并结合其他受访者的反馈，记录下如今南坝人的婚庆习俗现况。

场镇上的两家婚庆公司分别叫"喜结良缘"和"非常完美"。都是在震后开张的，生意还算可以。由于传统婚庆时间的选择，市场分为淡季与旺季。淡季在夏天，旺季在冬天。又由于外出务工的人大多春节回乡，所以春节前后会有一个高峰。现在南坝人的婚礼大多请婚庆公司，价格在几千到一万不等。婚庆的仪式分为两种，分别是中式婚礼和西式婚礼。

选择中式婚礼的人不多，迎亲当天会安排八抬大轿，新郎骑马去新娘家迎接，还要戴帽系花。但是因为路程问题，所以一般都是家在场镇上的嫁娶才会用，抬轿子会临时请人。婚宴的时间长度跟过去相同，不同的是第二天早上仪式的时间。搭棚时会搭一个舞台，在搭好的舞台中间，放置米袋、马鞍（寓意平平安安）、电动的火盆（红红火火）。新人需要跨过这些物品。跨过去之后，会剪下新郎新娘的头发，结在一起放进锦囊或盒子，寓意从此成为结发夫妻。彼此还会赠送同心锁，意味着"永结同心"。这个时候就该向父母敬茶，这个茶叫改口茶，长辈喝完后就会包红包给新人。中式婚庆中新人都是穿着传统服饰的，新郎会用秤杆去挑盖头，意味着"诚心实意"，还要喝交杯酒。接下来是拜堂，拜堂后仪式结束。

西式婚礼则是大多数人的选择，因为城里更多的也是西式的结婚盛宴。流程与城里相仿，有专业司仪、花童、香槟塔等，不同的只是会搭个舞台助兴，上面有唱歌跳舞等娱乐活动，唱的是流行歌曲。客人高兴也可以上去表演。

　　有时候还会请川剧和变脸等表演节目，视主家要办的规模和花费而定。婚前的婚纱照会选择在南坝当地或江油、绵阳去拍摄，婚纱可以租可以借，大多数选择租，也有上网网购婚纱的，价钱在两千元左右。在仪式开始的时候，司仪会唱歌以及抛红包来活跃气氛，吸引宾客的注意力，新娘父亲会牵新娘上台交给新郎，然后是结婚誓言、交换戒指、改口茶，合影全家福后父母下台。然而实际上，大多数婚礼都会有中西结合的色彩，比如说在两种模式中都会有交换戒指和喝交杯酒。

　　在调研访谈过程中，笔者能够比较直观地感受到婚庆习俗产生的变化。从仪式过程而言，婚庆流程得到了极大的简化，不再有浩浩荡荡抬着陪粮的迎亲队伍，有的只是跟城里一般的迎亲车队；过去的"碗橱"也变成了家用电器、床上用品；上梳和哭嫁的传统习俗已近消失，大概只在山中深处的村子才得以保留。人们邀请的宾客依然很多，开始选择在酒楼馆子摆桌请客，免去自家准备饭菜的麻烦；新人们选择婚庆公司，对应的婚庆流程也交由他们打理。想要不一样结婚体验的，还会向婚庆公司提出主题婚礼等要求，越是富贵的人家要求越多。在结婚的时候请知客师的人家开始变少，不那么"尚兴"。外出务工劳动力的增多带来的另一个改变是，外地的媳妇开始变多。份子钱的数目也发生了变化，无论是在村里还是场镇，哪怕是不太相熟的，都要两百以上，而在改革开放之初大概是几十块左右。礼金的变化则是从八十年代的三四百，到九十年代的五六千，再到震后的一两万和现在的三四万。可以说，婚庆习俗一点一滴的变化，都是南坝人民观念和生活变迁的反映。

三、丧葬习俗的变迁

死亡现象是生命体生理机制的完结，代表着人口、社会的更新与交替，并在社会变迁的过程中融合诸多社会因素，演变为丧葬文化，形成各种与丧葬相关的习俗。丧葬习俗逐渐内化到人们的价值观念当中，成为全体社会成员的集体记忆。作为社会记忆与身体实践的共构，丧葬习俗一方面随社会变迁逐渐消解，另一方面又在习俗实践主体寻求新阐释方式的过程中得到维持、修复，从而一直存续。在南坝镇，虽有国家"文明丧葬"的政策引导和市场经济的冲击，但传统思想观念仍根深蒂固，形成了传统丧葬习俗与现代丧葬形式并存的局面。

笔者对南坝的三家丧葬用品店店主进行了深入的无结构访谈，并随机访谈了几位当地居（村）民，了解到南坝人对丧葬事宜的重视程度很高。当地人处理丧葬事宜时一般会请总管来组织丧葬全过程的各项事务。据访谈对象介绍，一方面总管一般操持丧葬事务多年，经验丰富，专业性较强；另一方面由于亲人离世，儿女至亲往往过于伤心而无法顾及丧葬的大小事宜，因此需要总管的协调帮助。

在后坪地区，笔者了解到年近六十的老人会提前置办棺材，放在家里的偏房，符合《平武县志》中"县人50岁左右置办枋子（棺木）、寿衣，备用"的记载。当地棺材以榫卯结构为主，多由白木制成，外面涂以黑色的山漆。这种山漆是用当地一种树木的汁液制成的，由于从一棵树上提取出来的汁液不多，所以山漆比较名贵，据说上漆之后能使棺木乌黑发亮，有防水防虫、保护棺木之用。

长辈临终时，儿女至亲会为其清洁身体。去世后，儿女至亲须对死者进行一番梳洗，男性死者剃头，女性死者长发的话将其头发盘起，短发则往前梳；还需为死者"净身"，即在胸口擦三下、后背擦三下；再为其穿上寿衣。寿衣一般为黑、蓝、红三色，男式较长女式较短，多以3、5、7、9件计；此外，丧葬用品店还会提供布鞋、帽子等其他衣物。较为有地区特色的一点是，当地人会为死者套上"被套"。"被套"由两层布做成，里层为白色、外层为红色，为了不遮挡死者的容貌，须在头部位置开领。若有儿女至亲在外未归，会用一张薄薄的草纸覆盖死者的脸，待至亲归来再揭开。

然后儿女至亲向亲友报丧，传统上报丧的人须头缠白布，向对方下跪并磕一个头，以示请求对方给予帮助。

入殓时，当地人有在尸体两侧放"白薯叶"的习俗，这种"白薯叶"细长、清香、四季常青，寓意永生，且能避免搬运棺木时的颠簸使尸体倾侧。此外传统上还会在尸体下垫稻草，如今一般垫床铺。在停尸期间，为防止尸体腐败，亲属会将冻至结冰的瓶装矿泉水放在尸体旁保持低温。

入殓后棺材会被抬到堂屋，供亲属和朋友吊唁、瞻仰遗容。堂屋不需要特别布置，但据《平武县志》记载，会"在棺前放死者灵牌，供各种干鲜果品、酒肉，点油灯、红烛和蜡"。亲属均戴"孝布"，并向死者烧香、磕头，通常子女辈戴白头巾，孙辈戴黑色的孝套。此外由卑幼辈为死者守灵。殷实之家还会请道士念经、做法事，以超度死者的灵魂、祛除晦气，传统上法事要连做七天。

吊唁期间当地还有"收礼"的习俗，即亲戚、朋友给死者儿女送去现金以表安慰。会设两名专人处理收礼的工作，一位负责接收现金，另一位负责"写礼"，即清点各人给的礼金数额并在一个白色的大本子上做好记录。地震后随着物价上涨，人们给的礼金也随之提高，如今一般情况下每人送一两百元。

出殡的日子通常选择离死者去世时间最近的一个吉日。下葬的地点则一般在自家的田地或附近的山头，均请风水师过目，挑选风水宝地作为墓地。殷实之家为求得一块好墓地，甚至会花大价钱向邻里买地。据《平武县志》记载："葬前，须作祭奠仪式。"类似今日的"追悼会"，俗称"行三献礼"，但笔者在南坝的访谈中没有收集到这方面的描述。另据访谈对象描述，死者亲属会在出殡前一天下午雇一二十人提前把坟坑挖好，完工后还给工人送去大盘的豆腐和肉，并让他们在坟坑里食用；晚上则是死者的一众亲属齐聚吃饭，并在晚饭前一起向死者下跪、磕头。

出殡一般选在清晨五六点出发。儿童由于未醒或避免其哭闹，多不随行。出殡前由死者的儿子作为亲属的代表向在丧葬过程中提供帮助的人下跪磕头，以表达感激之意。出发后，儿女至亲手捧死者的肖像走在最前面，八名成年男性亲属负责抬棺材，棺材上会披一块薄布。出殡时一路上撒纸钱。待棺椁放入墓坑后，填土前会有一个特别的仪式。随行的道士此时向一众亲属撒粮食和纸币，亲属则要撩起衣裳尽可能多地接住，接得越多代表接下来的一年福气越多。接到的粮食和纸币不会被吃掉或花掉，而是由被接到的人用一个锦囊装好，放在自己家里。仪式结束后封土、烧香、烧纸钱。通常不当场立碑，而是下葬后三年内再立。据访谈对象解释，原因是墓碑上除了刻有死者姓名外，还会刻上死者亲属的名单，故制作时间较长。

过去有规矩"家人死后百日内子女不理发、不出远门，三年内不婚嫁"。如今虽已不需要严格遵守，但死者的儿女仍要至少守孝至"头七"才能离家。守孝期间没有什么特别的规矩，但不兴哭孝。"头七"烧纸，若有亲属在外赶不回来奔丧，则会找一个十字路口朝家乡的方向烧纸。"百期"则烧花圈。一周年后，祭拜的日子通常选在过年前（年二十八至年三十）、清明节、鬼节（农历七月十四）或忌日。由于春节是一家团聚的日子，外出打工的人大多回家过年，因此选择年前祭拜的人很多。祭拜当天人们携全家老小扫墓，还带上"刀头"（当地方言，指切成四四方方并煮熟的猪肉）等食物。有的人家清明不拜祭，但会在坟头挂上"清明纸"。

如今南坝有火葬和土葬两种丧葬方式。国家工作人员去世按政府规定火葬，并且能获得一笔火葬补助；另外，一些访谈对象提到对车祸身亡等非正常死亡的人有时也会采取火葬。虽然政府大力提倡和宣传火葬，而作为对祖宗传统的延续，普通居（村）民仍大多选择土葬的方式。关于政府从什么时候开始提倡火葬，几位访谈对象说法不一，有的说是地震之后，有的则称早在改革开放之后已有宣传，甚至追溯到新中国刚成立后。笔者查阅《平武县志》和政府相关宣传资料，看到关于提倡火葬的记录有，"解放后人民政府号召节约办丧事，逐步改革丧葬陋习。农村以火葬为主，礼仪从简。国家工作人员去世，提倡火葬"；"70年代后，人民政府要求国家工作人员去世火葬，提倡农村火葬。（平武）县无火葬场，死者送往江油火葬场火化"。

总体而言，南坝镇的丧葬习俗还是保留了浓厚的传统色彩。毕竟丧葬习俗多由中老年人主持，他们受传统思想观念和旧式礼仪的影响很深，难以成为新式丧葬仪式乃至现代化丧葬观念的实践者和传播者。与此形成对比的是，年轻一代由于外出务工，接触城市新鲜事物的机会多，受现代化的冲击大，倾向于抛却传统、接受城市的思维方式和行动方式，他们对这个年龄阶段的重要人生仪礼——婚礼的形式的选择，自然就更多地向城市靠拢。丧葬习俗的变迁相比婚庆习俗的现代化进程来说显得滞后，得以沿袭的不仅有丧葬的习俗和仪式，还包括丧葬仪式在人们心目中的地位以及其承担的社会功能。出于对死者的缅怀和对神灵的敬畏，以及灵魂观念、民间信仰等的影响，丧葬仪式在南坝人的观念中是"人生大事"，地位十分重要，办好丧事不但是为了让死者"善始善终"，而且能借此表达对死者的尊重、对尊长的孝敬，在此过程中，丧葬承担了完成死者生命的存续和过渡、维系家庭内部人伦关系和等级次序、巩固孝道等道德准则的作用。此外，虽然大家都希望把丧事办得体面，但实际上丧事隆重与否、仪式完备与否更大程度上还是取决于家庭经济情况，丧葬仪式在此时就有了展现家族实力的功能。《平武县志》中亦有记载："贫者死后三日安葬，不择日期少忌讳，称'葬闷坟'。有殷实之家为择吉日将死者停放数月乃至数年的。"

当然在城镇化的过程中，南坝的丧葬习俗还是不可避免地与新的物质文化碰撞融合，形成了自己的现代性特质，例如仪式的简化取向（《平武县志》所述"出殡过程繁琐，引魂、端灵牌、系孝绳等不可数举"如今已难觅其踪）、传统价值观念的消解（如守孝三年等习俗今已不可取）等。笔者在南坝当地的丧葬用品店，也留意到人们烧的东西中除了有传统的纸钱、花圈外，还多了别墅、汽车、手机等现代用品。在访谈中，几乎所有访谈对象都提到了地震后人们在白事上给的礼金增多了，一位丧葬用品店的店主就说道："以前死了人，给个四五十元就已经很表心意了，现在最起码都得两百块。"社会转型的作用力无孔不入，丧葬习俗也无法置身于现代化的滚滚浪潮之外。

四、总结与反思

南坝婚丧习俗的改变引起了我们对农村民俗改变消失的反思。在调研初期，我们曾想以地震为切入点进行习俗文化变化的考察。然而随着调研的深入，我们开始认识到，地震不过是南坝多年来习俗变迁中一个重要的时间节点。但是背后更为宏大的本质，应当是在这个全中国从乡村文明走向城市文明的社会转型期中，改革开放的不断深入，现代化因素带来一整套的从经济蔓延到文化层面的外力介入。

在"文化大革命"时期，由于政治运动的影响，无论是婚礼还是丧葬，地方性的习俗不得不在强政治的干预下做出改变让步，诸如看风水、请道士为死者念经做法事等被视为迷信的传统被迫潜伏于暗中，销声匿迹。彼时经济物质上的匮乏又导致了婚丧二事的进行相对过去变得简单。但是，文化固有的相对独立性使得地方传统依然得以传承，道士、知客师、风水师等或收徒或家传，使遭受打击的地方文化得以延续。民众因文化惯性在心理上也依然需要这些"迷信""铺张"的风俗。当"文化大革命"结束并进行改革开放之后，婚丧操办又重新繁复起来。一度活在地底下的"手艺人"又光明正大地走向台前，活跃在红白二事的场合。

然而，伴随着改革开放的深化，传统能够恢复重归恐怕也仅限于这段历史过渡时期。由于地区偏远封闭，交通、信息交流少，南坝在很长时间里受到改革开放的影响十分有限，习俗的改变是在外出打工的两三代人中逐渐开始的。这些走向城市又回到南坝的劳动力，把城市新奇的观念和思想带了回来，成为推动习俗改变的主力群体。2008年的汶川地震，南坝成为损失最为严重的地区之一。国家主导的灾后重建使得南坝得到了一个史无前例的历史契机，援助的大手在帮助抚平因地震撕裂的伤痕的同时，亦把南坝向城镇化的方向推进了三十年。

地震可以说摧毁了原南坝的乡土性经济根基，废墟上重生的新南坝至少拥有了现代化的物质外壳，里面的灵魂——南坝的民众，在外力的冲击下不得不试图去完成突变式的身份转换：从村民到居民。交通、信息的通达，网络的逐步普及，重建时期外来人口带来的交流，无论是传统观念还是行为，南坝本地人都在被影响着。此外，政府不完善的重建模式也加速了拥有城镇外壳的南坝"农村空心化现象"——重建时让民众承担高额的建房费用，导致南坝人家普遍背负着沉重的贷款压力，外出打工的人更多，接受到外界的冲击也就更多，移风易俗的进程也因之而大大加快：外地媳妇增多、婚礼追求与外界一致、对火葬开始接纳，等等；民众对于婚姻、生死的轻重观念对比过去也有不小的变化。总之，南坝的习俗正被各种因素导致的力量所改变着，所塑造着，在一定时期内呈现一种乡村文化与城市文化共存交织、杂糅并立的状态。

然而，对于本地传统文化习俗的逐步消失，南坝居民却是不以为意。我们询访了不同年龄段的南坝人，他们大都认为时代在进步，过去的一套纷繁复杂的东西消失是有其道理的，人们在生活中愈加追求简单方便，也就慢慢地抛弃了诸如哭嫁、上梳等习俗。在寻访当地的知客师的时候，我们询问了他对自身行业的看法，他说"这些东西不得灭，永远都不得灭"，然而却又谈到了现在找他的人的确在减少。响岩地区的一位道士，家传看风水念经文的"手艺"，基本只靠纸上记录，到了他孙子这一辈，接触的更是少之又少，他在教育孙子的时候，讲的也是要"尊重科学、坚信科学"。我们曾到场镇上的文化馆里想要翻阅当地风俗资料，却一无所获。访谈过程中关于哭嫁歌、上梳时说的话，大多数中年人也都只能说个只言片语，更不要说年轻一代了。

在笔者看来，传统民俗文化是每一个地区不可或缺的精神根基，不管是迷信或是特色，都是某个时期内人民生活最真实的反映。的确，我们的文明在过渡，在转变，经济根基重组下文化的交替与新生总是不可逆转的。但是，我们不能忘记的是，传统文化在我们社会发展变迁中曾经起过的宝贵作用，以及在文化创新中提供的传承作用。倘若物质上的进步，必将导致传统风俗文化财富的消磨漫灭，则我们的进步，可谓是付出了沉重的代价。文化的盛衰起伏自有其规律，不同的文化也有精华糟粕之分。笔者希望，此次前往南坝的调研记录，能够记录下那些正在消失的习俗，唤起人们对传统习俗、传统文化的重视和保护，发挥一份人文历史关怀的作用。

参考文献

[1] 高丙中. 中国民俗学的人类学倾向 [J]. 民俗研究，1996（2）：6 - 14.

[2] 方川. 中国城市民俗研究述论 [J]. 民俗研究，2000（4）：86 - 94.

[3] 高丙中. 中国民俗学的三十年发展历程 [J]. 民俗研究，2008（3）：5 - 19.

[4] 张勃. 地方志与北京历史民俗研究 [J]. 民俗研究，2012（4）：37 - 46.

[5] 周大鸣，詹虚致. "灾变"后的都市化："5.12"地震灾后重建研究之一 [J]. 民族学刊，2015（2）：26 - 33.